U0919555

华中科技大学国家治理研究院
总主编 ■ 欧阳康

国家治理的“道”与“术”

——首届国家治理体系和治理能力建设高峰论坛文荟

欧阳康 ■ 主编

中国社会科学出版社

图书在版编目（CIP）数据

国家治理的“道”与“术”：首届国家治理体系和治理能力建设高峰论坛文荟／欧阳康主编．—北京：中国社会科学出版社，2015．5（2016．5 重印）
（国家治理研究丛书）
ISBN 978－7－5161－5978－1

Ⅰ．①国…　Ⅱ．①欧…　Ⅲ．①国家—行政管理—中国—文集
Ⅳ．①D630．1－53

中国版本图书馆 CIP 数据核字（2015）第 081322 号

出 版 人　赵剑英
责任编辑　喻　苗
特邀编辑　王　衡
责任校对　王佳玉
责任印制　王　超

出　　版　中国社会科学出版社
社　　址　北京鼓楼西大街甲 158 号
邮　　编　100720
网　　址　http://www.csspw.cn
发 行 部　010－84083685
门 市 部　010－84029450
经　　销　新华书店及其他书店

印刷装订　北京君升印刷有限公司
版　　次　2015 年 5 月第 1 版
印　　次　2016 年 5 月第 2 次印刷

开　　本　710×1000　1/16
印　　张　18
插　　页　2
字　　数　305 千字
定　　价　56.00 元

凡购买中国社会科学出版社图书，如有质量问题请与本社营销中心联系调换
电话：010－84083683
版权所有　侵权必究

总　序

促进国家治理研究的视界扩展与视域融合

欧阳康[1]

党的十八届三中全会提出推进国家治理体系和治理能力现代化，标志着中国共产党治国理政的新境界。响应中央领导关于建设中国特色新型智库的号召，在教育部和湖北省省委领导的关心支持下，华中科技大学国家治理研究院于2014年2月成立，致力于国家治理的理论研究和实践探索，并编辑出版《国家治理研究系列丛书》。

华中科技大学国家治理研究院将立足中国现实，借鉴国际经验，按照“国家急需、世界一流、制度先进、贡献重大”的要求，以“服务国家需求，聚焦重大问题”为宗旨，致力于研究中国国家治理和中国未来发展的重大问题，探索中国和平崛起的科学发展道路，为完善中国特色社会主义制度，推进国家治理体系和治理能力现代化提供理论参考和决策咨询。研究院还将面向世界积极宣传中国和平发展战略，积极参与全球问题探索和全球治理，以更加宽广的视野观察世界、思考中国，在深度参与国际对话中提升话语权，让世界更加全面、客观地了解中国，为世界和平发展和人类文明进步贡献中国智慧。

国家治理是个总体性概念，需要面对当代中国的现实世情、国情、社情和党情。国家治理体系与社会价值状态之间具有双重的关系，一方面是国家治理体系的构建必须依据和顺应社会价值多元化的现实状态，具有客观性和科学性；另一方面是要通过正当和有效的国家治理来引领和规范社会价值状态，使之趋于合理化和健康化。从宏观上看，当代中国最为突出

---

① 欧阳康，华中科技大学国家治理研究院院长，哲学系教授。

的现实是价值多样性和多元化，而“善治”作为国家治理的根本目标，一方面要因应中国社会多元化的现实来制定使各方面都能适应的社会总体治理体系，让各方面各层次各群体都能各居其位、各司其职、各尽所能、各得其所；另一方面要强化社会价值的合理性，引领社会向着更加健康的方向转型和发展。

“法律是治国之重器，良法是善治之前提。”依法治国是当代中国国家治理的根本特征和基本方向，“良法善治”引领社会价值多元化发展的根本途径。

一方面，要努力以良法汇聚社会共识。良法依据于中国的国情，最大限度地体现和反映人民利益和意志，体现着社会主义核心价值，为不同方面、不同阶层和不同人群的价值与利益提供必要的空间，规制其合理范围和有效程度，实现权利公平、机会公平、规则公平，因此既是法治的价值标准，也是社会的理想追求，有可能获得多数民众的信仰和遵从，成为社会的最大公约数，规制和引领社会的价值发展方向。

另一方面，要努力以“善治”推行良法。善治是最佳的法治运作模式和实现方式，它依据于良法，要求最大限度的正当性、公开性、公平性、公正性，呼唤最高的责任、互动与效率，在最大的范围内实现人民当家做主。“良法”与“善治”的有机结合，构成了现代法治，尤其是社会主义法治的精神和精髓，也是国家治理最为根本的依据和实现方式。

从研究者的角度看，则要努力推进国家治理设计与研究中的“视界扩展”和“视域融合”。国家治理是一种高度自觉的主体性行为，需要极为自觉的顶层设计，科学决策，实现多元主体的价值追求，为此要努力打破施治者、被治者和研究者之间的价值诉求、身份隔离和角色眼界，推动他们各自的视界拓展，促成他们之间的视界融合，形成最大限度的共识，把治理变成自理，通过制度化、规范化、程序化，让所有成员各知所需、各居其位、各司其职、各尽其能、各得其所，发挥出最大的潜能和创造性，从而化治理于无形，这就是“善治”。“善治”的最高境界可以说是无为而治，这是中国治理思想和实践的最高境界，也是提高国家治理能力现代化的崇高目标。

《国家治理研究系列丛书》将以开放的心态，引进评介全球治理和国家治理的先进经验和优秀案例，深入探讨中国国家治理的理论与价值，反思中国国家治理体系与政策，探讨国家治理的评估体系及其实施方案，构建国家治理的信息采集与数据处理，探讨国家治理的决策支持系统等，并在此基础上就当代中国国家治理的重大问题提出决策咨询与对策建议。

我们期盼着来自各方面的指导与赐稿！诚挚欢迎大家的批评与指教！

前　　言

2014 年 3 月 21—23 日，我国首个以国家治理问题为研究对象的高校新型智库——华中科技大学国家治理研究院在武汉揭牌，并同期举办“国家治理体系和治理能力建设高峰论坛”。学校聘请著名学者，华中科技大学原党委副书记、哲学研究所所长、文科学报主编、哲学教授欧阳康博士担任研究院院长。该院致力研究国家治理和中国未来发展的重大理论和实践问题，为完善中国特色社会主义制度，推进国家治理体系和治理能力现代化提供理论参考和决策咨询。

此次论坛为国家治理研究院举办的首次论坛，汇聚了各方智慧，来自教育部社科司、中央编译局、中国社会科学院、中央党校、国务院发展研究中心、国家发展和改革委员会、中国军事科学院、新华社等单位的领导和研究人员，中国政策科学研究会国家安全政策委员会、中国国际交流促进会、中国太平洋经济合作全国委员会工商委员会、中国可持续发展研究会、中国郑和研究会、和谐战略研究联盟等代表，与清华大学、中国人民大学、香港中文大学、外交学院、上海师范大学、武汉大学、华中科技大学等高校的 60 余位专家学者出席了此次论坛，共议国家治理的“道”与“术”。

本论文集正是此次高峰论坛的学术结晶，主体内容是与会专家学者所提交的论文或在论坛发言的文字整理稿，部分文字整理稿已经由作者本人审定。本书包括三大部分和附录：第一部分，开幕式致辞，即根据各领导在论坛开幕式上的致辞所形成的文字整理稿；第二部分，与会学者发言，主要是与会学者在论坛主题报告和专题发言上的录音整理稿；第三部分，“我为国家治理献一策”征文，此部分为论坛之前开展的征文活动所征集的论文，也将其汇编到本论文集中；附录部分，包括论坛综述和华中科技大学国家治理研究院简介。

本论文集的汇编，凝聚了各方的智慧结晶和辛勤付出。各位与会专家学者汇聚于此论坛，为国家治理问题建言献策，提出了很多学术见解，对他们的智慧付出表示衷心的感谢。本论文集是在欧阳康教授的总体指导下，在杜志章副教授、吴兰丽副编审、王晓升教授等多位老师的具体指导和分工协作基础之上，具体由博士生石德华负责具体编排的，对他们的辛勤付出表示感谢。华中科技大学哲学系钟林、熊翔宇、刘启航、熊治东、孟雪刚、杭慧喆等和马克思主义学院的部分研究生们参与了录音整理等工作，在此一并表示感谢！

对于论文集中的错误和疏漏之处，敬请大家批评指正！

目　录

第一部分　开幕式致辞

第二部分　与会学者发言

第三部分　会议征文

附　录

第一部分

开幕式致辞

发挥高校优势，建设中国特色新型智库

张东刚[①]

首先祝贺华中科技大学国家治理研究院成立和首届“国家治理体系和治理能力建设高峰论坛”召开。据我所知，华中科技大学国家治理研究院是高校作为贯彻落实党的十八届三中全会精神的首个学术研究机构。它紧扣中央精神和国家发展战略需求，整合汇聚华中科技大学力量，以推进国家治理体系和治理能力建设为宗旨，彰显了华中科技大学哲学社会科学研究的时代感和使命感。在此，预祝华中科技大学国家治理研究取得重大成果。下面我就中国特色新型高校智库建设谈几点看法。

一　加强中国特色新型高校智库建设的重要意义

2013 年 8 月，习近平总书记作出了加强中国特色新型智库建设的重要批示，5 月 30 日，刘延东副总理在教育部组织召开发展高校哲学社会科学，推动高校新型智库建设的座谈会并发表重要讲话。十八届三中全会明确提出加强中国特色新型智库建设，建立健全决策咨询制度的时代任务，强调基于民主决策、依法决策、科学决策的重大需求，为党和国家提供强大的智力支持。为落实十八大和十八届三中全会精神，教育部出台了

---

① 张东刚，教育部社科司司长。1965 年出生，教授，经济学博士。曾任南开大学社会科学管理处副处长、经济研究所副所长、经济史研究室主任，南开大学经济学科学位评定委员会委员，南开大学中国市场研究中心主任，南开大学韩国经济与管理研究中心副主任等。日本鸣门教育大学博士后（1996—1998 年）、日本一桥访问学者（1998 年）、立教大学客座教授（2002 年）。先后获得第八届霍英东青年教师奖、宝钢教育基金会优秀博士论文奖、第四届国家图书奖最高荣誉奖等多项国家及省部级奖励。

中国特色新型高校智库建设推进计划，目的就是发挥高校优势，协同整合力量，创新体制机制，推动新型高校智库建设，为党和国家事业发展提供强大的智力和人才支持。

当前，我国正处在全面建成小康社会的关键时期，新问题和新情况不断产生，问题越来越复杂多变，简单地靠经验主义不能实现科学决策，所以加强智库建设是服务党和政府科学决策、破解重大现实难题的迫切需要，是回应人民期待、有效引导社会舆论的迫切需要，是促进高校哲学社会科学繁荣发展的迫切需要。

全国社科研究力量有五支大军，即高校系统、社科院系统、党校系统、军队系统和各级各类研究机构。高校占了80%以上力量，是中国哲学社会科学事业的主力军。作为主力军，就应该承担主力军的任务，做出主力军的贡献，这是时代赋予的使命。此外，近半数的院士和60%以上的“千人”都在高校，所以高校智库建设还不仅仅指人文社科，还应包括理工科。理工科也要加强相关领域的智库建设，为国家相关领域建设发展提供智力支持，做出新贡献。

二 当前高校智库建设所面临的问题及其原因

改革开放以来，尤其是进入21世纪以来，高校哲学社会科学在为党和国家提供高质量的智力支持方面做出了积极贡献，但也存在一些亟待解决的问题。一是问题意识不强。很多研究过于学术化，对于一些问题的现实性、战略性和前瞻性把握不准。二是创新能力有待提高。具体表现在成果不少，但转化的成果不多。对于社会科学而言，正确的科学评价应该是使科研生产力转化为社会生产力。虽然不同学科服务于社会的时效性和转化时间有差别，但无论是什么时候转化，目前这种成果转化还是远远不足的。三是高素质人才不足。这是核心问题。智库即智人，关键是有智慧。有库没人，有人出不了成果也不行，因此三者必须并存。人才是关键，应该打造一批高质量的复合型、综合型的智库人才。发达国家的高校智库有五大功能，即战略研究、建言献策、引导舆论、国际话语和人才培养。目前，我们更强调的是建言献策。就建言献策的成果而言，首先对问题的把握要非常准，我们经常说自然科学讲重大问题，工程技术讲核心技术，文科讲重大理论和现实问题，不管哪个学科都强调问题意识，而对问题的把握和抽象是关键和前提。问题分大小和轻重缓急，具有不断的动态调整性，也就是我们讲的主要矛盾、次要矛盾变化的问题。今天的问题是主要矛盾，明天可能就变成次要矛盾了，因此我们的研究对象要不断调整和变化。问题是时代的声音和学术的起点，问题把握不准，后期即使通过一系列的科学过程，也很难得出深刻的、能够发挥实际效用的好结果。四是体制机制滞后。仅从数量上看，我们国家的智库研究机构分布在五大系统，还有些民间的注册机构，总量不少，但缺乏整合，管理体系还不够健全。五是国际影响力偏弱，在国际舞台上难以发出中国智库的声音。国际上的一些关于智库的排名显示，中国能够纳入排名的智库机构仅有五六个。

上述存在的问题可以概述成“小、散、弱”，究其原因，无外乎这样几点：第一，思想认识不够，没有充分认识到智库发展的重要性。第二，投入不足。支撑智库建设需要大量经费投入，需要加强资料库、数据库和信息库的建设，特别是数据的支撑。如何构建支撑智库建设的大数据是关键所在。第三，政策保障不够。例如，现在成果转化机制、信息披露机制、社会评价机制、绩效考核机制，还没有建立起来。对于智库建设的产品，包括一些建言献策的专家建议、网络文章、讲座和媒体活动，在很多学校是不纳入评价的。真正的科研成果不在于发表在哪个刊物和出版社上，而是看它是否能真正发挥社会功能。哲学社会科学的功能在于认识世界、传承文明、创新理论、资政育人、服务社会。在高校首先就要把理论转化为教育素材，进教材、进课堂、进学生头脑，这是成果的第一个转化方向；第二个是服务党和政府的决策；第三个是对人民群众、老百姓重大的困惑问题的释疑解惑；第四个就是国际话语，展示中国良好的国际形象，对于中国道路和中国形象发出中国学者的声音。增进国际理解，减少误解，甚至一些不公平的评价，用科学、准确的事实和数据来展示中国客观的准确的当下。但这方面还未纳入我们的评价之中。所以改进评价机制是加强智库建设完善机制的当务之急。

三　加强中国特色新型高校智库建设的基本要求和建设方向

由于传统的评价机制无法调动广大学者的积极性，对策建议类成果不纳入评价和考核，所以整个科研力量的重心就很难调整。如何推动下一步中国特色高校智库建设，主要需把握以下几个方向：

第一，应体现社会主义国家的性质和要求。我们一直在研究国外的智库，而国外智库具有一个很大的特点，即中立性和独立性。所以如何理解中立性和独立性，这需要有一个价值判断。我们在高校建智库，首先还是要坚持马克思主义立场观点方法，把握智库建设的政治方向，坚持从国情出发，积极借鉴国外智库发展的有益经验，紧紧围绕十八大提出的“五位一体”“四步同化”，紧紧围绕十八大确立的总依据、总布局和总任务，深入研究，建言献策。实现让党和政府信得过、用得上、靠得住、离不开的目标。

第二，坚持问题导向，服务重大需求。能够提出针对性、操作性的政策建议，提出客观公正的认识和结论，让智库的看法和想法变成决策的说法和做法，具体来说就是让智库的文章能够变成政府的文件，让智库的谋略变成党和政府的规划，让智库的言论变成社会的舆论，让智库的对策变成党和政府的决策，以一流的成果、一流的人才和一流的智慧来贡献力量。

第三，具备国际眼光和战略思维。如何加强高校乃至中国哲学社会科学界的战略眼光，是下一步建设的重点，为明天的中国储备方案，储存中国智慧。众所周知，美国的战略预测研究是非常发达的，而我们还比较薄弱。战略预测研究并不仅仅是头脑风暴的问题，它必须是有厚重的理论功底，丰富的研究积累，科学的研究方法，大量的数据支撑，为综合未来的预判提供方略、方案。最终事实是否和预测相同，另当别论，但我们必须有准备，掌握主动权。社科司下一步要推出有关战略预测研究的项目，进一步强化评价的改进，要着力推动教育部重点研究基地建设来加强这方面研究，为世界储备中国人的智慧，为中国发展储备中国的方案。这应该是我们学术研究要努力的方向。

第四，坚持学术研究的科学、严谨和规范。如何正确处理好学术民主和学术研究的关系，研究和普及宣传的关系，创新我们智库的组织形式和管理方式，这就是习近平总书记提到的转变观念，推动智库从分散向积聚的转变，从封闭向开放的转变，从单兵作战向联合攻关的转变。高校看似是个整体，实际上容易单兵作战。从整体来说，两千多所高校看似是一个整体，但每一个学校又是个体，所以高校团结起来，包括和高校外的系统共同协调创新，为党和政府提供良好的智力支持。随着高等教育的发展，按照十八大提出的高等教育如何通过综合改革提升高等教育内涵式发展是当务之急。前20年通过一种外延的、粗放式的、数量的增长，已经完成了相应的学校面积、学生规模、教师数量的扩展，下一步要实现内涵发展，以智力贡献为导向的内涵发展迫在眉睫。数量扩招很容易，质量提升很困难，必须有新思路、新举措、新办法，不是一朝一夕，但是已经在路上。

第五，推动综合改革，完善体制机制。教育部启动了2011计划，目的在于通过高等教育内在的八大领域综合改革，实现改革红利的整体释放。过去的改革，教学要改，科研要改，人事也改，但都是单独改革，缺乏整体的系统改革，所以经常会出现教学科研矛盾，互相抢夺资源；人员队伍只进不出，只奖不惩的现象还存在。综合改革就是围绕着调动广大教师积极性、主动性和创造性，改革现有制度的存量和安排，激发改革的内在潜质，服务于科研活力的更新，应该是核心问题。所以通过2011计划，国家层面的改革，或者叫试验区的方式，作为尝试和探索，进而推动高等教育的整体改革。按照习近平总书记提出的改革要注重系统性、整体性、协同性的要求大力推进，同时要更加注重改革方案的操作性和可行性。没有操作性和可行性，那些好的方案和建议也无法落实，只能停留在纸面上、口头上，所以体制机制改革十分迫切。

第六，人才培养，应该称之为高端人才的储备。教育部从1999年开始在高校陆续设立了151个重点研究基地，武汉地区也不少，大力实行全新的科研体制机制改革，取得了很好的成绩。如何把团队建设、人才培养和机构建设有机结合，只有平台没有人是不行的，有人还得是高素质人才，所以在习近平总书记的讲话当中要以人为重点，凝聚一批高端的高校智库人才作为支持的重点，努力建设一批政治坚定、扎根实践、勇于创新、学术严谨的高素质、高层次人才。当然更主要的是要加强后备力量，特别是文科的创新团队建设。高校要建立相关的机制，推荐青年学者深入实践，采用挂职、任职、锻炼等方式，深入一线，深入生活。与此同时，要鼓励和引进高校外系统的实践部门人员到高校任职兼职。还有一些问题需要破解，整个中国的发展要实现后发优势，关键要团结起来，发挥团结力量，我们才能实现新的赶超，这是不争的事实，单打独斗、各自为政，都是小圈子、小篱笆主义，是很难发展的。

华中科技大学国家治理研究院刚刚起航，我殷切地希望研究院能够紧扣国家重大理论和现实问题，整合力量，创新机制，尽快培养一批高水平的人才，产出一批高质量的成果，为推动国家治理体系和治理能力现代化建设贡献华中科技大学学者的一份力量！最后预祝此次论坛取得圆满成功，预祝研究院取得新的辉煌！

湖北省省委政策研究室主任吕东升致辞[①]

今天是一个好日子，这里群贤毕至，高朋满座，共同见证华中科技大学国家治理研究院的成立，共同举办“国家治理体系和治理能力建设高峰论坛”。我受湖北省省委书记李鸿忠同志的委托，对研究院的成立和高峰论坛的举办表示衷心的祝贺，向莅临论坛的所有嘉宾表示热烈的欢迎。

党的十八届三中全会，提出完善和发展中国特色社会主义制度，推进国家治理体系和治理能力现代化的总目标，向全党全国人民发出了全面深化改革的总动员令。推进国家治理体系和治理能力现代化问题，是党和国家重要而紧迫的政治课题。当前我国处于发展转型期、改革攻坚期、社会矛盾多发期，新情况、新问题层出不穷，如何探索国家治理体系和治理能力建设的规律，为实现中华民族伟大复兴奠定了良好的基础，这个任务突出地摆在了中国人民的面前。

这次高峰论坛的举办邀请了全国顶级学者，将会对湖北地方治理乃至全国治理产生重大而深远的影响。

华中科技大学秉承着“明德厚学求是创新”的校训，治学严谨，与时俱进，积极开展人才培养、科学研究和服务社会，目前在路钢书记、培

① 吕东升，湖北省第十二届人民代表大会常务委员会委员、湖北省省委决策支持工作办公室主任、湖北省社会科学界联合会副主席。1953 年 12 月生，湖北黄梅人，法学博士、经济学研究员，武汉大学、华中科技大学、武汉科技大学兼职教授，华中师范大学客座博士生导师。1971 年 5 月参加工作，1976 年 8 月加入中国共产党。曾任中共湖北省省委副秘书长、省委政研室主任、九届省委委员。

根校长的领导下，向着更高的目标迈进。

我们真诚地希望参加这次论坛的各位专家学者，对湖北的工作多提宝贵的意见和建议，祝论坛圆满成功！

中国政策科学研究会国家安全政策委员会副会长糜振玉中将致辞①

党的十八届三中全会指出，全面深化改革的总目标是完善和发展中国特色社会主义制度，推进国家治理体系和治理能力的现代化。党中央把国家治理体系和治理能力建设的现代化，确立为我们全面深化改革的总目标，对于推进建设国家治理具有极端的重要性。三中全会出台的《中共中央关于全面深化改革的重大问题的决定》（以下简称《决定》），分为16个部分，60条，三大板块：第一板块讲了总论、指导思想、重要意义；第三板块讲了党的领导、组织领导；第二板块主要讲了社会、政治、经济、文化、生态、国防以及军队改革的问题，针对这六个方面，中央提出了具体部署，即全面深化改革的主要任务和重大举措，而这些与我们国家治理体系和治理能力的建设都是密切相关的。

三中全会不仅对于全面深化改革提出了总体要求，而且对于每个问题解决的具体步骤都有说明。可以说中央对于这个问题的准备工作做得相当细，在两会期间，我看到一个报道，就是习近平总书记参加了上海市代表团的审议报告，他的讲话指出，治理和管理一字之差，体现的是体系治理、一般治理、源头治理、综合治理。社会治理是一门科学，要着力提高

---

① 糜振玉，中国政策科学研究会国家安全政策委员会副会长，高级研究员、博士生导师，中将军衔。1931年出生，江苏无锡人。1954年大连海军指挥学校第二期本科毕业。曾任军事科学院研究员、研究室主任，1985年任军事科学院副院长。第二、三、四届国务院学位委员会军事学科评议组召集人，全国博士后管理委员会第五届专家组成员兼军事学科博士后工作站评议组召集人；中国人民解放军历史资料丛书军委审查组组长；中国军事科学学会副会长、常务理事、特约高级研究员；中国国际战略学会高级顾问；中国未来研究会副理事长、高级顾问；第八届全国人民代表大会代表、第九届全国政治协商会议委员。

干部素质，把培养一批专家型的城市管理干部作为重要任务。用科学态度、先进理念、专业知识去管理城市。虽然这是习近平总书记就社会治理而言的，但是我觉得他讲的体系治理、一般治理、源头治理、综合治理这些治理原则已经用科学的态度、先进的理念、专业的知识去接受现代化城市管理要求，这是适用于国家治理各领域的要求和原则。

国家治理确实是一门崭新的科学，是一个发展开放的系统，各个领域的深化改革紧密联系、相互作用，任何一个领域的改革都会牵动其他领域，而其他领域的改革也同时需要这个领域的密切配合。习近平总书记在省部级主要领导干部“密切关注十八届三中全会全面深化改革”的专题研讨班的开班中有这么一段话，“这项工程极为浩大，必须全面地系统地改革与改进，是各领域改革与改进的联动和集成”。这里面习近平总书记讲的系统与集成的问题，我联系到了国家治理问题，是不是可以应用钱学森系统科学的理念和他的系统工程定性定量相结合综合基层方法，来谈国家治理的科学理论和实践的科学研究。

刚才张司长讲的那个问题，作为一个智库，需要资料库、数据库，科学研究需要许多大量的数据来支撑，这样一来，世界发达国家纷纷出台大数据发展计划，大数据技术成为世界技术的前沿。我看到《人民日报》上说到，中关村——国家自治创新实验区，2012 年就迅速成为我们的国家大产业，前不久公布了加快培育大数据产业集群推进产业专业升级的意见，大力推动大数据技术的应用和创新，打造全球大数据技术创新中心。所以现在尤其是计算机互联网的快速发展，可以通过互联网输送到各个领域、各个行业，海量数据，大数据并不是因为它的数量多，而是海量数据里面通过定量的分析、梳理，找出问题的所在、关键，以及改进的方向，从而进一步明确自身问题。所以我有个想法，如果把大数据技术与治理技术相结合，对国家治理现代化的研究将发挥全新的重要作用。

华中科技大学的领导，深刻领会党的十八届三中全会关于全面深化改革推进国家治理体系和治理能力现代化的重要意义，以远见卓识的智慧和敢于担当的勇气，在全国高等学校中迅速率先地成立治理研究院，并在研究院成立不久，就举办首届“国家治理体系和治理能力建设高峰论坛”，我很钦佩。我的体会是，这个体系和能力建设是现代化建设，不是一般的建设。有人说要国家治理体系现代化，有人说要治理能力现代化，我认为，都要现代化。怎么现代化，要用科学的手段，所以这个任务是一个很大的创举。我对研究院的成立表示钦佩和诚挚的祝贺，也预祝本届论坛圆满成功，谢谢大家！

中国太平洋经济合作全国委员会工商委员会副主席王利文致辞[①]

回顾近代中国的发展历程，毛泽东解决了中国人挨打的问题，建设了一个初步的也是比较完善的工业经济体系，做了一个很特别的事，就是盘踞在中国神州大地上几千年的黄赌毒贪黑邪，几乎是一晚上做了一次大扫除。在我国历史上、在世界历史上都是史无前例的。

邓小平解决了中国人挨饿、普遍贫穷的问题，还做了一件有意思的事，这件事在世界上还是经常发生，就是当你把一个瓶子里的魔鬼放出来是很难再放回去的，这个魔鬼就是分裂主义，我们看到利比亚、埃及、叙利亚，看到现在的泰国、乌克兰，都有这样的问题。但邓小平遇到这个问题，他把瓶子盖儿给拧上了，然后还加了个封条，叫做不争论，因为只要是分裂主义，最遭罪的就是老百姓，那些国家，国将不国，人将不人，如是小国，跑到世界上去流浪还能收养得下，试想要是中国这样的大国，世界怎么承受得了？

那么今天中国的领导人，在解决了挨打、贫穷挨饿的基础上，面对的是什么问题？要解决的是什么问题？我认为，要解决一个挨骂的问题，为什么要提出一个挨骂的问题，因为现在全世界遇到的危机，不论世界金融论坛、世界经济论坛、世界的环境生态论坛的讨论，到最后发现，碰到的

---

① 王利文，中国太平洋经济合作全国委员会工商委员会副主席。1942 年出生，北京人，国际经济合作研究学者，前联合国教科文组织中国专家，中国太平洋经济合作全国委员会工商委员会副主席。毕业于北京工业大学建筑系，曾任亚洲太平洋研究中心（API 天津）执行主席，1983 年任职国家科委发展局，从事多目标决策研究，1987 年任职联合国教科文组织总部，从事多国综合能力比较研究，1993 年后专业从事经济发展战略与跨国经济机构研究，1994 年后，任中国太平洋经济合作全国委员会工商委员会秘书长。

天花板，碰到的底线都是“道”和“德”的问题，中国的“道”和“德”这两个字是两个含义，“道”是客观规律，包括自然规律和人文规律，“德”是人们美好的品德。如果失了“道”或缺了“德”，必然遇到骂声，这骂声是时代的声音，回避不了。

所以当今中国，走在这个点上，要解决这个问题，要解决道德、“道”和“德”的现代化的文明问题，若不解决这个问题，那么尽管制度框架设计得都很好，比如有监察机构、管理机构，一有风吹草动，所有这些监管就猫鼠同笼，放弃了它的职责，那么贪腐问题、环境污染、食品药物安全问题等，怎么解决？我们在国家治理的结构、制度设计上怎么解决这些问题？有没有办法解决这些问题？有没有好的经验？实际上再好的经验，结合中国的实情，一定要创新，所以中国的“道”和“德”的文明之根，应当说没有完全断掉。现在虽然问题很多，但是我们看到正能量还是能压倒邪的能量，在今天我们抓这件事情，也一定能把这个“道”和“德”的问题解决好，将尊重客观规律，弘扬人类美好的品德，放到第一位来做，才能使得整个的系统建设好。

当前的系统，依靠互联网、云计算、大数据库，能够有效地支持决策系统，不误判，能够迅速地决断，中国改革开放发展这么快，和在深圳提出的一个口号有关，“时间就是金钱，效率就是生命”，实际上不仅仅空间是能源，时间也是巨大的能源。中国之所以发展这么快，和我们决策支持系统决策迅速是有关系的。我们所遇到的民主政体、多党制问题，不断在那讨论与纠缠，是一个很大的问题。所以很多人羡慕中国的这样一个体制，所以我们在给孩子洗澡的同时不能把孩子一起泼出去，我们绝对有我们成功的东西并且要保留住，同时也要接受所有的历史上的好的成果，还要在目前大数据的情况下进行创新。

华中科技大学国家治理研究院院长欧阳康教授致欢迎辞[①]

大家上午好！暖春的华中科技大学嘉宾云集，高朋满座，巨星闪耀，为了一个共同的目标——中国国家治理体系和治理能力现代化，为了中华民族的伟大复兴。

首先请允许我代表新生的华中科技大学国家治理研究院，代表我们全体同仁，并以我个人的名义，对各位尊敬的领导、嘉宾百忙之中前来参加本次盛会表示最热烈的欢迎和最衷心的感谢！谢谢你们！

多年来，华中科技大学一些有识之士一直在谋划成立人文社会科学类的高等研究院，但最终落实到成立“国家治理研究院”则是由时势所造成的，是学习和贯彻党的十八届三中全会精神的积极产物。党的十八届三中全会《决定》提出，全面深化改革的总目标是完善和发展中国特色社会主义制度，推进国家治理体系和治理能力现代化。华中科技大学决定成立国家治理研究院，这是学校党委行政贯彻落实党的十八届三中全会精神的重要决定，也是贯彻习近平总书记关于建立

---

① 欧阳康，华中科技大学国家治理研究院院长。哲学博士，华中科技大学原党委副书记，哲学研究所所长，《华中科技大学学报》（社会科学版）主编，“华中学者领军岗”教授，博士生导师。兼国务院学位委员会马克思主义学科评议组成员，国家哲学社会科学基金评审专家，教育部社会科学委员会委员，高校哲学教学指导委员会副主任，教育部学风建设委员会副主任，高校文化素质教育指导委员会秘书长，国际哲学家协会常务理事、亚太地区学生事务协会主席，中共湖北省省委决策支持顾问，湖北省政协委员，湖北省欧美同学会副主席，湖北省哲学学会副会长等。主要从事哲学尤其社会认识论研究。主要著作有《社会认识论导论》《哲学研究方法论》《对话与反思：当代英美哲学、文化及其他》《马克思主义认识论研究》等数十部，在《中国社会科学》《哲学研究》等刊物上发表中英文学术论文300余篇。入选国家教育部“跨世纪优秀人才”、人事部“百千万人才”工程。

中国特色新型智库的指示，落实刘延东副总理关于发挥高校优势，为发展新型高校智库贡献力量的要求的重要举措。此事得到了教育部袁贵仁部长、李卫红副部长，教育部社科司张东刚司长的大力关心、支持和帮助。张司长在百忙之中专程前来发表了重要的讲话，给我们介绍了国家和教育部的构想，提出了明确的要求。我们一定要按照教育部的要求把工作做好。

中共湖北省省委李鸿忠书记对此事高度重视，给予了大力支持，对一些关键的问题作了重要的指示，并特请中共湖北省省委决策办主任、省政协常委吕东升教授，中共湖北省省委政研室陈世强副主任，湖北省政府研究室秦道明副主任亲自到场指导。华中科技大学党委书记路钢教授对研究院的建设与发展从战略到策略问题都给予了全面的指导和关心，他专门从中央党校赶回来参加盛会。校长李培根院士一直关心研究院的建设，今天在百忙之中亲自光临会议并为我们揭牌。研究院建设也得到了学校丁汉初常务副书记、杨勇副校长和文科处领导的大力关心支持，得到了学校有关部处和院系领导的大力支持。学校一批著名科学家，潘垣院士、杨叔子院士、张勇传院士、郑楚光教授等都在我们征集研究院建设方案时给我们提出了极为宝贵的意见。今天潘垣院士特地到场，下午还要发表重要的战略构想。让我们特别感动的还有专程远道前来的各位领导和著名学者，特别是德高望重的糜振玉中将、彭光谦少将等，今天早上刚刚乘火车到达武汉就马上来到会场。中央编译局俞可平副局长刚刚从美国回国就专程来到了武汉，太平洋经济合作委员会工商委员会王利文主席，中国可持续发展研究会甘师俊名誉理事长、景学成主席，北京外国语大学周尊南教授等，都是资深的领导和著名的学者，这次专程前来参加会议。我们今天会议的代表应该说是来自中国的最重要的领域和单位，包括中央党校、国务院发展改革研究中心、国资委、中国社会科学院等，大家都是这一方面的优秀专家，对于来自各方面的热情关心、支持与帮助我们一并表示衷心的感谢和崇高的敬意！谢谢你们！

国家治理问题固然重要，但由我担任华中科技大学国家治理研究院的院长，这事过去从来也没有想象过，这对我来说是一个极大的挑战与考验。在座的都是国家治理方面的资深的领导和优秀的专家，我自己多年来学习和研究哲学，国家治理和管理并不是我的专业，我所从事的党政管理工作层次和经验也非常有限，尤其是在刚刚卸掉沉重的学校党务工作以后，本来希望能够清静和消闲一些，做一点自己更感兴趣的学术研究、国际学术交往等，所以在接到学校组织的任命以后，我一直在问自己，我有什么资格来做这个研究院的院长。从严格意义上讲，我清楚地认识到，我的资格是不够的，但是反省自己，从另外一个角度来看，我的全部生命历程也许多多少少也是在为此做准备。从事国家治理研究，我觉得作为其根本基础的也许是对于这个国家、这个民族、这个党的深厚情感，对于共和国深刻的理解，对于民族伟大复兴的极度热情。我是当年老三届中最小的一届，曾经当过知青、铁路工人、干部，1977 年考入大学，十年后在中国人民大学获得博士学位，此后在高校从事哲学研究。我们这一代人，经历了共和国的风风雨雨，参与了改革开放的全过程，对这个国家、这个民族、这个党有特殊的情感认同和责任意识。

我多年来从事社会认识论研究，除了我的博士学位论文《社会认识论导论》外，先后组织我的博士生们撰写了《社会本体论》《社会理想论》《社会理解论》《社会风险论》《社会活力论》《社会评价论》《社会心态论》《社会记忆论》《社会幸福论》《社会时间论》《社会空间论》《文化认同论》《社会阶层论》《社会开放论》《社会资本论》《社会信仰论》《社会真理论》《社会制度论》《社会想象论》《精神家园论》《国民素质论》等 40 余篇专题博士论文，不断深化对社会的认识，铺垫了一定的学术基础。

得益于改革开放，从 1991 年以来，我曾经获得海外资助和邀请，数十次出国出境，参加国际学术会议、讲学和开展国际合作，先后对加拿大多元文化、欧洲一体化、亚洲价值观、德国统一、苏联解体、俄罗斯民族精神、古巴朝鲜越南社会主义、中日关系、中美关系等，做过专题的考察研究，关注到发展中变化中的中国与世界。自党的十六大以来，我便一直应邀参加省委组织的各种宣讲活动，每年在国内外做数十次政论和学术报告，也以各种身份参与到教育部和湖北省的决策咨询工作中。所有这一切加深了我对中国社会的了解和理解。我充分认识到对于国家治理问题的关注意味着国家的转型，也要求我们学者的学术事业转型，要求我们把视野由科学地认识世界更多地转向合理地改造世界。这正是马克思的墓志铭所提出的要求，“哲学家们只是以不同的方式解释世界，而问题在于改变世界”。

通过这些时间的调研和研讨，华中科技大学国家治理研究院已经初步设置以下研究机构：国家治理理论与比较研究中心、国家治理体系与政策研究中心、国家治理调控与评价体系研究中心、治理信息采集与大数据处理中心、政府决策支持系统研究中心、区域治理与中部发展研究中心。

我们的近期计划是，依托于华中科技大学已有的学科优势整合国内外相关力量，积极开展当下最为紧迫的若干国家治理问题研究，例如，高等教育治理、医药卫生治理、乡村建设与治理、科技管理与体系治理、国家形象建构与传播治理、法治国家与司法治理、区域治理与中部发展等。希望能够尽快地提出一批有价值的咨询研究报告。我们的中期规划是，积极构建具有国际水准和中国特色的国家区域行业治理评估体系，建立国家、区域、行业的信息采集处理和科学决策支持系统，形成比较完整的国家治理、评估、信息采集处理和决策支持系统，造就一批相关的人才。我们的长远目标是，在特定范围内，年度性发布国家、区域、行业治理评估报告，及时就重大的、紧迫的问题向有关方面提供决策、建议，持续推进国家治理体系和治理能力现代化。治理问题极为复杂，是一个多变量、巨系统、复合性工程，我们将通过年度性的国际、国内会议，不间断地利用学术沙龙和讲座、学术网站和期刊、成果要报和白皮书等，积极开展活动。

我们认识到，开展国家治理研究，与一般学术研究的最大区别，就是要更加关注社会现实，履行国家责任。为此，要有更强的国际视野和国家使命感，要求更多的战略性、前瞻性、实证性和洞察性，更加重视价值的引领与协调。能够从事这样的研究，我们感到神圣与光荣。我们将通过多种方式，吸引国内外的优秀人才，提供开放式的平台。今天与会的各位专家，就将是我们的首批顾问、学术委员、研究人员，我们将努力为大家服务，争取最大限度地将大家的智慧汇聚起来并运用到中国国家治理的决策咨询之中。

本次会议在一个特殊的时刻召开，我们会努力做好服务。但按照有关规定，我们不得不降低标准、限定支出，如有不便，希望能够得到大家的谅解，我们希望以我们的热情来有所弥补。本次会议既有礼仪性，更多的是实质性的学术探讨，期盼着大家的智慧与奉献！相信我们将不仅收获学术，更重要的是情感与友谊，为未来的合作奠定更加坚实的基础，共同为国家繁荣、民族兴盛做出更多的贡献！

谢谢大家！

第二部分

与会学者发言

建构中国国家治理评估体系

俞可平①

中共十八届三中全会把“发展和完善中国特色社会主义制度、推进国家治理体系和治理能力现代化”作为全面深化改革的总目标，这就提出了这样的问题：什么是国家治理的现代化？什么是国家治理能力的现代化？如何来评价国家治理体系和治理能力的现代化？每一个国家都希望自己治理得更好，所以我们有一个理想目标，叫做良好的治理或者是“善治”。评价治理好与不好，有一个前提性的问题：评价国家治理的标准是什么？十八届三中全会后，举国上下都在谈论国家治理体系和治理能力的现代化。事实上，在政治学界，国家治理问题一直是一个重要的研究领域，特别是国家治理的评估。据世界银行统计，世界上有140多套关于国家治理的评估体系。最近，美国知名学者福山邀请了世界上一些有名的治理问题研究专家，正在研究如何来评价中国的国家治理。现在，我们将推进国家治理体系和治理能力现代化当做全面深化改革的总目标，尤其要重视国家治理的评估问题。这里，笔者想就国家治理评估谈几点粗略的看法。

---

① 俞可平，中央编译局副局长。1959年出生，北京大学政治学博士，德国杜伊斯堡大学名誉博士，哲学和政治学双学科博士生导师。现任中共中央编译局副局长、北京大学中国政府创新研究中心主任、清华大学凯风政治发展研究所所长、中央马克思主义理论研究与建设工程“经典作家基本观点”课题首席专家、“中国地方政府改革创新研究与奖励计划”总负责人，兼任北京大学、清华大学等校教授，曾任美国哈佛大学和杜克大学、德国自由大学、英国诺丁汉大学等校客座教授或高级研究员。2008年被中国改革研究会等评选为“改革开放30年30名社会人物”，2011年被美国《外交政策》杂志评选为“全球年度百名思想家”。主要研究领域：政治哲学、中国政治、比较政治、治理与善治、全球化、公民社会、政府创新等。

一 国家治理评估的重要意义

建构国家治理评估体系的重要意义主要体现在以下六个方面：第一，正确而客观地认识国家治理状况的前提。只有凭借一系列的标准，人们才能判断治理的绩效，发现治理的问题并比较治理的优劣。而国家治理评估体系作为这样的一种标准，是我们认识和评价一个国家治理状况的重要前提。第二，引导国家治理的改革方向。国家治理的评估与评价标准，实质上体现了一定的政治价值，而国家治理指标也在相当程度上反映着政治进步的目标。第三，发现治理的现实状态与理想状态的差距，明确治理改革的路径，从而推动和引导国家的治理改革。第四，发现不同国家之间在治理结构和治理体制方面的异同，更好地了解和尊重民族国家的治理特色，拓展国家间的治理合作，推进全球的民主治理。第五，推动政治学研究。确立国家治理评估体系的过程，实际上也是一种将政治学理念与现实政治分析相结合的过程，是一个检验并提升政治理念的过程。第六，掌握政治话语和政治评价的主动权，向国际社会宣传中国民主治理的成就，提升中国的国际形象。

二 国际上有影响力的国家治理评价体系

目前，国际上的国家治理评价体系大体可分为四类。

（一）联合国开发计划署治理评价指标体系

（1）联合国以贫困和性别为维度的民主治理指标框架（Measuring democratic governance：a framework for selecting pro-poor and gender sensitive indicators）；（2）联合国人类发展报告（Human Development Report）；（3）联合国人类发展中心的“人文治理指标”（Humane Governance Indicators，HGI）；（4）联合国奥斯陆治理研究中心的“民主治理测评体系”（Measuring Democratic Governance）。

（二）多边机构治理评价指标体系

（1）世界银行：世界治理指标（Worldwide Governance Indicators，

WGI)；(2) 世界银行：国家政策与制度评估（Country Policy and Institutional Assessment)；(3) 世界银行：治理与反腐败观察（Governance and Anti-corruption Country Survey)；(4) 经济合作与发展组织（OECD)："人权与民主治理测评"指标体系（Measuring Human Rights and Democratic Governance)。

（三）双边机构的治理评估

(1) 英国海外发展组织（ODI)：世界治理评估（World Governance Assessment)；(2) 美国国际发展署（United States Agency for International Development)：民主与治理框架（Democracy and Governance Assessment Framework)；(3) 荷兰国际关系研究所：治理与腐败战略评估（Strategic Governance and Corruption Assessment，SGACA)。

（四）独立机构的治理评估

(1) 自由之家（Freedom House）的"世界自由指数"（Freedom Index in the World)；(2) 民主与选举援助组织（Institute for Democracy and Electoral Assistance）的"民主评估"（Democracy Assessment)；(3) 透明国际组织（TI）的"腐败指数"（Corruption Perception Index，CPI)；(4) 世界经济论坛（World Economic Forum）的"全球治理倡议"（Global Governance Initiative)；(5) 哥德堡大学的"治理质量观察"（Quality of Governance Survey)。

三　国际社会治理评估体系的得失

综上可知，无论是国际组织、多边组织，还是那些独立评价机构，基本上都是由西方国家主导的。这些国家治理评估体系既有自身的优点，也存在着内在的不足。简单地说，其优点就是它确立了一些普遍的标准，可以将不同国家放到同一个平台上进行相互之间的比较，通过比较，发现不同国家在治理方面的差异和共性。然而，这些优点也是它的缺点：这些标准基本是由西方机构控制、由西方政治家和学者主导的，因此难以避免地带有西方的价值观色彩。这些西方的评估体系也因此遭受到许多批评。这些批评指出，所谓的普遍价值就是西方价值，所谓的普遍标准就是西方标准。

已有的这些国家治理评估体系，主要存在以下三个方面的局限或不足：第一，各民族各国家的历史文化、经济发展水平等方面都存在着巨大差异，因而很难找到一个普遍的评估标准；第二，国家治理评估所需要的数据材料通常很难获得，而没有准确可靠的数据就很难进行客观地评估；第三，这些国家治理评估指标大多由西方学者研制，并且由西方国家主导的机构来从事治理测评，难免带有西方中心主义的价值倾向。

四　中国的国家治理评估

推进国家治理体系和治理能力的现代化，必须建构中国的国家治理评估体系和评价标准。建立中国的国家治理评估标准需要遵循以下五个原则：第一，立足中国改革开放的实践，借鉴国外和国际组织治理评估的经验；第二，围绕国家的大政方针，突出重点，兼及治理的基本内容；第三，重在评估治理现状，同时充分注意中国民主治理的未来发展；第四，主客观评估相结合，全面检测中国现行政府治理的现状；第五，治理评估必须具有简便性、实用性和可行性。

按照上述五个原则，我们在 2008 年与联合国开发署合作，设立了“国家治理评估”的重大课题，研制了迄今国内唯一的“中国国家治理评估框架”，并且正式出版了《国家治理评估：中国与世界》一书。我们设立了评估中国国家治理的 12 个维度：公民参与、人权与公民权、党内民主、法治、合法性、社会公正、社会稳定、政务公开、行政效益、政府责任、公共服务和廉洁。其中每一个维度下面又有 116 个关注点或具体指标，构成了一个完整的评估指标体系。这套评估体系既充分借鉴了国外的先进理念和经验，又最大限度地考虑了中国特色和中国国情。例如，“党内民主”这个维度，完全是中国特有的，因为中国共产党是唯一的执政党，掌握着核心国家权力，党内民主非常重要。还有“社会稳定”对转型时期的中国也特别重要，必须有这样一个维度，这与西方发达国家明显不同。当然，国家治理评估指标体系是开放性的，它既要随着现实的发展而及时调整，也要在实际测评中不断完善。

国家治理研究的问题域、价值取向和支撑体系

欧阳康

一 中国共产党治国理政的新境界

党的十八届三中全会提出了“推进国家治理体系和治理能力现代化”，这是中国共产党治国理政的全新境界。改革开放30多年来，我们根据当时的国情，实行的主要是差异化战略，按照先易后难的原则，有轻有重、有急有缓、有快有慢地对经济、政治、社会、文化和生态文明各个领域梯度性地推进改革开放，让一部分地区、一部分行业、一部分群体先发展起来。改革开放三十多年来成就辉煌，但也面临新的问题和挑战。时至今日，各行业相互支撑、各领域相互协调、各环节相互衔接、各群体和谐相处已经成为中国发展的全局性、战略性、根本性问题，需要科学合理的国家治理体系，要求极强的国家治理能力。为此必须从全局上加以谋划、制度上加强建设、整体上加以推进。党的十八届三中全会回应了这种紧迫需求，从全面深化改革和加强整体性制度建设谋篇布局，努力推进国家治理体系和治理能力的现代化，对内有助于全面调动各方面各地域各群体的积极性，加速中华民族伟大复兴，对外有助于展示负责任大国的健康形象，必将为人类文明发展做出更大贡献！

二 国家治理研究的价值取向

当前中国国家治理最大的挑战可能是价值多元化的挑战，我们学习借

鉴了世界现代化的几乎所有模式，但并不是简单地原样照搬，而是吸收其某些要素，并获得了红利，但这些要素原来是在不同的体系里面的，刚刚引进时比较弱小，可以和平相处，发挥出积极作用，现在各自都长大了，要求与之相适应的思想观念、价值体系和制度，这就造成了体制的内部冲突，呈现为紧迫而又尖锐的矛盾与冲突，这就要求体制性解决。国家治理不得不提上紧迫的议事日程。

研究国家治理，最大的难点也许是如何做到三种视界的融合：治理者的视界、被治理者的视界、研究者的视界。这三种角色与身份各有其价值要求，研究国家治理也许最为重要的是打破他们之间的隔离，把治理变成自理，促进视界的融合，形成最大限度的共识，让所有成员各居其位、各司其职、各得其所，化治理于无形，这就是“善治”，“善治”就是无为而治，是中国治理思想和实践的最高境界。

三　国家治理研究的问题域

第一层面，学理上的概念辨析。围绕“国家治理体系和治理能力现代化”，每个概念都需要进行学理辨析，譬如什么是“国家”？什么是“治理”？什么是“现代化”？治理体系与治理能力是什么关系？治理体系和治理能力现代化意味着什么？学理层面的概念和原理如果不搞清楚，后面应用层面的研究就失去了基础和前提。

第二层面，治理的历史研究。所有现行的治理体系、政策、措施、办法都是历史生成的，绝对不是简单链接，都一定有因果关系。不能用一种比较线性的方式来考虑复杂的社会治理问题。治理研究一定要有历史感，不仅要研究中国传统治理的经验，也要研究西方文明史中的国家治理。对于已经形成的一些经验，需要认真加以总结。比如，就中国传统治理而言，中国传统社会是一种超稳态结构，这个根就是中国治理的核心价值。就西方国家而言，为何协商民主在西方国家近年来这么热，这是一个现实问题，但要追溯其历史，因为选举民主不能恰当地解决西方社会的问题。

第三层面，中国当前治理现状评估。中国当前治理状况到底是满意还是不满意，理想还是不理想，成功还是不成功，需要做出理性的评估。就中国当前的治理状况而言，总体来说还是成功的，否则不可能解释中国为何能够取得如此大的进步，能够一直保持稳定、快速发展。但也存在着一些问题，现在恰恰是治理体系不够自觉、不够清晰、不够有效，甚至治理的合法性都成了问题，这就需要在这个体系内部协调。改革开放30多年最大的成就就是从局部出发再走向全局，现在最大的问题就是全局性的、统摄性的一个治理体系还没有形成。

第四层面，中国国家治理的价值依据。根据什么来治理？往哪个方向治理？这就属于国家治理的价值依据问题。国家治理体系看起来是一个制度化、规范化、方法化的东西，其实内在的核心是价值。推进国家治理体系和治理能力现代化，要大力培育和弘扬社会主义核心价值体系和核心价值观，国家治理需要核心价值的统领。价值体系是国家治理之魂、国家治理之基，决定着国家治理的方向。任何一种社会制度的背后，都有其价值体系。国家治理体系是价值体系的体现，国家治理体系既包括制度体系也包括价值体系。

第五层面，中国当前国家治理结构中的复杂关系。中国当前国家治理结构中，面临着一系列的复杂关系。从国家宏观的角度看，包括各个地域之间的关系、五大建设之间的关系、党和政府、企业等之间的关系等。从内在微观的角度看，包括授权与受权的关系、集权与分权的关系、强制性与自主性的关系、治理与自治的关系、规范性与灵活性的关系、利益与正义的关系、多样性与统一性的关系等。这些问题需要进行深入研究。

第六层面，各个具体领域的治理问题。现在中国治理的核心问题，就是要在总体框架里如何让这个制度的优势能够最大限度地发挥出来，如何在大数据时代、复杂性时代把治理变得更加自觉，如何从“摸着石头过河”到从上而下的顶层设计，这都需要进一步研究。针对各个具体领域的治理问题，既要从学科出发，又要超越学科，要以问题来带动综合协同研究；另外，还需要学会一套研究治理问题的思维方式和话语方式。

四　当前国家治理研究的一些紧迫而又重大的问题

国家治理问题的提出有一个重大的背景，那就是“中华民族伟大复兴”的时代主题，为此应当紧密围绕“两个一百年”的战略目标，集中关注中国未来发展所需的国家内部治理结构和国际关系与环境问题。

在国家内部治理结构方面，从全面深化改革和民族伟大复兴高度看中国道路和国家治理体系与治理能力现代化建设问题，凸显以下视域：一是发达国家的治理道路与治理经验及其中国启示；二是马克思主义的治理理论及其中国意义；三是中国传统文化中的治理理论及其当代意义；四是20世纪以来中国社会治理的经验总结与教训解析；五是当代中国国家治理体系的内在要素、结构与功能探析；六是国家治理能力与治理手段现代化；七是从国家治理视角看民族素养与公民教育，等等。

在国家治理问题研究中要凸显以下重点问题：一是注意中国大陆地区以及香港、澳门、台湾地区的协同治理与未来良性健康和平发展道路，加速祖国和平统一，为伟大复兴提供内在前提；二是注意建构经济、政治、社会、文化、生态建设之间的良性协调和可持续发展机制；三是注意中国各地域发展协调战略，中部崛起的战略支撑；四是注意政党与政府、中央与地方、计划与市场、企业与社会、城市与农村、地方与军队等多元力量的有机整合，推进国家治理体系和国家治理能力现代化；五是注意法制中国与司法文明建设；六是中国共产党建设与中国长治久安之道；七是湖北区域治理中的特殊问题，为湖北“建成支点、走在前列”，实现跨越式发展和科学发展提供制度保障。

国家治理需要良好的国际关系和外部环境。我们应当努力拓展国际视野，积极探索有利于中国和平崛起的国际环境，尤其关注以下问题：一是国际治理和国际善治及其中国意义；二是中国和平发展所需的新型大国关系，尤其是中、美、日、俄、欧盟五角关系，探索以中国和平发展为轴心的大国间良性健康、互动共治模型；三是与中国的地缘政治与周边国家关系治理，探索南海与东海问题治理的合理前景；四是中国对外开放新战略，海洋强国战略，“新丝绸之路经济带”和“新海上丝绸之路”。

五 构建“五位一体”的现代国家治理研究和支撑体系

现代国家治理是具有现代视野和现代科学技术手段支撑的有机体系，这个体系应当大体包含以下子系统。

子系统之一：国家治理的理论和价值体系。目标在于厘清治理、国家治理、国家治理体系、国家治理能力等核心概念，研究国家治理体系和治理能力现代化的标准，探讨推进国家治理体系和治理能力现代化的手段和措施，并广泛吸收和借鉴古今中外的治理理论和实践经验，探索具有中国特色的国家治理理论体系和国家治理的实践体系。

子系统之二：国家治理体系与政策系统。目标在于解决国家治理体系的正当性和有效性问题。所谓正当性问题，即国家治理体系在客观上要经过科学论证而具有合理性，在主观上要得到普遍认同而具有合法性；所谓有效性问题，即国家治理主体在能力上是否具有完成国家治理目标的手段及其绩效问题。本子系统的功能目标在于建构一套适合中国国情的国家治理的价值体系、方法体系以及合理而有效的政策法规体系。

子系统之三：国家治理评估指标体系。根据“善治”的标准，从正当性与有效性两个方面设计一套国家治理的综合评估指标体系，这一体系既力图体现从政治学和法学的应然视角对于中国治理状况的评价指标，从正当性的视角反映在中国价值体系下价值的“善”，也力图包容对国家治理基础能力实然要素的强调，反映能力的有效性。

子系统之四：国家治理信息采集与数据处理。本子系统将深入研究建立国家治理综合评估数据库的必要性和可行性，并对建立国家治理综合评估数据库在技术、方法以及设备条件等方面进行论证。在前期研究成果“国家治理评估指标体系”的基础上，尝试性地采集各类评估指标数据，建立国家治理综合评估数据库，并尝试性地对地方政府、企事业单位进行预评估，进一步完善评估指标体系和数据库信息。

子系统之五：政府决策支持系统。本子系统将重点解决建立政府决策支持系统的必要性和可行性，并对建立政府决策支持系统在技术、方法及设备条件等方面进行论证，并在已建立的国家治理综合评估指标数据库的基础上，借助电子信息工程、自动化、人工智能等方面的人才和技术优势，实验性地开展专项决策建模，不断修订和完善，最后建成系统完备、功能强大的政府决策支持系统。

新权威主义体制与国家治理

萧功秦[1]

从人类历史上看，一般说来所有的传统的集权国家，包括专制体制在内的所有的集权国家，在走向现代化的过程中，尤其是走向以改革为导向的现代化的过程当中，难以避免我们所说的那种“薄壳效应”。所谓的“薄壳效应”指的就是在地壳最薄的地方最容易爆发火山。这种“薄壳效应”在所有的专制帝国中都难以避免，这是因为，传统集权国家长期积累的矛盾在进入改革开放时期，人们会有一种宽松的预期，大量的政治诉求会在短时期内集中地以井喷的方式爆发出来。面对这种政治参与爆炸，集权政府将陷入两难状态：如果退让就会解体，如果镇压就会引起悲情，而这种悲情的结果又进一步导致革命的出现。集权国家在改革初期陷入笔者所说的这种“薄壳效应”，可以说几乎没有例外，法国大革命就是人类历史上第一次“薄壳效应”；俄国尼古拉二世的改革，导致了俄国的二月革命和十月革命；慈禧太后的清末新政导致了辛

---

① 萧功秦，上海师范大学历史系教授。1946 年出生，湖南衡阳人。1981 年南京大学历史系研究生毕业，上海师范大学历史系教授，博士生导师，复旦大学中国研究中心特聘研究员，曾任上海交通大学国际与公共事务学院政治学教授，台湾大学《政治科学论丛》编辑委员，海峡两岸学术交流促进会学术委员，《大公报》特邀评论员。中国社会科学院“社会预测”专家，中国青年研究会常务理事。20 世纪 80 年代以来，作为新权威主义现代化理论的倡导者与代表学者，具有广泛学术影响，1998 年受美国政府邀请为“国际访问者计划”访问学者。2001 年后曾为香港中文大学、台湾政治大学、新加坡国立大学东亚研究所高级访问学者。主要研究范围：当代中国社会思潮、二十世纪中国政治史、当代政治发展。代表著作有：《儒家文化的困境》《危机中的变革——清末现代化进程中的激进与保守》《与政治浪漫主义告别》《知识分子与观念人》《中国的大转型：从发展政治学看中国变革》《历史的眼睛》《反思的年代》《超越左右激进主义》等。

亥革命。从改革政治学角度看，中国1989年的悲剧性事件，也是中国改革开放遇到的“薄壳效应”的挑战。正因为传统的集权国家无法应对“薄壳效应”的挑战，它们通过改革开放走向现代化的过程，往往会陷入革命与倒退的怪圈。

中国改革经历了30多年，邓小平的改革找到了传统集权体制国家避免“薄壳效应”的办法，那就是新权威主义的改革路径。邓小平坚持的就是两点论，一点是“共产党权威不容挑战”，一点是通过市场经济的改革，让人民过好日子，以此来化解长期积累的社会矛盾。新权威主义一方面在政治上保持低度政治参与，防止政治参与爆炸与井喷；另一方面则在政治稳定条件下，运用政府看得见的手，实施改革开放，进行经济与社会的结构性改革，以此来化解社会矛盾，缓和社会冲突。这样就能有效地克服“薄壳效应”对集权国家现代化的致命干扰。

如果说，法国、俄国、中国清朝都没有避免专制国家改革所陷入的“薄壳效应”以及由此所导致的革命魔咒，那么，邓小平到习近平的新权威主义路径持续发展，正在形成克服传统集权国家“薄壳效应”的新路径。换言之，中国找到了传统集权体制通过改革与维新的方式，而无须经由爆炸性的、破坏性的、充满失范与危险的革命，而和平地走向现代性，走向现代文明与未来的民主。正是在这个意义上，中国35年来的改革实践，正在走人类所没有经历的一种新的道路，这也是笔者所说的中国的政治实践正在改写国际政治学的理由。

这种新权威主义模式可以分成若干阶段，邓小平改革开放的模式，我们可以称之为新权威主义的1.0版本。随着改革开放的持续发展，转型期新的矛盾与问题又会出现，这将会伴生新的政治参与爆炸的可能，与此同时第二波新权威主义的浪潮也会应运而生。现在的体制所做的，正是新权威主义的2.0版本，通过加强意识形态的领导权、管理权与话语权来实现政治稳定，并通过大幅度的全面市场经济改革，把半开放的官僚市场经济转变为全面的、成熟的市场经济；通过进一步完善民生建设，为未来民主奠定基础。

在当前阶段，新权威主义依然是以民生为主，以实现民生的发展、民生的诉求为目标。随着社会的进步，在民生问题得到比较大发展的基础上，未来中国的民主的要求将会成为社会发展的重心，新权威主义将在社会要求与治理完善要求的多重压力下，向民主化的进程做更大幅度的迈进，那时中国民主化的高潮就会到来。

关于中国的新权威主义体制，笔者提出以下几点供大家思考。

第一个问题是，新权威主义体制，有优劣之分，有开放性的威权与封闭性的威权之分。在笔者看来，开放性的新权威主义体制应该具有以下几个标准。（1）它是用常识理性来代替教条意识形态思维，用我们通常的话来说就是求真务实，用常识理性、日常理性来代替意识形态的类宗教思维。用经验试错来代替理想主义的蓝图设计，从政治哲学上说，也就是经验主义的常识理性，而不是建构主义的乌托邦主义，摸着石头过河一步一步走出中国的试错模式。（2）尊重倒逼机制对决策者的行为的引导作用。笔者认为这是区别良好的威权体制和传统的封闭式专制体制的关键所在。笔者把集权体制分成两种类型，一种类型是开放性的集权，一种是封闭性的集权。所谓开放性的集权就是尊重倒逼机制对行为的引导作用，从常识理性的角度来对社会问题、矛盾予以处理，从而解决矛盾并为了解决矛盾而进行体制的改革，这就使体制具有对变化了的环境的适应力与韧性；而封闭性的集权体制则拒绝倒逼机制的引导作用。前者体现为体制对社会与环境挑战的适应性，后者则体现为故步自封性。

习近平总书记提出问题倒逼改革，改革在解决问题中深化，改革永无止境。这个思想具有很大的开放性，从哲学层面上看，也体现了经验主义而不是建构理性主义的思维特点。所谓封闭性的专制体制就是对倒逼机制提供的信息完全不予理睬，甚至是反作用，毛泽东晚年那种集权基本上就是这种封闭性集权类型。阶级斗争、路线斗争与平均主义乌托邦式的意识形态思维与价值观极大地阻挠了决策者实事求是地处理信息与解决矛盾。正是在这个意义上，我们可以期望随着社会文明的进步，民主条件在社会内部的成熟，新权威主义体制为了适应这种挑战，也会通过进一步的民主变革向民主过渡。当然，中国的民主制度也是在适应中国环境的过程中逐渐演化出来的。

第二个问题是，在道理性基础上形成社会共识，是中国新权威主义走向发展社会主义民主的基础。从长远的角度来说，新权威主义体制只是从旧的传统集权体制向未来民主体制过渡的中间阶段。新权威主义阶段的重要治理目标，在笔者看来就是通过有效的社会治理，实现民生、法制，并在社会公正方面有重大进步。只有这样，才能避免极端主义与激进主义思潮裹挟民意，形成广场政治与革命动荡。这是因为，当社会陷入种族、民族、宗教、政治歧见与阶层对立的分裂状态的情况下，极端主义与激进主义就会如鱼得水。

只有形成温和的、中道理性的思维与价值且在社会政治生活中占主流地位，那时推进民主的黄金时代才会到来，真正有效的民主只有在这种情况下才有可能实现。目前，中国存在着“左”和“右”两种极端势力（或者两种激进主义的思潮）。随着社会激进主义逐渐被边缘化，中道理性一旦成为社会的主流，“左”“右”两种极端主义或激进主义势力、激进主义思潮对人们的影响力会逐渐减弱，并逐渐被边缘化，政治稳定得到比较大的保障，政府也就可能会有稳定自信与安全感，在这种情况下，政府对社会的多元性的容忍程度相较过去会大大提升，社会的自由度也会得到进一步的极大提升。而这种社会的多元化的发展和容纳，为未来中国民主化创造了重要的条件。

第三个问题是，现在的新权威主义体制，面临着一系列新的矛盾。我们要重视对这种体制的内在矛盾的研究。例如，笔者最近到某个农村，深深地感受到中国的农村治理环境的恶化，以及垄断性的官僚利益集团的现实。这让笔者感觉到非常担忧。一般而言，按照新政治经济学的逻辑，沿海地区城市的现代化过程在发展到一定阶段以后，就会出现技术、资金与竞争机会向内地与农村的扩散过程，经济学上把这种扩散过程称为“涓滴效应”，这就如同沙漠当中的涓涓流水随着时间的延长会向沙漠的周围渗透一样。但是现在看来，中国从“极化效应”向“涓滴效应”转变过程的困难程度远远超出我们的想象，尤其表现在资本和机会向内地转移过程中被地方上已经形成的垄断性的官僚利益集团的人脉关系所截留。所以在这个问题上，中国的社会组织的发展，尤其是多元的民间组织的发展具有非常重要的意义。

然而，中国发展面临的一个矛盾是，一方面，地方政府缺乏发展社会组织的积极性；另一方面，社会组织的发展，对于地方的文化发展与创新，对于激发民间的活力，对于制衡地方政府与社会特殊利益团体之间的利益垄断，让沿海地区的现代化因素向内地转移，具有极为重要的意义。这是当今中国一个现实的矛盾，也是中国社会发展的瓶颈。我们是否能克服集权国家现代化过程中始终存在的“一放就乱，一乱就收，一收就死”的恶性循环，如何摆脱这个问题，笔者认为任重而道远。如果这个问题解决不好，将会对我们的经济发展和社会的进步造成很大的困扰。

国家治理现代化的现实目标与可能路径

吴 毅[①]

现在，“国家治理”已经成为一个很热门的话题，它已经由前些年的学术讨论进入公共政策的话语系统。但是，客观地讲，要实现国家治理体系和能力的现代化，我们尚有相当的距离，任务更是十分艰巨。距离何在？为何艰巨？关于这个问题，既可以从“政道”的角度讲，也可以从“治道”的角度讲。

笔者读过俞可平的一个观点，大意是说只有沿着民主法治的道路，才能真正实现国家治理体系的现代化。这即是说，国家治理体系的现代化，不仅在很大程度上反映着社会现代化的进程，也在很大程度上反映着中国民主法治的进程。这个观点，其实就是从“政道”角度讲的，即从政治发展角度讲的。从这个角度看问题，当下中国的国家治理现代化从根本上讲就首先还是一个政治学，而非行政学的课题。这个观点，笔者大体上赞同，大概也没有人会公开的反对。但是，一个大家都不会反对的想法，却因为种种原因难以落到实处，以致对于民主究竟是不是一个好东西，都还存在争论。造成这种现象，原因何在？每个人都会有自己的答案。正是因

---

① 吴毅，华中科技大学国家治理研究院研究员，社会学系教授、博士生导师。1958 年出生，重庆市人。《华中科技大学学报》（社会科学版）副主编，华中科技大学“华中学者”特聘教授，校学术委员会委员。主要从事政治社会学、政治人类学、历史社会学及中国乡村治理研究。代表作有《村治变迁中的权威与秩序——20 世纪川东双村的表达》《小镇喧嚣——一个乡镇政治运作的演绎与阐释》等。获得过中共中央宣传部“五个一工程”奖，湖北省社会科学优秀成果二、三等奖，中南五省社科读物优秀图书奖，中国高等学校科学研究优秀成果（人文社会科学）二等奖，中国高等学校人文社会科学优秀成果三等奖，全国优秀博士学位论文。

为有答案，所以人们才不会仅仅去纠结于理论本身，而必须要返身回到现实中去寻找各种可能的发展路径。萧功秦教授所倡导的新权威主义，就是这方面非常有代表性的思考。

萧先生是20世纪80年代以来国内最早提倡新权威主义的两大代表性学者之一。萧先生提倡新权威主义，肯定有他的许多考虑，就笔者对他的了解来讲，至少有一个原因是可以确定的，他是学历史出身，深谙中外历史，尤其是深谙近代中国“欲求民主，反得专制”的历史教训。也许正是基于这一教训，他不再从理念上去谈论中国的政治发展，而是想从实然性的可能路径上去设计一条通向民主法治的道路。但是，笔者注意到萧先生自己的观点好像也有一些变化，80年代他提出新权威主义的时候，他是主张通过新权威主义道路去最终实现具有普世价值的民主政治的，但他现在所谈的民主政治，则更多强调中国特色与中国价值。这种变化，大约可以归结为他本人可能也意识到了西式民主政治理念在中国落地的不现实，所以他调整了目标。在此，笔者也想沿着这一思路谈谈自己的想法。

要确立中国国家治理现代化的目标和路径，必须首先要厘清一个前提，即我们现在的治理体制从何而来，有何特征？经过30多年的改革开放，这一特征又有哪些变化？我们知道，自“五四”以来，中国共产党就是以追求民主自由为目标的。但必须要说明，民主自由对于当时的中国共产党而言，又的确只是手段，而非目的。因为党有一个更神圣的目的，那就是要在此岸世界建立起人类的终极理想社会。中国共产党就是奔着这个目标而去的，所以，在新民主主义革命成功以后，我们党要宣布进入社会主义社会，要进行社会主义建设。由此，我们就可以看到塑造其治理理念和体制的最初的理论和实践动因了。

其实，如果把决定中国共产党执政时的理念与实践放到整个20世纪国际共产主义运动的大背景下考察，就可知当时各个社会主义国家在体制的设置与运作机制上是共性大于个性的。这些共性归纳起来大体有六个特征：第一是共产党的绝对领导；第二是意识形态治国；第三是党对军队的绝对领导；第四是魅力型领袖加群众性政党；第五是无产阶级专政；第六是以政治权力去统领和串联经济、社会和文化等所有领域，或者说，让政治权力渗透到整个社会的每一个细胞。对于这个体制，有学者称为“全能主义政治”，有学者称做“总体性社会”，而它们其实又都是围绕实现一个神圣的理想社会的目标去设计的。应该说，20世纪80年代以来的改革开放，在很大程度上所指向的就是这个体制及其运作机制，执政者希望在维持基本格局不变的前提下革除其弊端。

经过30多年的改革，严格地讲，笔者认为其实是20多年的改革——改革可以分为两个阶段，20世纪80年代算第一个阶段，90年代算第二个阶段。到了21世纪第一个十年的前期，以中国加入WTO、在经济上与国际接轨及在国内全面建成市场经济体制为标志，中国的改革其实就基本定型了——上述六大特征有了很大的变化，但是基本格局仍然不变。譬如说党的领导，尽管在具体方式上出现许多变化，但是党的绝对领导地位仍然是不可撼动的。其二，意识形态呈现出了若干工具化和选择性使用的特征，它的目标不再是要去塑造“新人”，而是更多地服务于执政，用来维护党的执政地位。无产阶级专政则实际上转化成了目前的“维稳体制”。当然，党领导军队的格局没有变，变化最大的发生在经济和社会领域，一个日益开放和自由的经济和半开放、半法治的社会出现了，至少市场经济与法治对于社会运转的基础性作用愈益显著。这一系列变化所彰显的，其实是整个社会已经由追求超凡入圣转向了返回常识和追求世俗理性，而这些常识和世俗理性显然是奠基于整个人类文明尤其是中国文明的既往历程与经验上的。也许正是在这个意义上，一些学者就认为当下的中国已经出现了政治学学术上可称为“威权社会”的若干特征。

但是，如果说当下的中国就已然是典型学术意义上的“威权社会”，笔者并不完全赞同。因为尽管在学理上人们对于如何理解与定位“威权社会”并不一致，但是作为一个共识，大概都还是认可“威权社会”的核心在于其在实质上是围绕着西方现代性的理念原则来配置资源、建构秩序与实现运作的。“威权社会”可以有多种表现形式，我们最为熟悉的是新加坡、政治转型前的韩国和我国台湾地区。这些地方，在实现民主宪政以前，其实整个意识形态和治理架构都已经完全的“西方化”了，只不过因为种种原因或者理由，当政者不开放言论自由和竞选政治，比如说转型前台湾国民党的一个理由就是还要“训政”，尽管真实理由并不如此。但从理论和制度上讲，的确它只要一宣布结束“训政”，实现它本来就已经承认了的东西，就很容易与宪政接轨。可以说，这种转型前后治理体制与理念的不根本排斥，是这些地方能够比较平和地实现从威权向民主转型的一个前提。笔者想，萧先生应该思考过这个问题，他也许认为这些东西对于当下的中国大陆都不适用，所以他才会调整自己的目标。事实也可能正是如此，要在当下中国大陆这样一个从“全能政治”（或“总体社会”）脱身而来的“后全能体制”或“后总体性社会”（在找不到其他更合适的学术词汇来概括当下中国的政治发展特征时先暂时这样使用）中找到一条合适的路径，其实是非常困难的，而任何根本性的变化显然又不被允许。所以，无论萧先生所说的从传统体制过渡到新权威主义的1.0版本，还是2.0版本，若要成立，其实就只能以修改发展目标为前提。

但是，如果要达成有中国特色的民主，那么其内涵何在？是不是就是“协商民主”？如果是，那么由谁决定让谁来参与协商？协商的范围有多大？谁来操控这个度？如何保障协商的效果以及协商权不会被缩水？而更为重要的则是如何来确保我们所要的是“新权威”而非“老权威”？这一系列问题从操作上讲都并不是那么简单。也就是说，要让有中国特色的民主为老百姓所体认，而不只是为民做主的现代版，还需要做出艰辛努力和长期探索，有许多工作要做，并不是简单地提出一个新权威主义的几点零版本，并以此来适应或裁剪现实就可以完结的问题。

笔者觉得，在现有格局下，国家治理现代化最现实的目标，还是首先要围绕实现社会的公平正义来展开。这可能是目前能够为各方所接受的最大社会公约数，也是较为切实可行的。之所以将可欲的目标定在实现社会的公平正义，是基于对改革开放30多年以来中国社会的成就和问题的把握。在改革历程中，因为诸种复杂的原因，逐渐积累出了以下三个最为突出的特征：一是经济起飞的中国奇迹；二是奇迹背后社会资源配置的极度非均衡；三是极具刚性的维稳体制。这三个特征不能说与改革前的体制没有关联，但更为主要的却是中国改革既往路径选择的结果。这个选择，充分发挥了以国家力量来运作市场与配置资源的优势，但因为缺乏相应的制度性平衡，同时也造成了整个社会资源配置的极度非均衡，并导致深层次的腐败和各种社会矛盾剧增，而它们显然已经挑战了公平正义这一维系整个社会良性运行的价值伦理的底线。要在这样一个缺乏底线保障的情况下维持社会秩序，就需要刚性维稳，由此又在客观上固化了资源配置的极度非均衡。关于这一点，已经有许多学者论及。可以想见，在这样一种情况下来设计国家治理体系与治理能力的现代化，难度之大可想而知。所以，目标设计与任务达成只能是先易后难，不能理想主义地好高骛远。

笔者认为，作为比较可行的下一步改革的目标，就是要通过建构尽可能体现公平正义价值的治理制度及其运作机制来适当地舒缓资源配置严重非均衡的问题，并以此来缓解最为紧迫的社会矛盾。要达到这个目的，有几条现实的路径可以考虑：第一是目前日益深入的反腐败，认为这是可以利用的机会。有人说现在仍然是在搞运动式反腐败，但要知道在现代廉政制度建立之前，运动式反腐败也比不反腐败好，它至少能够从心理上动摇甚至局部瓦解既得利益者对于改革的阻挠，否则，在既得利益早已根深蒂固、盘根错节、难以动摇的情况下，任何一个触及既得利益的深水区改革要想成功，都十分困难。现在已经完全不具备 20 世纪 80 年代的改革条件，那个时候，整个社会从危局中走出来，怎么走都是路，现在则怎么走都困难，因为怎么走都可能与既得利益者发生冲突。第二是司法的相对独立，在条件不很成熟时，也许中央层面可以统一控制，但地方各级司法则应独立，即完全独立于地方权力体系。第三是权力进一步退出经济和社会领域，资源配置进一步市场化，政府成为制度的规范者和监督者而非操盘手。第四是进一步落实宪法所规定的公民的基本经济与社会权利。

也就是说，在民主法治、社会公正、经济自由和文化多元诸多目标并置交叠、不可能同时实现的时候，应该首先集中精力实现经济、社会和法治的目标，否则可能会消化不良，反致改革受挫。当然，这样讲也不完备，因为要实现经济与社会的公平正义，本身就需要愈益开放的政治、社会和思想环境做保障，如果缺少了这些相关保障，在利益非均衡已经非常严重的情况下，即使是经济与社会领域的公平正义也不可能实现。所以，一方面是要首先选择经济和社会领域作为实现国家治理体系与能力现代化建设的目标，另一方面又要确保政治与社会的日益开放，如何把握这个度，这中间有多大的空间，如何来拿捏其中的分寸，拿捏是否能成功，未来就在其中了。总之，路只能一步步走，这既是由中国改革的渐进式性质所决定，更因为我们早已经不处在改革的较佳时空点上，传统的巨大路径依赖，全民改革共识的丧失，对历史与现实认识的巨大差异等，使改革的空间十分狭小。

国家治理与基础性国家能力

王绍光[①]

一　对国家治理能力中"治理"一词的相关分析

"治理"这个词，不管是在中文里还是在英文里都耳熟能详，但现在我们所理解的意思却被赋予了很多新的东西，其间几乎可以说只有不到15年的时间。在20世纪90年代以前，中国所讲到治理的标的都不是人，而是物。"治理"在英文里其实也是个新东西，它是新自由主义潮流的副产品，在20世纪90年代初、中期被引入中国。

但是，"治""治国安邦"这些概念则历史悠久，中国历来都讲治国安邦，不管是孔孟、儒法墨道，都讲治国安邦。中国的历史学家其实都扮演着很重要的思想家的角色，可以看到《资治通鉴》是与"治"相关的，西方也是如此。所以"治""治国"是老东西，但"治理"这套概念体系是新东西。国家治理有很多方面，但是笔者觉得不管是从政府要治理这个国家来讲，还是作为一个研究机构研究国家治理来讲，都不应该面面俱到，要抓重点、抓牛鼻子。十八大提出"国家治理体系和治理能力"，

---

① 王绍光，香港中文大学政治与公共行政学系讲座教授。1954年生于武汉，兼清华大学公共管理学院长江讲座教授，重庆大学高等研究院学术委员会委员。1982年获北京大学法学学士学位，1984年获美国康奈尔大学政治学硕士学位，1990年获美国康奈尔大学政治学博士学位。他曾在1972年至1977年任教武汉市堤角中学，1990年至2000年任教美国耶鲁大学政治系，2006年至2013年担任香港特别行政区策略发展委员会委员。代表作有《理性与疯狂：文化大革命中的群众》《分权的底限》《多元与统一：第三部门国际比较研究》《美国进步时代的启示》《安邦之道：国家转型的目标与途径》《祛魅与超越：反思民主、自由、平等、公民社会》《理想政治秩序：中西古今的探求》等。

“治理能力”四字非常关键，没有相应的治理能力，“治理体系”就只会是一个空架子。

二　对国家治理能力的分类

国家能力在政治学界很早就有学者在研究。1968 年，美国保守政治学家亨廷顿就指出，世界上有很多国家，他们国家的政府形态不一样，有民主的、不民主的，但是最大的区别在于它能不能治国。这种理念表明他是个非常现实的政治学家，虽然他也讲民主，并写出了《民主第三波》，但他不会追求那种虚幻的民主，而会去强调国家治理能力这个问题。

（一）专断性国家能力

政治学家迈克尔·曼在 20 世纪 80—90 年代出版了《社会权力的来源》两卷（第三卷于 2012 年出版），在书中他区分了两类“国家权力”，一类叫做“专断性的国家权力”，指国家干预的范围。国家干预的范围是政治学、媒体天天关心的事，吸引了大量注意力。另外一类国家权力也许更重要，他称之为“基础性国家权力”。“基础性国家权力”就是笔者所说的“基础性国家能力”。

（二）基础性国家能力

1. 对“基础性国家能力”的个人研究

“基础性国家能力”就是国家建设的“基础设施”。国家有“基础性国家能力”，笔者对此的关注始于 20 多年前，即苏联崩溃的时候。笔者当时在耶鲁大学政治学系任教，苏联请我们去教他们怎么建设市场经济和民主政治。当时哈佛大学、耶鲁大学一大堆经济学家给苏联制订了个 500 天计划，设想在 500 天内把一个社会主义经济转变成完善的资本主义经济。耶鲁大学政治学系派了一个庞大的代表团到苏联去教他们怎么建设民主政治。但笔者到了莫斯科，看到那种惨况实在是触目惊心，红场对面有个号称当时世界上最大的百货商店，除了售货员，商店里什么东西都没有。去苏联本来是推广西式民主，但从莫斯科回来以后，笔者有巨大的反思，并在美国的一份中文报纸上发表了一篇文章，感慨没有基本的治国能力，做其他任何努力都没用，所谓民主化、市场化也一样。当时这篇文章在海外华人圈引起了很大的争议。后来，笔者就写了一系列这样的文章，在美国政治学会年会上提议国家的转型一定要与国家的基础能力结合起来，没有基础性的国家能力，转型也是徒劳，不管是市场转型，还是民主转型。1993 年笔者跟国内的学者胡鞍钢一起写了《中国国家能力报告》一书，在书里，我们就已经谈到了几项基础性的国家能力。所以，关注这个基础性的国家能力对笔者来说已经大概有 20 多年的历史。

2. “基础性国家能力”的概念内涵

经过这么多年的研究，笔者觉得“基础性国家能力”大概包括最基础的八项。

第一项，强制能力。“强制”听起来是不好听，但是国家这种人类组织跟其他人类组织最大的区别就在于它可以合法地垄断暴力，可以合法地使用强制力。这种国家强制力，对外就是必须有能力抵御外来的威胁，这就要求国家建立和维持一支常备军；对内，国家必须有能力维持国家的安宁，这就要求国家建立一支训练有素、经费充裕、纪律严明、着装整齐的专业警察。哪怕是最后一条都非常重要，看一个国家警察的着装，几乎就可以知道这个国家的强制能力。如果一个国家的警察衣着不整，邋里邋遢，这个国家的警察也许很残暴，但其维护社会秩序的能力不会很强。着装整齐是与训练有素、经费充裕、纪律严明相关的。

第二项，汲取能力。不管做什么事情，包括维持强制能力，代价都不菲。所有国家其他的职能也需要大量资金支撑，尤其是新的国家职能都需要花很多的钱。因此，国家要有能力从社会汲取经济产出的一部分，作为国家机器运作的资源基础。当然这不是说汲取得越多越好，但是汲取得太少肯定不行。1993 年，当时中国国家财政收入占 GDP 的比重是 10% 左右，数据显示，当时，只有一个国家比中国低，这个国家就是正在崩溃的前南斯拉夫，所以汲取能力十分重要。

第三项，濡化能力。濡化能力就是说，不能纯粹靠暴力、靠强制力来维持社会的内部秩序，要形成广泛接受的认同感和价值观，这样可以大大减少治国理政的成本。需要濡化的是两种东西，一是国家认同，二是核心价值，二者都非常重要。国家认同的形成要求人们把对家庭、宗族、地域的忠诚转化为对整个民族、国家的忠诚。国家同时必须塑造人们的信仰和价值观，形成一套为大多数民众接受并内化于心的核心价值体系。《从农民到法国人》一书非常重要。大家现在觉得法国是一个整合得非常好的国家，大家都说法文，以说法文为骄傲，但是大多数人可能不知道，1789年法国大革命的时候，只有一半的法国人可以说法语；直到1871年，只有四分之一人以法语为母语，绝大部分人操持各地的方言，不说法语。在过去两百年里，法国采取了一系列的措施，包括强制性措施，推行法语。今天的局面是推行这些措施的结果。大多数人也许也不知道，法国1872年通过了一个法律，严禁人口普查时询问对方属于哪个民族、以什么语言为母语、信哪一种宗教。这些法律今天依然有效，因此法国没有关于人口中民族、语言、宗教分布的官方数据，因为法律禁止这样的东西。在中国，我们反倒鼓励你认同自己的族群，并尽力用各种方式维持族群的认同，而不是对整体国家的认同，这是非常重要的问题。因此最近出现的一系列暴力行为，恐怕需要在这些政策上有所反思，也需要借鉴一些别国的经验。另外，一整套核心价值体系也是同样的重要，大家把一些东西内化于心、约束自己的行为，而不是要靠外力来让我们做某些事和不做某些事。

第四项，国家认证能力。“认证”指在数据与人或物之间建立一一对应的关系。即使在古代，认证也是收税、征兵、征劳役的基础。现在每个人都有一个名字、一个姓，实际上可以说是古代国家的一种创造。中国古代比较早就创立了名和姓。在欧美国家，他们直到过去二百年多年以前，很多人还是没有姓氏的，后来才慢慢发展出姓氏。姓氏的发展就是为了建立国家的认证能力，没有姓氏，没办法收税，就没有办法征兵，没有办法出劳役，所以这些都非常重要。到了现代社会，认证就更重要了，现在我们常讲食品、药品安全，讲税收的问题，比如，现在中国的个人所得税，实际上是真正的个人所得税，而不是以家庭收入为基础的，这是一种不合理的制度，这跟国家的认证能力不足有关。

第五项，规管能力。濡化能力是作用于人们的内在信念，而规管是规管人们的外部行为。不管你内在信念如何，外部行为如果违反了某些规矩的话，你就得被规管。规管的意义就在于改变个人和团体的行为，使他们的行为符合国家制定的规则。尤其是在工业化、城市化、商业化的背景下，信息的不对称和权力的不对称使得国家在规管现代社会当中变得非常重要。在现代国家，规管几乎无所不在。可以这样讲，哪个国家规管得比较细，你到这个国家就会觉得比较有秩序；哪个国家规管得比较粗放，那个国家就显得比较乱，不规范。很多国家可能是管得过细，比如，在美国很多地方，你是不能把衣服晒在你家的窗台上或你家后院，因为你的邻居们会觉得这样做的话，看起来让人不舒服，不赏心悦目。回到1920年的纽约，满街都飘着那种万国旗，也把衣服都放在外头晒，所以规管表现了一种国家能力。

现在中国出太多的问题都跟规管不到位有关，而这跟编制可能有关系。比如，国家的煤矿安全，中国煤矿数量最高的时期有十万多个煤矿，但中国整个的煤矿安全的监管机构的人员，可能也就是几千个人，根本没办法监管好煤矿的安全生产。为了让广大人民群众工作、生活更放心、更舒适，为了保护人民和自然，国家不仅必须制止明显的危害社会行为（如杀人放火），还应该对经济和社会生活的方方面面进行不同方式的规管（如规定度量衡、食品和药品的质量标准，工作场所和居住环境的安全标准，甚至父母对子女的责任等），这是规管能力。

第六项，统领能力。规管和其他国家职能都是由政府管社会、管老百姓，而统领能力是讲政府是否有能力管理自己，即各级国家机构与国家工作人员为了履行各项国家职能，必须有高效清廉的公务人员来实施。公务人员必须要高效同时要清廉，这就要有一整套的方式、方法来做。比如，反腐败，笔者一直认为要抓大案、抓要案、抓“大老虎”不是一个特别有效的方法，因为我们抓了20多年，“老虎”越抓越大。比较有效的办法是用以前的办法，即“防微杜渐”为好。“文革”前，哪怕是用公家的一张信纸写信，都是一件很丢脸的事，是一件犯忌之事。如果在小事情上都能建立一套体制机制去防范不当作为，哪怕贪污几十元、几百元都会面临严厉的惩治，就不需要成天去抓“大老虎”了。人们的心态是希望抓到“大老虎”，抓出一个大家都很高兴，都希望看到“大老虎”，所以有关“大老虎”的传闻很多。但是如果把注意力仅仅集中在这方面，腐败永远也不可能根治，最重要的还是制度建设。

第七项，再分配能力。再分配是指国家在不同社会集团之间，对稀缺资源的权威性调配。这里所讲的稀缺物资包括养老、看病等很多方面，这些都是稀缺的物质。再分配有两个目的，一是保障社会中所有人的经济安全，这是基本的温饱，能够有尊严地活下去；二是缩小收入和财富分配的不平等。由于不平等增加了社会动乱的可能性，再分配有助于维护社会秩序、增强政府的认受性。

第八项，吸纳和整合能力。吸纳和整合实际上就是我们讲的有序民主的两个侧面。民主与非民主制度的最大区别在于人民能否当家做主。人民当家做主的第一个必要条件是开门，让人民大众有序进入政治过程，得以影响政府政策走向。这就要求建立一套机制，使政府能力将所有政治化的社会势力纳入制度化的参与渠道。有些社会势力没有政治化，由于种种原因，他们的诉求无从主动有效地表达出来，这时可能需要国家工作人员走出去，深入这些民众，体会他们的冷暖，了解他们的需求。人民当家做主的第二个必要条件是整合，政府应建立制度，对不同社会群体表达出来的各种政策偏好加以整合。整合之所以必要，是因为人民大众卷入决策过程后，意见建议肯定是不一致的；在不一致的情况下，就需要国家建立制度，对不同的群体表达出来的各种政策偏好加以整合。所以，如果要讲人民当家做主，讲代表最广大人民利益的话，就得用吸纳和整合，用中国经验来讲就是开门和磨合。

这八项基础能力又可以进一步分类，前三项（强制、汲取、濡化）是近代国家的基本能力，近代国家笔者指的是 20 世纪 50 年代以前的国家，他们都必须具备这三项能力，少一个就是一个失效、失败的国家；中间四项（认证、规管、统领和再分配），笔者把它叫做现代国家，即 20 世纪 50 年代以后政府的基本能力，如果在这四方面能力不足，治国理政就会麻烦重重。最后一项（吸纳与整合），笔者把它叫做民主国家的基础。许多国家有选举，也有多党竞争，但怎么看，它们都不像民主，因为弄得乱七八糟，老百姓不能受益。形式上看起来民主，但老百姓不能受益的国家，不管调子有多高，都不是民主，真正的民主国家具备吸纳和整合社会力量的能力。

三 结语

没有必要的国家基本制度建设，就没有基础性的国家能力，就谈不上国家治理，而这八项是非常重要的，是最基础的。基础性的国家能力不能太弱，比如说如果缺乏认证、规管、统领、再分配的能力就会乱象环生，如果缺乏强制、汲取、濡化能力就可能导致国将不国。我们现在环顾全球，有很多这样的国家，它缺乏基本的强制能力、汲取能力和濡化能力，国家就基本上国将不国，要么处于内战状态，要么犯罪率奇高，要么族群间冲突不断。而缺乏吸纳与整合能力，就没有真正意义上的民主。所以，国家的基础能力非常重要，当然国家也不能滥用其基础能力，能力应该培养，但是权力应该限制。现在经常有一句话叫“把权力关进笼子”，但是笔者觉得这句话不够完备，因为一般讲权力的时候，仅仅讲到了公权力，公权力应该关进笼子，而私权力包括资本的能力、黑恶势力的能力同样也应该关进笼子里。要把他们关进笼子里，国家的基础能力必不可少。

新一轮政治体制改革与国家治理的现代化

房　宁①

一　国家治理体系和治理能力现代化提出的背景

（一）提出国家治理体系和治理能力现代化的思想背景

中国经过对改革开放和中国特色社会主义道路 30 多年的探索，已经形成了一条中国特色社会主义道路。在这样的背景下，制度的建设和发展是一个不断完善、不断落实的过程，因此，习近平总书记提出了三个自信，以后我们的工作实际上就是抓落实、细化，这种对落实、从小处着手、一抓到底的重视也体现了他治国理政的一个思路，这是一个大的背景。

（二）提出国家治理体系和治理能力现代化的体制背景

从体制来讲，当今的中国面临着很多矛盾和问题，包括我们现在成立智库，也都是国家管理科学化的一个需要。但就当今中国的体制来讲，的确发生了重大变化，比如说研究政治学、政治体制改革，中国在改革开放之初的 20 世纪 80 年代提出的政治体制改革。改革开放以后，经过了很多

① 房宁，中国社会科学院政治学研究所所长。1957 年出生，毕业于北京师范大学，首都师范大学教授、中国政治学会副会长、教育部高等学校社会科学发展研究中心兼职研究员等。以其独特的“第三世界视角”观察、研究当代世界经济体系的发展变化，揭示在资本全球化条件下的第三世界工业化发展的特殊规律，对于当代民族主义复兴的历史背景做出了新的诠释。代表性著作：《现代西方政治理论》《现代资本主义发展引论》等。

探索，特别是十四大以后，又产生了一些新的变化。最近，特别是十八届三中全会后，我们国家在政治体制改革上有了非常大的举措，笔者认为这是20世纪80年代以来进行的第二次比较重大的政治体制改革，即成立了三个领导小组以及委员会，也就是全面深化改革领导小组、网络领导小组和国家安全委员会，这实际上是政治体制的一个重大变化。中国是社会主义国家，也就是说国家的政治体制的核心是政治局体制，政治权力结构的核心是政治局体制，这个体制就涉及在这个层面上的重大的改革。这个改革的核心思想就是进一步在体制上集中权力，是为了适应现代化的需要而展开的。

二 关于我国目前进行的新一轮的政治体制改革的具体做法的研究与分析

（一）国家治理的现代化

所谓的国家治理的现代化，对中国来讲，主要就是细化。因为西方在治理上的确有很多值得我们学习的地方，在笔者看来，有两个国家非常值得我们借鉴：日本和美国。日本管理的核心就是精细化，在中国，大的方针路线、大的方向有了，中国特色社会主义已经形成，道路也形成了，但是有很多问题并没有具体化。比如反腐败，笔者来社科院工作写的第一个报告就是2001年的《关于官商共同体的治理问题》，就是考虑我们党政领导干部亲属子女办理企业的问题，也就是习近平总书记讲的“勾肩搭背”。这个问题10年前就提出来过，现在看来这个问题比较严重了。现在，笔者认为这个问题也还是可以治理的，只是目前我们对很多问题的认识还是不够的，比如关于加强党政干部反腐倡廉建设等党的建设。精细化就是我们不能只关注到这个干部本人。现在选拔领导干部，德才兼备，以德为先，这些原则都是对的，中国历来都是这样，各国治理经验也都是这样，但是我们不能只关注一个干部，而是系统化的，比如，中共中央党校中青班要培养干部，那么就不能只关注这个干部本人，而是对他的家庭进行全面的管理，这样才能培养一个干部，这就是现代化。过去我们就是只看这个人，尺度太大、框架太大了，所以必须精细化。因此反腐倡廉建设实际上不是一个人的问题，而是一个系统的管理。

（二）现代管理的管理基础建设

1. 以管理的科学化、技术化为基础的现代管理

现代管理很重要的就是要有一个管理基础，其中的关键是怎么做的问题。我们现在在实践中体会最多的就是现代的理念和做法很多都很难落实，这是因为缺乏管理的基础，也就是管理的技术化、科学化。实际上国家治理能力和体系是很技术化，一个体系合理不合理那就是它科学不科学，能力好不好就是其技术手段怎么样。例如，在2013年“两会”前，社会很关注领导干部财产申报公开制度的问题，当时我们进行相关问题的研究。根据多年来的研究基础，我们的团队在较短时间内拿出了世界上15个不同类型的国家以及中国香港、台湾地区的官员财产申报与公示的情况，研究结果影响很大，起了很大的作用。以官员财产申报这个问题而言，实际上的困难就在于中国现在的管理缺乏基础信息。比较美国，美国的普通官员是不需要申报个人财产的，但美国对全民的财务、税收是严密监管的，因为全民有比较严密的监管体系，再去监管其中部分成员如官员，才成为可能。纵观世界上的财产申报制度，制度最全甚至有个案的、能把大法官因财产申报不实而被弹劾的国家是菲律宾。虽然菲律宾的财产申报公示制度是最完善的，但这个国家是最腐败的。我们国家的基本问题在于对全民的个人财务情况基本上疏于管理，有时连个人身份的唯一性都搞不准，在这样的管理水平下，何谈监管官员的财产？

2. 现代管理要建立一个面向全民的监管系统

中国对全民个人信息的监管水平还比较低，而一个国家治理体系的好与不好最基础的因素就是对全民的监管，首先要做到全民个人身份信息的唯一性，其次是国民个人经济活动的资料与信息的记录。比如，在财产申报制度上，就是对国民个人的财务、税收以及相关金融活动这三个领域进行全程监管，发达国家在这个问题上都做得比较好。所以现在中国要想治理好，从一定意义上讲也不复杂，就是建立全民个人信息的监管体系，比如首先从身份识别的唯一性开始。一个现代国家的治理，必须对全民特别是全民的财务活动进行全程的监管，只有这个终身的、互通的基础信息系统建立起来后，才是现代化的社会管理，否则就是一个农业社会、一个传统社会的管理。而现代社会管理是建立在信息管理基础上的，它要求有技术手段。现在中国的各种政策的落实实际上都遇到这个问题。

综上所述，笔者认为中国国家治理体系以及治理能力的现代化，它的总目标就是要精细化，它的基础就是要科学化和技术化，也就是要对全民个人信息和财产活动进行全程监管，在这个基础上实行对整个国家的现代治理。

十八届三中全会的国家治理思想

李佐军[①]

一　对国家治理思想相关概念的理解

（一）治理

与领导、管理相比，治理是一个含义更加丰富、内容有所不同的概念。第一，治理较领导、管理更加平等和民主，领导、管理是指领导者高高在上管理或领导下属，而治理则意味着各种不同主体共同治理国家，更具平等性。第二，治理的对象更加广泛。领导和管理的对象一般是有行为能力的某个主体，比如个人、企业、机构等；而治理的对象可以是有行为能力的主体，也可以是没有行为能力的主体，比如环境也是治理的对象，但它没有行为能力。因此，治理的对象可包括经济、政治、社会、文化、生态等各个方面。第三，治理与领导、管理的手段不同。管理和领导的手段可以个性化，但治理一般要按各个主体共同认可的规则进行，即以法治的方式进行。

（二）国家治理体系

笔者认为，国家治理体系包括三个方面：一是国家治理的主体。国家

---

① 李佐军，国务院发展研究中心资源与环境政策研究所副所长。湖南安化人，经济学博士，博士生导师，研究员，著名经济学家，人本发展理论创立者，华中科技大学、湖南大学等校兼职教授，同时兼任多个学术团体职务，被多个地方政府聘为顾问或首席经济学家。博士师从我国权威经济学家吴敬琏研究员，硕士师从国际著名经济学家、发展经济学奠基人张培刚教授。主要研究领域涉及资源环境政策、绿色低碳经济、宏观经济、区域经济、产业经济、“三农”问题等。

治理的主体可包括党、政府、人大、政协、军队以及各种社会组织、公民，构成一个完整的主体体系。二是国家治理的对象。国家治理的对象可包括政治、经济、文化、社会、生态等各个方面。三是国家治理的手段。国家治理的手段主要是制度，这里的制度是广义的制度，包括硬制度和软制度，或有形制度和无形制度，具体来说，有文化制度、法律制度、组织制度（含政府与市场）、政策等。

（三）国家治理能力

国家治理能力分为两个层面。第一个层面是国家作为一个整体的治理能力。一般说来，一个国家的整体治理能力是与其他国家相比较而言的，可以集中体现为国家的竞争力。笼统地说国家治理能力不太好表述，但如果与其他国家一比较，则某个国家的治理能力就可从其创新能力、资源整合能力、外交能力等方面表现出来。第二个层面是国家中某个具体主体的治理能力，比如说党派、政府、人大等组织的治理能力是比较好界定的，也比较具体。

（四）国家治理体系和治理能力的现代化

十八届三中全会《决定》专门提到了国家治理体系和治理能力的现代化，那么，究竟应怎样理解国家治理体系和治理能力的现代化？从语义学上来说，这个概念存在一些问题。国家治理体系应该是完善的问题，治理能力是提高的问题，或者说国家治理体系和治理能力是建设的问题。“国家治理体系和治理能力的现代化”作为一个已基本定下的概念，这里就不深入讨论其存在的合理性了，关键是其中的现代化怎么理解，现代化涉及国家治理体系和治理能力的衡量标准问题。若国家治理体系和治理能力达到了比较现代的标准，那就算是实现现代化了。笔者认为，治理的现代化最核心的问题是各种不同主体之间的责、权、利配置，一个现代化的国家治理体系应该是各个主体间的权利配置要公平合理，责、权、利要对称，只有权利配置公平合理，才能实现现代化所要求的“善治”。

二 论述十八届三中全会《决定》中的国家治理思想

(一)《决定》将“推进国家治理体系和治理能力的现代化”作为改革的总目标

十八届三中全会的《决定》是关于全面深化改革的一个决定。改革是改制度，而制度是关于不同主体之间责、权、利关系的安排。从各种不同主体之间的责、权、利关系安排这个角度去理解十八届三中全会的决定，就比较容易抓住其中的精髓。而不同主体之间的责、权、利关系安排，正是国家治理体系和治理能力最核心的内容，所以三中全会决定把推进国家治理体系和治理能力的现代化作为改革的总目标，是有道理的。实际上，十八届三中全会的《决定》从头到尾都体现了国家治理体系和治理能力现代化建设的丰富内容，只是我们现在还不习惯从这个视角来解读三中全会精神。

(二)《决定》中的国家治理思想可以概括为八组关系

十八届三中全会《决定》中的国家治理思想可概括为八组关系，即八组不同主体间的责、权、利关系。一是中国共产党与人大、政府、政协等其他各个主体之间的责、权、利关系；二是政府与市场的关系；三是公有制经济与非公有制经济的关系；四是中央政府与地方政府的关系；五是农村与城市之间的关系；六是当代人与后代人在资源环境权益方面的关系；七是特权与民权的关系；八是国内与国际的关系。下面简单地介绍其中的五组关系。

1. 中国共产党与人大、政府、政协等其他主体之间的关系

就中国共产党而言，十八届三中全会《决定》强调了两个重点：第一，中国共产党在未来的改革中发挥领导作用；第二，改革要保证正确的政治方向，不能走老路，也不能走邪路，一定要坚定不移地走中国特色社会主义道路。推进国家治理体系和治理能力的现代化，也必须是在坚持中国共产党领导的前提下进行。

在政府方面，《决定》涉及党政分开，但没有进行详细阐述，主要强调了政府职能转变等。在人大方面，《决定》明确指出，“一府两院”由人大任免，对人大负责，接受人大监管，各级政府的重大决策必须通过同

级人大；在政协方面，《决定》主要强调要推进协商民主，作为中国特色民主的主要形式。

2. 政府与市场的关系

政府与市场的关系，《决定》强调了两个方面。一方面，更多更强地发挥市场的作用。其有三个要点：第一，要发挥市场的决定性作用。《决定》指出，全面改革的重点是经济体制改革，经济体制改革的核心是正确处理政府与市场之间的关系，发挥市场在资源配置中的决定性作用。决定性作用与以往的基础性作用有所不同，基础性作用意味着政府与市场的关系是上与下的关系，市场在下面发挥基础性作用，政府在上面发挥统领性的作用，实际运行的结果是政府越做越大、越做越强，所以现在改为市场发挥决定性作用。决定性的作用意味着市场与政府是主与次的关系，市场为主，政府为次，即最终的决定权在市场，这就把市场的地位提到了一个新的高度。第二，要建立一个统一、开放、竞争、有序的现代市场体系。第三，重点发展三大要素市场，即资金市场、土地市场和技术市场。

另一方面，更好地发挥政府的作用。这也有三个要点：第一，明确政府的职能定位，政府的职责体现在以下五个方面，即宏观调控、市场监管、公共服务、社会管理和保护环境，其他的交给企业与市场。第二，政府要放权与分权，即要加快推进行政审批制度等改革。第三，改革政府的考核导向，将资源消耗、环境损害、生态效益、科技创新、安全生产、产能过剩、新增债务等作为主要的考核指标。

3. 公有制经济与非公有制经济的关系

《决定》强调，一方面，要保障非公有制经济的四大平等权利，即地位平等、财产权平等、机会平等和规则平等。另一方面，全面深化国有企业改革，包括：发展混合所有制经济；组建若干资本运营公司；提高国有企业收益上交比例；反对国有企业的垄断；推进现代企业制度建设等。

4. 中央政府与地方政府的关系

《决定》指出，一方面，要更好地发挥中央政府的宏观调控作用，包括改善宏观调控方式，不能以微观干预的方式去搞宏观调控，更多地要按照国际通行的规则进行宏观调控，要发挥规划、标准在宏观调控中的作用；同时要推进财税改革、金融体制改革等，通过改革来完善宏观调控的各项方式和手段。另一方面，要更多地调动地方政府的积极性。合理划分中央政府与地方政府的财权与事权，中央政府将一些事权（支出责任）

上收，地方政府增加一些财权，使不同层级政府之间的财权与事权对称，等等。

5. 特权与民权的关系

特权与民权的关系分散在十八届三中全会决定中的各个方面，可归结为打击特权和保障民权。从打击特权来看，主要是要取消、限制领导干部的特权、事业单位的行政特权、行业组织的特权、国有企业的特权、院士特权等。从保障民权来看，主要表现为保障人民群众的基本人权，保障民众公平的文化分享权，保障民众公平的受教育权利，保障民众较公平的收入分配权利，保障民众的就业权利，保障民众的福利保障权利，还有保障民众的生育权、信访权、安全权和知识产权等。

单位的行政特权、行业组织的特权、国有企业的特权、院士特权等。从保障民权来看，主要表现为保障人民群众的基本人权，保障民众公平的文化分享权，保障民众公平的受教育权利，保障民众较公平的收入分配权利，保障民众的就业权利，保障民众的福利保障权利，还有保障民众的生育权、信访权、安全权和知识产权等。

总之，十八届三中全会决定已经提出了一个较完整的国家治理体系，特别是规范了各个不同主体之间的责、权、利关系，总的方向是促进不同主体之间的公平竞争，努力实现“中国梦”。

从“社会管理”到“社会治理”

景跃进[①]

笔者对十八届三中全会《决定》的关注集中在两个方面：一是全会提出的深化改革的总目标，即“完善和发展中国特色社会主义制度，推进国家治理体系和治理能力现代化”；二是用“社会治理”一词取代“社会管理”。这两种表述各自包含着丰富的内涵，且都与“治理”有关。事实上，在十八届三中全会之前的一个月，在浙江杭州召开了“纪念毛主席批示‘枫桥经验’五十周年”大会，孟建柱在讲话中便使用了“社会治理”一词，而且据说他特地停顿了一下，提醒与会者注意不是“社会管理”而是“社会治理”。笔者的问题是，党的文件中的这种措辞变化是不是很重要以及《决定》中的“治理”一词意味着什么？对于第一个问题的回答是肯定的。在此笔者想借用吴国光的“文件政治”概念来说明这一点。为便于理解，可以设想一个作为理想类型的连续谱，其中的一个顶端是肆意而为的个人独裁，另一端是实行法治的民主政治，“文件政治”恰好介于两者之间，既不是西方意义上的民主法治，也不是传统意义上的一人独裁，它是由少数人组成的领导集团来治理这个国家。文件具有一定程度的约束性，代表着统治集团的共识和集体意志。文件虽然不如法律那么刚性，但也不是随便而作。通常情况下，党的重要文件没有一年

---

① 景跃进，清华大学人文社会科学院政治学系教授。1958 年出生，浙江嘉兴人。政治科学领域研究专家，博士生导师。1982 年毕业于浙江大学，1986 年南开大学研究生班毕业，2004 年在中国人民大学获博士学位。先后任浙江大学哲学系助教，中国人民大学社会学研究所助教，中国人民大学行政学所讲师、副教授，中国人民大学国际关系学院副教授、教授，中国人民大学国际关系学院政治学系教授。曾去英国纽卡斯尔大学和美国丹佛大学进修、讲学，并作为富布赖特学者赴美国哥伦比亚大学访问。

半载的时间是制定不出来的。确定文件主题、各种专题调查、起草之后的反复修改、征求各方意见……方方面面都要平衡。从功能替代的角度来看，中国政治的实质性过程不是在会上，而是在会前，也就是说，功夫在会前已经做足了，会议本身更多的是一个形式，也是最后一道环节，给文件披上一件合法的外衣，这与西方国家的政治过程明显不同。

文件政治意味着中国政治是自上而下地运作的，文件提供了这一过程的起点。因此，什么样的词汇能够进入党的文件不是随随便便的事情，而是一种非常重要的政治安排。一般而言，一个重要词汇进入党的文件便会维持相对的稳定性，翻阅一下改革开放以来历届党代会报告便可发现这一点。但是，“社会治理”对“社会管理”一词的替代似乎给出了一个例外。

笔者查阅了一下，“社会管理”一词最早出现在党的重要文件中是在1993年十四届三中全会通过的《关于建立社会主义市场经济体制若干问题的决定》（这里笔者将在党的中央全会上通过的文件看作党的重要文件），当时它指的是一般意义上的政府管理职能（之一），而不是现在理解的意义。接下来好几年“社会管理”一词未见踪影，直到2002年进入了党的十六大报告，随后它在重要文件中的出现频次不断增多，2006年十六届六中全会通过了《关于构建社会主义和谐社会若干重大问题的决定》，“社会管理”一词出现了15次，频率非常高。为何出现这一变化？其背景是改革过程中的利益分化、社会矛盾加深和群体性事件频发。如何维持社会秩序、提供基本的社会保障成为各级政府的棘手问题。如果说国内的社会背景为“社会管理”一词提供了内源支撑，那么来自国外的治理危机和教训则使得“社会管理”一词有了新的表达形式。2010年年底，突尼斯的一个小贩跟“城管”发生冲突，小贩的死亡导致突尼斯政局巨变，并引发了整个阿拉伯世界的震荡。所谓的“阿拉伯之春”给中国领导人以极大的震惊，作为一种回应，“加强和创新社会管理”成为中国政治的关键词。2012年秋天，“加强和创新社会管理”进入党的十八大报告，其使用频率是8次（连同“社会管理”总共出现了16次），而且进入了新修的党章之中。改革开放以来能够同时进入党的重要文件、党代会报告和党章的关键词并不多见，而“社会管理”荣幸成为其中之一。

然而，这样一个重要术语在最高文件的殿堂里只待了一年时间（2012年11月—2013年11月），便被“社会治理”取代了。这一变更是否意味着在 2017 年党的十九大上，《党章》还得再次修改？尽管“社会管理”一词继续在使用（频次很低），但回到了 1993 年的原初含义，亦即作为一般性的政府管理职能之一。

前面说过，党的重要文件的用词不是随意而为的，哪些词能进，哪些词不能进是很讲究的。这就产生了两个需要解释的问题：第一，为什么在这样短的时间内，文件用词发生了如此的变化？这里存在两种可能的逻辑解释，一种解释是，在这一年中，中国政治和中国社会发生了某种重大的变化，以至于必须用新的词汇去反映这样一种新的社会现象；另一种解释是社会现实本身变化并不大，但是领导人的观念或认知方式却发生了重要变化。在这两种解释中，哪一种解释更为合理？读者不妨自己来选择。

第二个问题是这种变化意味着什么？从“社会管理”到“社会治理”用词的变化，是否意味着领导人接受了治理的理念？我们知道，在西方从管理（management）到治理（governance）是一种深刻的变化，这种变化的关键是承认多元主体的共同参与，那么党的重要文件中的措辞变化是否意味着这种转变亦已在中国发生（至少在观念层面）？

在阅读李克强总理所做的政府工作报告时，笔者发现，报告使用了“多元主体共同治理”这个表达方式。笔者查阅了一下，在此之前的政府工作报告、人大常委会工作报告、历届党代会报告以及其他形式的党的重要文件中，从来没有使用过这一概念。我们知道传统上执政党强调一元化领导，对于“多元”这个词是颇为敏感的，所以在李克强总理报告中读到这一词汇时，开始觉得有点奇怪。因为从理论上讲，政府工作报告通常意义上不是一个涉及政治性的文件，为此，笔者特意将李克强总理的报告和以往的政府工作报告对照了一下，发现朱镕基总理任内所做的政府工作报告没有提及政治体制改革的话题，这一提法在温家宝总理 2004 年的政府工作报告中出现。在其任内，温家宝总理所做的十个报告中有九次提及政治体制改革。到了李克强总理这里，2014 年的第一个政府工作报告没有提“政治体制改革”，但是提出了“多元主体共同治理”的重要命题。

笔者有一个直观的感觉，也许不一定正确：十八届三中全会通过的《决定》在一些方面超越了党的十八大报告，而政府工作报告在个别方面又发展了十八届三中全会通过的《决定》。这是一个很有趣的现象，为什么中国的文件政治在一年多的时间里发生了这样的变化？也许我们不能从这样的现象中去演绎什么东西，但从经验角度来看，新的领导集体上任一年多以来，中国高层政治的变化确实是挺快的。从学术研究的眼光来看，不少事情超越了我们的专业预期。就此而言，从“社会管理”到“社会治理”的措辞变化，从一个特定的角度折射出了中国政治过程的一些新特点，也预示着中国社会将要发生的变化。

中国国家治理现代化路径选择

唐皇凤[①]

一 问题提出

国家治理现代化是一个从传统的治理体系逐步转型为现代治理体系、稳步推进现代国家建设的历史过程。要准确把握和理性反思中国国家治理现代化的战略路径，第一个需要思考的基本理论问题是：面对各种特殊历史境遇的不同国家，其国家治理现代化的逻辑起点的异同，是探索中国国家治理现代化路径选择的理论起点。

一方面，就治理的本质而言，中、西方国家治理现代化所要实现的核心目标是相同的，即从一种消极被动的防御型治理转变为积极主动的干预型治理，从一种局部性和象征性的传统治理转变为一种整体性和实质性的现代治理，进而实现国家权力对社会的政治整合和动态监控，汲取和集中社会资源以确保现代化事业的顺利推进。

另一方面，中、西方国家治理现代化面临的历史情境、根本问题和主体力量等方面均存在显著差异，两者在国家治理现代转型的具体路径方面

① 唐皇凤，武汉大学政治与公共管理学院教授。1974 年生，湖南安化人，2006 年毕业于复旦大学国际关系与公共事务学院，获法学博士学位。现兼任湖北省政治学会理事、湖北省政协研究会理事。当代中国政府与政治、地方治理，具体关注转型中国的公共政策与国家治理，县乡基层官员的行为模式与行动逻辑，转型中国的政治稳定与政治秩序等，下一步将侧重从价值观与政治心态两个层面展开对中国“政治人”（基层官员和城市底层青年两个群体）的实证研究。代表性成果有《社会转型与组织化调控：中国社会治安综合治理组织网络研究》《变革时代的中国政治稳定：理论阐释与路径选择》《中国人的民主观：中国式民主的社会心理基础研究》《转型期政治稳定的谋与略》，译著《现代欧洲的战争与社会变迁》等。

迥然不同。以英、法、美等国为代表的西方发达国家，具有悠久的法治传统，在文化权力转型为制度权力的过程中，基本遵循从司法权主导向立法权和行政权主导的方向位移。而中国传统上就是一个理性早熟的国家，在秦汉时期就建立起强大的中央集权国家，一直有较为强大的国家能力，而作为现代政治秩序的另外两大要素——法治和负责任的政府则是长期缺失的。因此，中国国家治理现代化面临的基本问题是在一个行政权主导的社会中逐步发育立法权和彰显司法权，最终形成行政权和立法权、司法权之间互补均衡的现代治理结构，而推进法治建设（显然是发育和成长立法权和司法权的战略抉择）。

二　现代国家治理体系的基本特征

厘清现代国家治理体系的核心要素，明晰现代国家治理体系区别于传统国家治理体系的基本特征，是思考中国国家治理现代化路径选择的逻辑起点。而要清晰把握现代国家治理体系的基本特征，首先要明确治理相对于传统的统治和管理所具有的特殊属性。整体而言，治理集中关注国家功能实现方式的问题，强调以共识愿景、认同信任、公私合作、伙伴关系、平等协商、多元共治的方式来制定和执行政策，实施对公共事务的管理，以提供有效的公共服务和优质的公共产品，在各种主要的治理主体之间达成合作性的行动是其聚焦的核心问题。

在治理理论的视野下，构建一个成熟的现代治理体系，核心是理顺国家与社会、政府与市场、中央与地方、政治权力与公民权利四大关系，而合理的价值排序与价值均衡、科学的制度与公共政策安排、强而有力的组织支撑以及有效的体制机制创新是理顺这四大关系的基本路径。

综合学界的各种观点，我们认为，现代国家治理体系一般包括四大核心构成要素：（1）具有民主品格、公共精神、权利与义务对等的现代公民；（2）一个能够有效抗衡和制约专断性的国家权力和资本权力，高度组织化与制度化的现代社会；（3）一个充满生机与活力、在竞争性的资源配置中发挥决定性作用的现代市场经济体系；（4）一个廉洁高效、兼具可问责性和回应性的法治型、服务型的现代政府。其中，国家和公民之间的关系模式是决定现代国家治理体系基本特征的轴心力量，现代国家治理体系具有独特的典型特征，具体体现为以下三个方面：（1）兼具有效性与合法性是现代国家治理体系的本质属性；（2）开放性、包容性与可问责性是现代国家治理体系的外在表征；（3）回应性和调适性是现代国家治理体系治理能力的集中体现。

三　国家治理现代化的基本内涵

国家治理现代化涉及正确地处理政府—市场—社会三者之间的互动关系，形成三者既相互制约又相互支撑的合作治理框架。明晰多元治理主体之间的职责权限分工，建立纵向和横向的政府间合作关系，在提升政府治理整体效能的基础上，形成多元治理主体之间的网络治理模式。具体而言，衡量国家治理现代化的基本标准包括：一是国家治理的基本制度符合时代潮流；二是国家治理的组织架构符合现代理念，且能够及时解决特定社会经济发展历史阶段所面临的诸种治理难题；三是国家治理的成本相对较低，而效能相对较高。

我们认为，国家治理现代化的主要内涵集中体现在以下六个层面：（1）治理主体的多层化和多元化，各种各样的治理主体都能够发挥他们整体的效用，多元的治理主体能够参与国家治理活动；（2）治理结构的分权化和网络化；（3）治理制度的理性化；（4）治理方式的民主化与法治化；（5）治理手段的文明化，因为在现代中国的具体治理实践中，不文明的暴力化倾向依然存在；（6）治理技术的现代化。

全球化时代的中国国家治理面临着巨大的挑战，在一个非匀质性社会、发展中社会与断裂社会从事大国治理，其制度转型与国家建设存在巨大的内生性风险，实现国家治理体系与治理能力的现代化是预防风险、纾解危机和走出困境的重要战略抉择。在当下的中国，以治理主体的多元化和治理结构的网络化为基础，渐进实现治理制度的理性化、治理手段的文明化以及治理技术的现代化，最终达成民主、法治而有效的国家治理，是未来10年中国国家治理与政治发展的蓝图与愿景。

四　中国国家治理现代化的路径思考

改革开放以来，中国国家治理的基本主题是现有的国家治理体系如何应对快速社会变迁产生的大量社会问题，面对日益多元化的社会价值观和制度，寻求有效的资源积累结构，确保现代化的顺利推进与制度转型的平稳进行，以达成民主而有效的国家治理。

具体来说，推进中国国家治理现代化的核心举措主要有以下三点：(1) 创新国家治理理念，建设和完善社会主义核心价值体系以塑造改革共识；(2) 增强社会主义制度体系的自我完善能力，大力加强现代国家制度建设；(3) 构建国家—市场—社会之间的网络化治理模式，实现国家治理结构的现代化。

笔者认为，除了探讨现代国家治理体系的基本特征、国家治理现代化的基本内涵和中国国家治理现代化的战略路径之外，就国家治理问题的学术研究而言，下面几个问题的延伸思考更具学术价值和实践意义。

第一，我们需要思考的一个最基本的问题就是国家治理行动的效度和限度何在，中国的改革开放已经进行了很多年，最终能否形成发展的增量结构与新的制度要素，能否突破传统治理结构的约束，避免国家治理长期陷入内卷化的困境，这是需要时间去验证的。

第二，在思考国家治理现代化这个问题的时候需要特别强调文化因素的影响。文化是现代化的一个役使变量，它具有时滞与堕距效应。正因为文化在现代治理中有非常重要的决定意义，那么如何在现代治理理念的牵引下，通过现代国家制度建设，激发基层官员的公共服务动机，在公民教育、激活公民参与和发育公民治理模式的过程中，培育具有民主品格的现代公民，是中国现代国家治理体系成长的关键问题。

第三，现在中央政府具有非常明显的现代性取向，但地方和基层政府还处于一个从传统向现代转型的历史进程当中。地方治理的现代化是中国国家治理现代化的洼地，是现代政府建构中的短板。中国的地方官员充满了“发展焦虑症”，官员理性与社会公共理性存在相当程度的背离。我们需要从“内部人的视角”，分析地方官员对“国家治理现代化”的看法，因为如果地方官员缺乏现代治理理念，那么要顺利推进中国国家治理的现代化就十分困难。我们也需要理解地方官员的制度激励结构，在本体论与认识论的层面分析研究中国地方官员的行动逻辑。因此，在国家治理的学术研究过程中，我们一定要关注行政文化、地方官员的行为习惯和思维模式层面的东西，这些都是中国国家治理现代化进程中需要思考的具有非常重要意义的问题。

第四，如何构建有效的公民需求的显示机制，以及多元社会主体的利益表达和协调机制，重构国家—社会的制度化联系机制，也是十分重要的问题。

中国特色的现代国家治理体系既需要一个能够有效驾驭全球化和现代化的变革浪潮、兼具回应性与调适性的现代执政党，一个强有力的守法政府，也需要一个健康而有活力的社会，更需要无数享有自由与尊严的公民。在中国特定的政治发展和国家治理的历史场景中，国家治理体系现代转型的关键在于重构自由与秩序、效率与公正、权力与权利、国家与社会、政府与市场之间的关系，构建国家—市场—社会之间有效互动与相互制衡的网络化治理结构，积极而稳妥地推进中国国家治理结构的现代化。当下的中国社会面临着一系列重大的转型危机与治理风险，中国国家治理的现代化不仅需要明智的决断，而且需要高超的政治智慧、巨大的政治勇气，尤其是丰富的政治想象力和创造力。

论“三轮驱动”的中国现代化道路

贺雪峰[①]

十八届三中全会提出国家治理的现代化，这就将之前的“四化”变成了“五化”。中国的现代化是非常有特点的，甚至是完全不同于世界上其他国家的。未来30年，中国应该采用什么样的发展战略？走什么样的现代化道路？这是一个需要认真讨论的大问题。

当前中国城市化和现代化道路的意见中的三种主流声音：第一种，“四化”同步。十八大报告提出，坚持走中国特色新型工业化、信息化、城镇化、农业现代化道路，推动信息化和工业化深度融合、工业化和城镇化良性互动、城镇化和农业现代化相互协调，促进工业化、信息化、城镇化、农业现代化同步发展。十七届五中全会也提出，“在工业化、城镇化深入发展中同步推进农业现代化”。第二种，低端制造业是制造雾霾的罪魁祸首，应该尽快淘汰。大力发展无烟产业，包括旅游业、服务业、观光农业等。第三种，保增长、保就业、保民生。2014年全国人大政府工作报告中，李克强总理说，之所以将增长目标定位7.5%，主要考虑就是保就业和惠民生。

在笔者看来，这三种主流声音都值得商榷。

---

① 贺雪峰，华中科技大学国家治理研究院研究员，中国乡村治理研究中心主任。1968年出生，湖北荆门人，华中科技大学社会学系教授。在全国20余个省市区农村调研，累计驻村调研时间超过1000天，长期在湖北洪湖和荆门从事乡村建设实验。已经发表300多篇学术论文和调查报告，出版十多部学术著作，发表大量报刊评论文章。贺雪峰所领导的华中科技大学中国乡村治理研究中心在学术队伍建设上也取得了很大成绩，目前中国乡村治理研究中心驻村调研时间超过4000小时，研究领域涉及农村研究的各个方面。以华中科技大学中国乡村治理研究中心为核心的学者群被称为“华中乡土派”。

1. 工业化、信息化、城市化与传统农业、小农经济，究竟是对立的，还是互补的？笔者认为是互补的。正是中国式小农经济，为9亿农民提供了收入、就业，还为他们提供了退路。正是小农经济，为中国现代化提供了稳定器与蓄水池。现在全国各地人为推动土地流转，具有潜在危险。有一种说法是小农经济不能致富，这个认识有误区。一是小农经济本来就不是要致富；二是小农经济中的自给自足成分对农民十分重要。其中，大约有相当于10%的GDP完全被农民获得，却未计入农民收入。这一点虽然被忽视，却非常重要。

2. 在中国的高科技产业、高附加值产业占整个国民经济极小比重的情况下，加工制造业是中国从国际上换汇、获得基本国际贸易收入的来源。这比用粮食、原材料和石油换汇更有利。从这个意义上说，没有加工制造业，就不可能有生活型的服务业，第三产业的发展就是无源之水，不可能得到发展。目前一定要重视的问题是，在中国失去加工制造业的优势后我们可能面临产业空心化的严重问题。在缺乏具有国际竞争优势的产业的情况下，在中国这个大国，搞虚拟经济、发展第三产业不可能一帆风顺。

3. 保增长、保就业、保民生，这种说法值得探讨。中国万万不可用发达国家的民生来要求自己，毕竟我国还是发展中国家。中国通过加工制造业获得的GDP不能被“三保”消耗掉了。没有产业升级，没有科技进步，怎么可能有好的民生、好的就业和好的增长呢？我们应该将小农经济提供的稳定器和加工制造业获得的GDP，主要用于科技进步，推动产业升级。目前正是传统农业和加工制造业为中国提供了比较大的优化政策的空间。目前中国社会结构还有活力，利益调整还有空间。比如给农村老年人每月55元的养老保障金，农民就很高兴，这样来看，城乡二元结构是中国巨大的制度红利。20—30年后，中国现有利益调整空间可能耗尽，中国社会的结构弹性不再存在，到那时，若我们还不能完成产业升级，中国的发展将会困难重重。

综上所述，可以得到两点结论：（1）中国过去的成功有赖于传统农业与加工制造业的良性共存与互动。其中，传统农业为中国现代化提供了稳定器与蓄水池，传统农业为中国现代化提供了缓冲、空间和可能。（2）未来30年，中华民族能否实现伟大复兴，关键在于三者的共存与良性互动能否实现。

笔者也试图提出"三轮驱动"的中国式现代化道路的对策：(1) 小农经济继续是主力。小农经济还要保持 20—30 年，不要急于消灭。(2) 加工制造业还要继续发展。这是 GDP 的骨头，生活型第三产业只是肉，没有骨头，肉是撑不起来的。(3) 科技进步，产业升级。这是我们实现现代化的唯一指标。没有科技进步和产业升级，就不可能有大量的稳定的高收入就业机会，就不可能有真正意义上的现代化。未来 30 年，科技进步是唯一衡量中国是否现代化的指标。

因此，"三轮驱动"，而不是相互替代，这就是中国式的现代化道路。

互联网背景下国家治理的新挑战

王国华①

国家治理能力和治理体系的主体和国家治理的对象都已经发生了深刻的、巨大的变化，而引起这个变化的其中一个重要因素就是互联网。中国刚成立了很多新机构，这是国家治理能力现代化的重要步骤，比如中央网络安全与信息化领导小组。在其成立大会上，习近平总书记说："没有网络安全就没有国家安全，没有信息化就没有现代化。"可以说，在当今这个时代，谁掌控了互联网，谁就拥有最大的话语权。那么，国家治理的对象、治理的主体所发生的深刻变化表现出了什么，体现在哪些方面呢？笔者尝试从三个方面进行解释。首先是互联网发展的态势以及中国网络舆情的态势特征；其次是互联网的发展、网上的言论等所共同构成的中国的独特网情，中国的独特网情与所处时代独特的国情共同构成了中国国家治理的新的环境、新的对象；最后是在面对这样一个新的环境和新的对象时，中国国家治理所面临的新挑战。

一　中国互联网与网络舆情的态势特征

笔者依据中国互联网络信息中心 CNNIC 于 2014 年 1 月份提供的数据

---

① 王国华，华中科技大学国家治理研究院研究员。1966 年出生，湖北应城人，经济学博士、博士后，华中科技大学公共管理学院教授、博士生导师，华中科技大学舆情信息研究中心主任。中国行政管理学会理事、中国财政学会理事、湖北省公共管理学会常务理事，湖北省青联常委，湖北省政府采购咨询评估专家，湖北省省委宣传部高级舆情分析师。主要研究领域是公共政策分析、舆情信息研究、政府管理与创新。近年在《新华文摘》《光明日报》理论版、《中国行政管理》《财政研究》《中国软科学》《情报杂志》《江汉论坛》等发表论文 60 多篇。

（截止到 2013 年 12 月 31 日）看，中国有 6.18 亿网民，互联网的普及率是 45.8%，高于世界平均水平约 10 个百分点，但低于发达国家平均 71% 的普及率。一个更重要的变化是，现在的网民更多的是使用手机上网。使用手机上网和过去使用 PC 上网的一个更大的区别在于，它能随时随地都在网上，不受时间和地点的限制。中国还有一个更大的变化是，2013 年中国网民的上网时间比 2012 年有一个跃升，上网的时间更长了。数据显示，中国网民现在平均每周上网时间超过 25 个小时，大概相当于美国网民平均上网时间的 3 倍。那么，中国的 6 亿多网民在网上干些什么呢？排名前几位的是：QQ、微信、易信等即时通讯，网络新闻、搜索引擎、网络音乐、微博以及个人空间等。还有一个发展更快的是网络商业运用，包括团购、网上支付、互联网金融以及近期特别火爆的嘀嘀打车、快的打车等应用软件。

总体情况是，第一个特点是，中国互联网发展快、规模大。6 亿多网民，一年增加 5000 多万网民。第二个特点是，社会互联网的移动化和智能化，2013 年网民中增加了 8000 多万使用手机上网者，6 亿多网民中 5 亿网民是使用手机上网。第三个特点是，互联网从过去的少数人、有文化的人、精英人士使用，到近些年已经发展到社会的每一个角落和每一个城市的人群之中。特别是近两年向农村的发展渗透，发展速度超过了城市。第四个特点是，一些 Web2.0、Web3.0 的新应用，如新媒体、移动互联网应用成为主流。微信仅 3 年时间用户量便达到 6 亿，全球用户量达 7.6 亿。三年时间在国内拥有 6 亿用户，发展速度非常快。第五个特点是，上网时间越来越长。第六个特点是，6 亿多网民之中，低学历人群还在继续增长，比例在继续扩大。第七个特点是，中国目前是世界第一网络大国，但是正如习近平总书记所说，我国还不是网络强国。

二　独特的中国网情——结构特征分析

（一）中国网民结构特征

在如今的互联网发展态势下，中国的 6 亿多网民有什么样的特点呢？笔者将从网民的结构特点来看中国网民的独特性。众所周知，中国有着独特的国情，如今再加上一个独特的网情。首先从网络网民的年龄结构、学历结构、职业结构以及收入结构等方面来看，中国的网民规模大，是一个网络大国，根据中国互联网络信息中心的数据，6 亿多网民，即时通讯用户是 5. 32 亿。腾讯数据显示超过 6 亿，博客是 4. 37 亿，微博去年有所下降，是 2. 87 亿，但新浪和腾讯都说各自有 4 亿。我国手机用户现在已经达到 12 亿。我国网民的年龄结构偏年轻，30 岁以下的网民占 57. 2%，职业结构是底层职业者大约占 78%，学历结构是高中以下学历的占 79. 1%，收入结构是月收入在 3000 元以下的“草根”占 71. 4%。上网时间是平均每周大约 25 个小时。草根网民上网的时间平均每周达到 25 个小时，平均每天 3 个小时上网时间，大概是美国等发达国家的 3 倍以上。所以，中国的网情可以用八个字来概括——两多、两低、一大、一长。两多，是指年轻人多、底层边缘群体的人多；两低，是指学历低、收入低；一大，是指规模大，中国网民的规模相当于美国人口的两倍；一长，是指上网时间长。

那么，这群活跃在互联网上的低层次、低学历的年轻草民群体，他们会带来什么呢？笔者认为这正是在分析中国现状、中国国情时首先要考虑的。过去我们经常说，中国有独特的国情，即快速发展期、急剧转型期、利益分化期、价值多元期和矛盾多发期，或者叫矛盾凸显期。这是我们国家独有的，世界上几乎没有一个国家像我们这样。我们用三十多年的时间走了别人一两百年的路，用三十分钟的时间放完了一个两百多分钟的动作片，尽管这非常夸张，但这就是我们独特的国情。

中国独特的国情现在加上独特的网情，这就是一个非常年轻、底层化的活跃的网民群体。这种独特的国情、独特的网情遇上互联网这个新的工具、新的平台。互联网这个新的工具、新的平台具有什么样的特征呢？跟过去的许多信息传递平台、信息工具等不同，互联网具有自由、匿名、海量、泛在、快捷、交互、及时、非中心化等特征。同时，互联网越来越移动化、智能化，互联网无所不在，无时不在。

（二）互联网打造新社会——网络社会

互联网已经带领我们国家，带领全世界进入一个网络时代，我们也进入了一个互联网社会或者网络社会，在这样一个网络时代，互联网的技术还在继续发展，网络还在继续膨胀。这样一个不断膨胀、不断发展的网络，它蕴藏着巨大级别的能量。这样一个不断变化的、不断膨胀的网络再加上移动化、社会化媒体的特征，共同构成了一个崭新的泛在网络，或者说一个崭新的不同于过去的时代正在向我们走来。互联网正在深刻地、全面地改变着我们所处的这个时代、这个世界和这个社会。

首先，互联网使这个时代具有新的经济特征。比如说，书店在过去5年的时间里，平均每年要关闭6000家；邮局，现在几乎看不到它了；移动、电信，日渐萧条；银行，似乎也早已感觉到互联网的瑟瑟寒意了。互联网现在正以排山倒海的呼啸之势改变着我们的经济结构，改变着我们的经济面貌，同时也改变着我们的政治面貌，塑造着政治斗争、政治竞争、政治发展的新格局。

其次，互联网对我们的军事斗争，尤其对于现代战争也有新的内涵。

最后，互联网更重要的影响体现在给思想、文化、意识形态方面带来的新变化，这也是中国现在面临的一个最大的挑战。就像2013年习近平主席在“8·19讲话”中所说的关于我们能不能打仗，军事上、政治上行不行的问题，新中国的成立已经给出了证明；关于能不能搞经济建设，能不能搞发展，改革开放的成果也已经给出了肯定的答案。但是，对于我们能不能不挨骂，能不能在思想意识形态上站住脚这一问题，现在我们还没能给出一个满意的答案，而这也正是我们目前面临的最大的挑战，即在意识形态上，在思想文化价值体系上，能不能实现国家治理能力的现代化。

三　国家治理的新挑战：网络社会风险

在这样一个快速崛起的、崭新的网络社会中，我们面临的新挑战又是什么呢？这是一个风险无处不在的社会，既有跟过去相同的风险，也有跟过去不同的风险，一些传统风险也在互联网的条件下被无限放大。简言之，风险无处不在。从思想、文化意识形态上说，在互联网时代，信息传播和舆论形成呈现新的格局。然而，过去官方媒体控制信息传播、一个声音说话的时代已经一去不复返，在现在这个自媒体时代，信息传播、媒体和舆论的格局已经被完全颠覆。

（一）信息传播和舆论形成具有新格局

在自媒体时代，人人都是通讯社，个个都能成为电视台。在自媒体时代，社会间的对比开始发生逆转，I加I（phone）加I（Internet），这应该是个三次方的I，构成一个更强大的我（I）。所以说一个人不再是一个简单的个体，而是借由互联网的连接，形成一个强大的群体，甚至可以和一个强大的国家周旋、对抗。微博、微信等一些社会化媒体大大强化了舆论监督和社会监督。

（二）言论表达具有新特征

主要有两个很明显的变化，第一个变化是在过去的言论表达中，更多地表现为类似于官话的正规化和规范化，但是现在对于想表达什么，能够对什么进行议论并没有设立明确的禁区，言论可以无所不在，无所不包，从习近平到你身边的任何人。此外，任何人在表达的时候是匿名的、自由的，而且你的言论可以随时得到反馈，讲得好，马上就有人叫好，从而得到鼓舞；讲得不合味道，马上就有人要拍砖。

第二个变化，也是更重要的，网民这个草根群体、年轻群体，他们在网络上的表达往往具有明显的情绪化、片面化，甚至极端化、负面化、一边倒的倾向，这改变了过去舆论引导、舆论导向的格局。另外，他们在表达的时候，要么正话反说，要么哭的事情笑着说，大都用这种娱乐化、戏谑化、恶搞化、讽刺化、无厘头的方式来表达情感和态度。随着互联网的发展，互联网上的舆论、舆情具有明显的民粹化、泛政治化、泛道德化的倾向。网上言论往往把各类社会问题都与我们的制度、政治体系联系起来，任何事情都上升到政治的高度，而且这种民粹化还具有反智化的倾向，认为官方的、权威的都不对。与此同时，舆论分化为多个对立的、相互攻击的舆论场，从而使社会共识很难达成。再有就是，在过去发言权很大的、声音很强烈的中坚群体，在互联网环境下往往声音却不大，中坚群体只看不说，而体制外群体、草根群体却更愿意表达，声音更大。

（三）社会与社会力量重构

在如今这个新的时代，社会与社会力量在互联网的发展情况下被解构或重构，互联网造就了一个透明的时代。互联网也强化了社会监督，使得舆论监督、社会监督变得更强、更实、更密。主流文化、核心价值备受挑战，并且习惯性地被质疑。互联网成为社情民意的新通道，反腐倡廉的生力军。互联网催生出一支过去所没有的非常强大的社会力量——网民大军，网民大军重组了社会结构，改变了社会力量的对比。互联网不仅是社会发动政治动摇或组织指挥的新工具、新平台，还形成了严峻的社会政治挑战，它带来了多重危机，比如信任危机、信仰危机、舆论危机、管理危机和安全危机。

笔者所谈到的互联网带来的这些冲击或影响，大多是从风险的角度，从危机的角度，从社会稳定和国家安全的角度。当然，互联网不是只有这些负面的影响，同时也应该是我们国家治理现代化的一个重要利器，一个推动器，一个强大的引擎。关键就在于我们如何来认识它，把握它，运用它。如果能很好地对其加以利用，互联网将有助于推动我们国家治理体系和治理能力的现代化进程。

国家经济治理的重点领域和关键环节

张燕生①

一　当前的规则变局对国家治理的影响

（一）当前世界的规则变局导致中国可能成为一个被边缘化的大国

在2008年那场世界性经济危机之后，出现了一个排他性的跨太平洋伙伴关系（TPP）和跨大西洋贸易投资伙伴（TPIP）。TPP、TPIP主要讲的就是要求高标准的下一步规则和治理。对中国来讲，TPP和TPIP面临的最大的挑战就是，无论是按照购买力评价计算2016年中国将超过美国，还是按照市场汇率计算中国将在2028年超过美国，中国都是世界第一外贸大国、第二经济大国，其面临的全球规则变局的新挑战就是当中国成为世界最大的国家的时候，它可能会是一个被边缘化的大国。因此要解决中国被边缘化的问题就必须要建立三中全会中所讲的面向全球的高标准的自由贸易区的网络。因此我们可以发现当今国家的治理问题对中国而言很像1979年，当时是如果再不改革开放我们就将会“开除球籍”化，而今天我们面临的是，再不解决现代治理问题，我们将变成一个被边缘化的大国。

---

① 张燕生，国家发改委学术委员会秘书长。曾任国家发展和改革委员会对外经济研究所所长、研究员，享受国务院颁发的政府特殊津贴。华中科技大学经济学硕士（1984年），师从世界发展经济学创始人之一的张培刚教授。1984—1996年，在中央财经大学任教；1986—1988年，先后在美国科罗拉多大学、加拿大多伦多大学等进修和工作。担任多所大学EMBA特聘教授。专业研究领域为国际金融和国际贸易，曾出版中、英文专著（包括合著）十余部，发表学术论文二百余篇。

（二）当前世界的规则变局导致我国出现一系列的治理能力现代化问题

危机以后，出现了一系列治理能力现代化问题，如负面清单管理、准入前国民待遇、服务领域的全面开放、劳工标准，知识产权保护、环境标准竞争中性和政府采购的透明度，等等，也就是说，国家治理体系和治理能力的现代化成为目前中国确确实实面临的最大挑战。

（三）当前世界的规则变局引发欧美各国的再工业化浪潮

危机以后，我们会发现欧美都在进行再工业化。因此 2013 年 10 月 10 日和 2014 年 3 月美国副总统拜登和一些国外的学者发表的报告都在说明一个道理，即如果全球化的前景发生了巨大的变化，中国会不会是最大的输家。所以从这个角度来讲，我们会发现中国现在所面临的阶段很像 1979 年，是相隔 35 年新一轮、高水平的开放，高标准的改革和高质量的发展，新一轮在国家治理和治理能力现代化方面的挑战拉开了序幕。

二　新一轮改革开放在国家治理体系和治理能力现代化方面的相关内容

（一）治理转型

1. “法无授权不可为”和“法无禁止即可为”

“法无授权不可为”和“法无禁止即可为”对地方政府、对中央各个部门的政府，以及对我们全社会都是一个新一轮在治理方面所要推进的脱胎换骨的转型的体现。“法无授权不可为”对政府无论是行政权还是党权，无论是我们政府的权力清单，还是权力边界，或者我们整个所需要的制度，可能都是一个重要转折点。“法无禁止即可为”也同样对我们的市场、企业有着重大影响。我们会发现，政府会有一个明确的负面清单，而什么叫安全、什么叫敏感、什么叫重大战略、什么叫关键，都要有明确的权力清单。那么这些负面清单以外的东西，就是像李克强总理讲的“法无禁止即可为”，不需要找发改委、不需要找商务部、不需要找工信部。

2. 建立规范政府和市场的法制

这个变化很像 1979 年，在那时我们所懂的市场经济只有西方教科书里的一些公理和观点，这是西方人的经验。但是现在，我们说中国的市场经济取得了巨大的进步，而下一步治理方面的现代化改革要开始建立法制来规范政府、规范市场，能够把市场和政府正能量发挥到最大，然后同时最大限度地限制政府和市场的负能量。从这个角度来讲，从 2014 年开始，在行政体制、政府职能以及在全口径的预算管理、金融和国有企业的改革，已经在一个一个领域中间开启了新一轮的先行先试。福山有两本书，一本叫《什么是政府治理》，另一本则说明了在政府治理中间，中国是在哪个位置上。我们会发现中国在这个自主裁决权方面有太多的自由、太少的规则。因此从这角度来讲，可以看到在下一步政府整理改革中，我们开始从前 35 年的转轨变为未来 35 年的规范、秩序和有法可依。所以说政府治理是政府制定和执行规则并提供服务的能力，但福山这句话说得很重要："不论民主与否一个威权的政府可以有良好的治理，一个民主的政府则可能是并不好的治理。"现代国家元素，中国在公元前 3 世纪就已经到位，欧洲比我们要晚了 1800 年。福山认为，在治理、国家法制和负责任政府上，中国有强大的国家和现代国家元素，中国下一步需要花大气力来解决的是完善法制和构建负责任政府，也就是中国文明下一步需要解决的使命，也就是说在这三个制度元素上的我们的着力点。

（二）经济转型

中国目前经济的一些重点领域和关键环节上大致上存在着这五个现实问题。

1. 增值能力的提升滞后于要素价格的提升

我们前 35 年是低成本、低价格、低增值，而现在的成本提高了，价格也提高了，但我们的增值能力要提升，也就是要素价格全面提升以后，要素禀赋结构和经济增长动力也需要发生根本性的变化。那么在这些能够支撑我们要素生产力持续增长的因素领域，与之匹配的国家治理体系和治理能力现代化应该发生什么样的改革调整。如何解决这个问题并不是一个理论的问题，而是一个实践和执行程序的问题。

2. 消费品质的提高滞后于收入支出水平的提高

我们前 35 年低收入、低支出、低品质，而如今，收入和支出都增加了，但消费品质却远远没有跟上。例如，很多内地人到香港去买香港酿制的酱油，原因是内地卖的要么是勾兑的酱油，或买到酿制的酱油要比香港贵一到两倍，这涉及一个问题，我们收入和支出多了，如何能够买到高品质的产品、服务。从治理上来讲今后要建立起一整套高水平的标准检验、检疫和一整套的市场治理所需要的制度。

3. 教育治理和素质的进步滞后于对教育投入的上升

从经济上讲，我们前 35 年是低投入、低产出、低素质、人力资本、人力资源，现在我们对教育的投入显著上升，大学生今年毕业 770 万人。但我们突然发现我们的治理和素质却没有跟上。对大学来讲面临的治理的挑战是什么，从大学生、人才智力来讲，我们应该是四年苦读，成为真值、真才实学的大学生。所以国家治理的结果，对孩子们的要求只有一个，真才实学，这就是下一步国家、地方企业、个人所面临的脱胎换骨的转型。

4. 增加的外汇并没有给人民百姓带来相应的福利

从外向型经济来讲，我们现在所有的政策都是前 35 年在外汇极其短缺的时候制定的，包括汇率、税率、利率、货币和价格。中国现在外汇非常丰裕，从治理上来讲，我们发现外汇多了却没有给老百姓带来福利。所以中国国家治理下一步会是一个同开放大国、负责任大国、法治大国、绿色大国和高收入大国相应的全球治理和开放治理。

5. 当前的规则变局对中国国家治理的影响

当前世界的规则变局出现了排他性的 TPP 和 TPIP，导致中国可能成为一个被边缘化的大国，也出现了一系列治理能力现代化问题，如负面清单管理、准入前国民待遇、服务领域的全面开放、劳工标准、知识产权保护、环境标准竞争中性和政府采购的透明度，等等，与此同时也引发欧美各国的再工业化浪潮，对于中国而言是相隔 35 年的新一轮高水平的开放、高标准的改革和高质量的发展。

三 关于国家治理体系研究的若干问题

中国现在的治理体系实际上是整个国家从转轨经济到一个规范有序、法治、公平、透明的新经济模式的转型，那么在这个中间会提出一些治理方面的问题，在未来的 2020 年中国在治理的一些重要领域和关键环节能够取得哪些决定性成果，在 2030 年能够建立起哪些在治理方面的适宜制度和治理结构，在 2050 年我们能不能够实现初步形成国家治理体系和治理能力现代化。第二个也就是国家治理能力，现代化能力，关键是秩序，也就是在国家治理体系和治理能力现代化中间，如何构建市场秩序、生态秩序、社会秩序，如何能够调动政府、企业协会和民众共同参与下一步的治理。政府做太多的事，但是政府的能力很有限。有一次笔者就问一个美国朋友是哪个单位的，他说是美国商务部，笔者问美国商务部有多少人，他说美国商务部有 3.5 万人，如果美国 3.5 万人治理 3 亿人，那么中国有 13 亿人，那么中国的商务部就需要 15 万人，这假定当中的数字是一比一。因此，会发现如果要保证中国的市场秩序、生态秩序、社会秩序、公共治理的稳定，我们的人、财、物的投入严重不足。因此从这个角度来讲下一步我们面对的是如何解决我们国家法制、负责任政府治理能力的提升问题。另外一个方面就是中国特色的国家治理模式应该是什么，我们讲路径依赖，讲过去、现在和未来的联系，我们是真正了解我们的过去，还是真正了解我们的现在。如果我们对于过去和现在并没有入木三分的了解，凭什么说我们能够研究和提出中国治理的未来模式，所以从这个角度来讲，我们会发现下一步在治理上，东、西方的文化交融和取长补短，以及中国特色的治理研究就变得非常重要。

因此最后一个问题呢，笔者就关于研究提五个建议：

第一，治理标准。我们的治理标准是采取西方发达国家提出来的普世价值为标准，还是制度适宜地从中国国情出发来确定未来 20 年我们能够达到的治理标准，还是从发展这个主线提出我们的治理标准，也就是说我们下一步的国家治理的标准究竟是什么，它的核心价值的判断究竟是什么。

第二，用什么方法来研究治理。个人建议很简单，一是案例，研究事实要研究社会治理，那么中国社会的现在的社会组织、社会参与和社会管理以及整个的社会治理究竟是一个什么样的状况；二是研究，入木三分地研究国际经验，哪些经验是适合中国下一步发展需要的；三是我们确实要在治理体系和治理能力现代化方面创新，也就是说怎么能够创造出与中国发展相匹配的发展的经验和发展的模式。

第三，多学科的协同，也就是我们所说的“五位一体”的改革、“五位一体”的人才的协同研究。中国过去太多的人才都是在搞科学和在工厂，今天我们太多的学者都是经济学家，而研究国家治理需要更多的法学家、政治学家和社会学家。

第四，研究治理要从开放、包容、多元的、全球的角度来讲。哈佛有一个教授，他指出如果全球化按照美国治理，那么最好的治理就是美国化，也就是美国现在的 TPP、TPIP 和 BIT。它不管你是不是制度适宜，也不管你的治理能力能不能跟得上。但哈佛教授又指出，如果是中国引领的全球化，它一定是对不同的制度、不同的发展阶段和不同的文化都更加开放、包容、多元。中国可以全面地学习西方好的东西，但同时也可以包容那些不同的东西。

治理：中国共产党执政方式的转型及未来新的政治空间

蔡　霞[①]

关于现代国家建设中推进国家治理体系和治理能力的现代化的内容研究

（一）国家治理所面临的社会结构问题

改革开放以来中国由原来的总体性社会结构，从一元结构即国家完全覆盖社会、政治统治经济到二元结构，市场经济分离到三元结构、国家市场经济民间社会的分化，基本构成了现代社会的基础。社会结构的变化大大增加了国家处理公共事务的复杂性，由此要求国家与社会的有效合作。

（二）政治国家：党的执政思维开始转向重视国家的社会职能

马克思主义的国家理论在19世纪中叶的历史条件下，马克思一方面强调了国家是阶级统治的暴力机器，另一方面他比较了君主制与民主制现代国家的本质不同，他指出民主制中是人民的国家制度而不是国家制度的人民，国家制度只是人民存在的环节。他在《政治经济学导言》和《资本论》第一卷的末尾都提出了社会的独立性问题，指出国家要从高居于

---

① 蔡霞，中央党校党建研究部教授。法学博士，中国民生研究院特约研究员，全国党建研究会特邀研究员，北京市党建研究会特邀研究员。主要研究政党意识形态和执政党建设。参与国家马克思主义理论建设重点课题，参与中国社会科学院、中央政策研究室、中央组织部、中央党校研究课题十余项，发表个人专著4部，发表论文100多篇。“党内潜规则”“对群体事件再思考”“推进党内民主”“人大制度改革”等观点产生很大影响，引发网络与社会热议。

社会之上到逐渐回归社会，使人们管理国家，成为生活的现实。中国共产党对马克思主义的国家理论长期高度重视的是国家是阶级统治的暴力机器的这一思想，那么现代治理的提出体现了马克思主义的国家权力逐渐回归社会的思想，表明执政党的执政思维开始转向重视国家的社会职能。

（三）民间社会：民间社会的发育生长与政治国家间的政治关系状态

市场经济的生长必然导致社会的多元分化，必然催生市民社会的发育，民间社会的发育生长与政治国家政治关系状态大概是这样几类：脱离、对抗、合作。治理是国家和民间社会之间的合作，是现代社会生活的一种形态。法制框架内的多主体合作协调、共同解决公共事务，形成和维护社会运转的良好秩序。

（四）政党执政

执政党的概念与统治概念要加以区分。在中国共产党的话语体系里面，统治主要是指阶级的统治，这与民主话语体系里的多数人统治这个含义有相同之处，也有一定的差异。阶级统治是政治范畴，而执政则应属于法制范畴，是指在法制基础和法制框架内执政党通过法定途径执掌国家公共权力。权力行使国家职能时，必须依据法律展开权力行为，维护和增进社会的公共利益。

（五）党的领导

1. 对党的领导的概念分析

党的领导的概念一直都是含混不清的，毛泽东和邓小平都对党的领导含义做出过阐述。

从学术、名词意义上讲，党的领导是指政党发挥功能作用所实现的结果。

从动词意义上讲，党的领导是政党开展政治活动的过程。而政党开展政治活动所达到的实际效果，都有赖于对政党功能的理解。美国的政治学者萨托利在《政党与政党体制》一书中对政党功能做过一些辨析。那么在中国谈到治理问题，它涉及国家现代制度建设过程中执政党与社会的关系问题，就是我们所说的党群关系。

从学理上说，政党产生于社会，是社会利益的表达者，政党的根基在社会，政党的活动空间在社会，作为社会利益的表达者、整合者，引导和团结社会公众，实现社会利益。

2. 中国社会执政党与社会间关系的历史变迁

执政以后，执政党与社会的关系受党的执政方式的影响，在基本性质不变的前提下，事实上发生着具体而微妙的变化，这在改革开放以来中国深刻的历史变迁过程中，由过去的计划经济条件下的隐性存在，转变为目前逐渐地凸显出来。另外，治理内在地包含着必然的要求，是中国共产党执政方式的转型。原来我们是着重基于阶级统治的含义来理解执政，国家的社会职能从属于国家的政治职能。从 1949 年执政到改革开放以后的 60 多年以来，党与国家的关系、国家政权与社会的关系、党与社会的关系从整体看，有一个历史性演化的过程，即由统治到管制再到管理再到现在提的治理。

中国共产党执政之初实际上是统治，充分体现出国家是阶级统治的暴力机器这一马克思主义思想。在组织社会经济、文化、社会生活的同时，着力巩固国家政权，严厉打击破坏政权的敌对力量。此后，在以阶级斗争为纲的年代里，一直强调无产阶级专政以及强化统治这一国家政治职能。

在计划经济条件下，中国共产党的执政方式基本上是权力高度集中、政党职能与国家职能不分、依靠政策治国和运动方式推进各项事业和党的建设。党对国家政权、国家对社会是管制，形成了全能党、全能政府。这种执政方式的弊端，一个是党内发生了某些变化，在一定程度上执政党国家化、党的领导权力化、党的组织行政化、部分党员干部官僚化；二是民主法治不够健全，权力得不到有效控制，一旦发生决策失误或者是权力搞特权和腐败，将是社会和历史埋单；三是基本上没有社会生长的空间，社会发展活力被压抑，人民作为国家的主人共同参与和管理公共事务还没有完全成为我们政治生活的基本方式；四是党的活动主要以国家体制为依托，在国家体制内开展活动，各个党组织凭借掌控国家延伸到单位的行政权力对社会实行领导。由此，国家与社会的分离与对峙在一定程度上表现为执政党与社会的分离与对峙，乃至形成了体制性的政党脱离群众。我们几十年来一直讲防止党脱离群众，而始终不能解决问题，实际上这不仅仅是党员干部的思想作风问题，而是涉及政党、国家、社会三者间关系结构的合理与否问题，这就使得执政党的执政空间有可能局限在国家体制范围内，党的政治活动空间事实上变得狭窄了。在计划经济体制下，这个问题还没有明显地表现出来，而到市场经济和社会生长发育起来以后，党的政治活动空间的狭窄就逐渐显示出来了。

市场经济的生长催生了民间社会的生长发育，要求政党改变执政方式，因此出现了由管制向管理的转变。市场经济的生长发育、现代分工体系的日益复杂对国家的社会职能要求提高。改革开放以后，执政党和政府面对大量复杂的管理问题，由此改革开放以来，执政党加强党的执政能力建设、不断强调提高党的执政能力和领导水平，国家行政能力体制的改革一直在推进，政府体制改革和职能改变，努力提高政府的行政效率。

尽管这些努力都取得了显著成效，但是从2000年以来，中国客观上进入了一个快速发展中社会矛盾冲突高发多发的阶段，这是一个国家现代化过程中所必然要经历的一个客观阶段。到了这个阶段，社会利益分化、社会思想多元、社会参与公共生活的愿望被极大地激活、社会的自我组织与自我管理正在萌芽生长，而社会公共事务的高度复杂与细琐使得现有的党政体制机制运行不够顺畅、反应相对迟钝等缺陷逐渐凸显出来，这是一个问题。以往的全能党、全能政府的执政方式也将大量的矛盾聚焦于党和政府的头上，使执政党和政府实际上陷入了社会冲突的旋涡中心，执政党和政府扛起了全部的责任和风险，而这在客观上难以协调各方面的关系，做到分散风险、分担责任，推进社会经济的平和发展，这是第二个问题。由此就需要把各方面的资源有效地激发和整合利用起来，社会和经济的深刻变迁客观上要求执政方式由管制、政府管理向治理方向转变，这是第三个问题。最后一个问题是，在管理向治理的转变中，中共可以打开未来新的政治空间。治理本身的含义就是多主体的合作，在处理大量复杂的公共事务中，政党、政府与社会的合作是所必然，而恰好在治理中，政党也就是执政党可以找到自己新的政治空间，这就是执政党的主要活动空间，从以往以国家政治体制为依托、在国家体制内活动为主向两方面兼顾转变，一方面继续探索科学执政、民主执政、依法执政，完善国家的政治体制；另一方面，党要把大量的精力用于培育民间社会，以领导民间社会在国家法治框架内逐渐提高自我组织、自我管理、参与公共事务的能力，健全基层社会的自治制度。在这个过程中，执政党把自己的根基深深扎到社会当中去，不断地扩大执政党政治影响力和政治领导力。同时，在民间社会的培育生长中，党员可以成为社会人群中参与公共事务的活跃人士与骨干力量，从而成为民间社会中具有公众影响力的人物，在将来扩大基层社会民主选举时，基层党组织拥有获得广泛社会公众认可和接受的、有很强竞争力的候选人，这在为今后的基层民主选举中打下执政党自己扎实的社会基础，进而大大增强中共执政的法理性基础。

中国和平发展所需要的新型大国关系

周尊南[①]

我们的外交要为我们的社会主义现代化或者说为中华民族的伟大复兴创造一个有利的国际环境，从党的十二大开始调整了对外政策，改变了过去的一些外交策略，具体的典型是邓小平同志提出的“不结盟，不与大国结盟，也不与小国结盟，坚持独立自主的和平外交”政策，它的基石是1954年周恩来总理倡导的和平共处五项原则，这已经成为第二次世界大战后国际关系的一个基本准则。我国的外交从十二大调整以来，我们一直坚持新的调整过的独立自主的和平外交政策，为国家的建设创造有利的国际环境。但是，我们要创造一个有利的外部环境，还包括以下几个方面的内容：首先是大国关系，我们主张在国际关系中不分国家大小一律平等，这是没有问题的，但我们也要承认大国在国际关系之间独特的作用，所以我们要处理好和大国的关系，这是我们外交政策一个很重要的作用。其次，要处理好周边，也就是要稳定周边。最后，发展中国家是我们外交政策的基石，我国恢复在联合国的合法席位，正如毛泽东所言“第三世界的兄弟把我们抬进了联合国”。

我国的外交除了我们一般印象中的外交即政府外交外，现在我们又有了新的内涵，也就是政府之间的行为，狭义的外交，是主权国家之间的政

---

① 周尊南，外交学院欧洲研究中心主任。1937年出生，四川人，外交学院国际关系研究所教授、博士生导师，外交学院欧洲研究中心主任，国务院发展研究中心欧亚社会发展研究所研究员。1961年毕业于外交学院外交专业。曾作为外交官和高级访问学者在我国驻外使馆任职和国外高等院校和科研机构讲学。担任过吉尔吉斯斯坦国际大学等国外多所大学客座教授。长期从事国际关系、中国对外政策和苏联东欧问题的教学和研究工作，在国内外发表、出版学术专著、译著、学术论文、国际评论等200多万字。

府行为。此外，为了我国“四化”建设的需要，我们现在又把经济外交提上了重要的地位。我们不仅要处理同其他国家的国家关系，也要发展同其他国家与地区的经济关系。这些年又提出来要发展公共外交，中日关系的正常化就是我们长期开展民间外交的功劳；中美关系的解冻，乒乓外交，是一个小球推动了大球。随着改革开放进一步的展开，和中国建交的国家越来越多，中国在国际事务中的作用越来越大，开展民间外交或者叫公共外交。美国提出公共外交跟我们现在讲的公共外交概念并不完全一致，美国当时的公共外交主要是针对媒体的，而我们现在讲的公共外交是针对群众。美国的公共外交有个美新所，我们现在开展公共外交的不仅是我们的外交官员，也包括我们在座的每一位同志都可以做公共外交的大使，也包括我们出国旅游，出国经商，甚至包括我们出国打工的人，都可以来宣传我们自己，了解别人。周总理当时提出来的要开展民间外交八个字“宣传自己，了解别人”，了解别人包括把人家先进的技术、文化吸收过来，同时把我们自己的形象宣传出去。

现在公共外交中有个很重要的内涵，就是文化的交流，从胡耀邦同志当时邀请日本的三届青年访华到现在我们的领导人出去，包括习近平主席到俄罗斯、非洲、拉丁美洲访问，我们都邀请一批年轻人到中国来学习。就是为了让他们就地来了解中国，这样的话就可以戳穿甚至打破西方对中国的许多妖魔化的宣传。我们并不像美国那样的要培养亲美派，不需要培养所谓亲华派，但我们希望有更多的知华派，了解中国的现实，了解中国特色的社会主义。我们在对外政策上特别强调“不当头，不称霸，不干涉别国的内政”，这是一个根本的原则问题。我们和俄罗斯的关系是全面的战略合作伙伴关系，两国在政治互信上已经上了一个很高的层次；我们和欧盟也比较好，但仍有意识形态的偏见。

关于中美关系，我简单地讲一下我的一些看法。去年习近平主席到美国同奥巴马总统庄园会晤，本来应该是9月份的，但美方主动提出邀请习近平主席提前访问。习近平主席就提出来我们要发展中美的新型大国关系，新型大国关系内涵是十四个字“不对抗，不冲突，互相尊重，合作共赢”。我们在很长一段时间内强调和平，强调世界，为了争取世界自由，我们曾提出了和平，发展，合作，现在习近平主席又增加了一个共赢，所以我们现在就是“和平，发展，合作，共赢”。这是我们中国外交为争取世界和平与发展做出的贡献，而且我们强调发展不仅是自己要发展，也希望其他国家要发展，我们处理同周边国家的关系也是特别强调既要睦邻，又要富邻。我们是诚心诚意地希望同美国保持一个稳定的、互相尊重的中美关系，互相信任，互相尊重，合作共赢，平等互利。但这不能完全以我们的意志为转移，用美国当局，特别是美国的一些政界人士的话来说，他们对中国还是有偏见的，既有意识形态，也有冷战思维的参与。随着中国的和平发展，随着中国的经济越来越发展，有的美国人就认为这是历史的一个定律，新兴的大国必然要对守成的大国提出挑战。国际关系史上，第一次世界大战、第二次世界大战就是这么打起来的。

我们对自己的国情要有清醒的认识。因此，我们坚持和平发展，坚持不称霸，这个方针是绝对不会改变的。随着我们国力的增强，我们在国际事务中的影响也扩大了，但我们作为一个负责任的大国，在国际事务中要尽到更多的责任，这是没有疑问的。

关于中日关系。中日关系走到今天的地步，确确实实责任不在中国，安倍第一次上台时到中国来访问，我们提出来要发展一种互惠关系。但他这次上台以后就有意识地一步一步地想要恢复日本传统的军国主义，特别是在钓鱼岛问题上，还要推翻第二次世界大战的胜利成果所建立的新的国际秩序。我们要维护第二次世界大战以后的国际秩序，这正好也就说明我们并没有向美国挑战，但美国总是不放心，总害怕我们。习近平主席给奥巴马有句很好的话“宽阔的太平洋容得下中美两国的发展”。

最后要开展公共外交，在座的诸位大有可为，你们有很多机会到国外去访问，通过这种交流可以实事求是地让世界人民了解一个真实的中国。习近平主席特别讲了希望我们所有有机会到国外的同志要讲好中国故事。

以开发大气水资源和可再生能源为主线 实施西部科学大开发

潘　垣[①]　欧阳康　楼宗元

一　西部大开发是国家长期重大发展战略，并与新丝绸之路建设密切相关

西部大开发是我国政府非常有远见的一项战略决策，其总体战略目标是建成一个生态文明、经济繁荣、社会和谐、民族团结、人民富裕的新西部。其范围包括12个省区市，在中国地图上大都位于著名的“胡焕庸线”的西北（大体以黑龙江的黑河至云南的腾冲一线为分界），其大部份地区由于严重缺水，致使近一半国土处于干旱、半干旱状态，生态环境非常脆弱。西部大开发总体规划按50年分为奠定基础（2001—2010年）、加速发展（2011—2030）、现代化（2031—2050年）三个阶段，是一项长期艰巨的历史任务和规模宏大的系统工程。所以，党的“十八大”继续

---

① 潘垣，中国工程院院士，华中科技大学电气与电子工程学院名誉院长，校学术委员会副主任、校国防科技研究院学术委员会主任、国际热核实验反应堆（ITER）中国专家委员会委员。1955年毕业于华中工学院电力系。先后在二机部401所、585所和中国科学院等离子体所工作，并赴欧洲联合托卡马克和美国得克萨斯大学聚变中心工作。主要研究方向：超导电力、脉冲功率技术、等离子体物理与核聚变技术。中国最早从事核聚变研究的主要成员之一，也是中国核聚变电磁工程和大型脉冲电源技术的主要开拓者。主持和参与主持过三套聚变装置研制及另一套装置升级改造。在“中国环流器一号”研制中负责工程方案设计、总体电磁工程、脉冲电源及总控系统等，创造性地解决多项重大技术难题。成功地将聚变技术应用于国民经济及国防建设，取得多项成果。包括大型发电机氧化锌非线性电阻灭磁、电磁炮、补偿脉冲发电机等获国家一等奖1项，院部委一等奖2项，二等奖1项，三等奖5项，专利10项，中国专利优秀奖1项。发表论文近百篇。1997年当选为中国工程院院士。

做出了优先推进西部大开发的战略部署。

需要强调的是，土地、水资源、能源以及受它们影响的生态环境，是一个国家特别是一个大国最基本、最重要的生存资源，它们直接关系着我国未来能否可持续发展。不幸的是，和美、俄两个核大国相比，我国都处于明显劣势。水资源它们很丰富，能源它们也不缺，至于土地，我国虽号称960万平方公里，但有用的好地不足一半。出路何在？在西部！也只有在西部！这是我国的实际国情决定的，也是西部大开发的战略意义之所在。

鉴于西部脆弱的生态环境、薄弱的基础能力、复杂的多民族关系，在无法适应传统经济增长模式下，为了保护我国西部的生态系统和大江、大河的水源，西部大开发必须站在可持续发展、低碳经济、生态文明、民族共同繁荣的高度，寻找新的支撑和抓手，为我国倡导的建设新丝绸之路计划营造良好的生态环境，打好坚实的社会经济基础。

二　水资源安全与能源安全是国家安全的重中之重

习近平总书记在2014年3月份的中央财经领导小组第五次会议上，对我国水安全问题发表了重要讲话，提出了保证国家水安全的基本思路；在同年6月份的第六次会议上，从国家发展和安全的战略高度提出了积极推动我国能源生产和消费革命的具体要求，包括推动能源供给革命，立足国内多元供应，着力发展非煤能源，形成煤、油、气、核、新能源、可再生能源多轮驱动的能源供应体系。

三　总体思路与主要研究任务

基于西部大开发这一国家长期重大战略需求和上述两次重要会议的精神，本文提出了“以开发大气水资源和可再生能源为主线的西部科学大开发”的总体思路。主要任务包括：（1）研发电场催化人工降雨新技术，大规模开发大气水资源；（2）创新风、光、地热等可再生能源的发电输送与并网新技术，大规模开发西部可再生能源。这两项任务均具有重大战略性意义，需要多家高校和科研、企业单位联合攻关，多个省市和部委协调开展，其成效对社会经济发展带动性巨大。

四　重大意义及可行性分析

主线 1. 研发电场催化人工降雨/雪新技术，积极开发大气水资源，大幅改善我国生态环境

文献资料表明，我国的大气水资源非常丰富，但只有 16%—18% 的水汽能形成降雨降落地面，大气水资源开发潜力巨大。大规模开发大气水资源，对于保障我国水资源安全，改善我国生态环境，促进西部绿色大开发，扩大我国可有效利用的国土面积具有重大的战略意义，同时，也是缓解局地雾霾和防灾减灾的重大关键技术。

人工降雨和增雨是大气水资源的主要开发方式。然而，传统的人工降雨（实质上是增雨）技术，50 多年来基本未变，且实施人工增雨的气象条件（窗口）非常有限，在干旱地区很难达到（相对湿度要求过饱和）。20 世纪 70 年代，国外科学家发现利用带电粒子能有效促进水汽凝结，从而能显著降低人工降雨的气象条件。

进入 21 世纪，少数科学家开始基于这一新机理的人工降雨研究，同时在中东和澳大利亚等地成功地开展了多次实验。本项目组迄今也已进行了 4 年的理论与实验研究，特别今年已在国内最大云室（原为人工气候室）中对电场催化人工降雨/雪从机理到技术进行了一系列可行性实验研究，已证实在远低于传统人工增雨的气象条件下，成功地实现了电场催化人工降雨（中到大雨）和人工降雪（小到中雪），同时还实现了人工消雾霾，从而验证了电场催化人工降雨/雪和消雾霾这一新思路的科学可行性。

据此，特提出，在西北干旱地区，在冬春季节，在一些内陆河流上游源头山区实施人工降雪，将大量增加绿洲的水源，从而大幅扩大绿洲面积，并使一些干枯的河道和湖泊（如罗布泊）恢复生机。其经济和社会意义尤为重大。

主线 2. 研发柔性直流电网大规模开发青藏高原等西部可再生能源

大规模开发西部风、光可再生能源，既促进了西部可持续发展，更解决了国家急切期待的重大需求——绿色能源。这对促进东中西部地区低碳经济转型升级、遏制日益恶化的生态环境、有效应对气候变化、建设生态文明社会和西部多民族地区的长治久安具有重要的战略意义。

青藏高原的太阳能是全球三大富集区之一，且高原区空气稀薄洁净，年总辐射比低海拔区高出50%—100%。青藏高原以及甘、新、蒙西地区也是我国风能最丰富的地区。项目组前期研究表明，仅柴达木和羌塘两地区各只提供4万平方公里的光场，峰值光电容量即可分别达16亿千瓦，两地年发电量均分别可达2.2万亿度；以两场区为中心的风电装机容量均分别可达5亿千瓦，年发电量各有1万亿度，经济效益十分明显；通过柔性直流电网汇集风、光可再生能源电力，再采取风、光打捆外送方式，年输电时间超过4500小时，经济性上合理可行。

近年来国际国内正在大力开展的新一代电网（柔性直流电网）技术及装备研究，正是为了大规模开发风、光等可再生能源。我国必须紧紧抓住这一能源技术革命的机遇，抢占未来能源科技的制高点。这同时也解决了国家急切期待的重大需求——绿色能源。这对扩大我国特别是西北地区的水资源和能源安全保障，加快我国经济转型升级，遏制日益恶化的生态环境，应对全球气候变化，建设生态文明社会和保障西部多民族地区的长治久安，具有重要的战略意义。围绕技术性主线1和主线2，还需配套研究相应的经济政策、治理政策和体制机制，从而形成完整的综合实施体系。

建设现代化经济制度，政府与市场不可偏废

彭光谦[①]

在国家治理方面，笔者想讲一个问题——市场与政府的关系问题。政府和市场的关系很敏感，在这次党的十八届三中全会文件中有一段话，“市场在资源配置中起决定性作用，同时更好地发挥政府的作用”，这是一个完整的表述，也是一个完整的理论架构，是不能分割的。笔者要谈这个问题原因在于，现在有一种倾向，在解读十八届三中全会关于市场与政府关系的过程中，一些专家甚至是一些很有名的专家，只谈第一句话，不谈第二句话，笔者认为这是不对的，这至少是对十八届三中全会精神的曲解。

第一，政府和市场是两只手：有形的手——政府的干预；无形的手——市场，二者缺一不可。过去我们大包大揽，只要政府不要市场，做一些政府管不好也管不了的事情，完全搞计划经济窒息了市场的活力，束缚了生产力的发展。这条路已经被证明是走不通的，所以中国改革开放有了一个很大的突破。

第二，反过来走向另一个极端，只要市场，不要政府，一切由市场主

---

① 彭光谦，中国政策科学研究会国家安全政策委员会副秘书长、少将。1943 年出生，湖北黄陂人。中国政策科学研究会国家安全政策委员会副秘书长，战略学博士生导师，少将军衔（2000 年）。中国空军军事理论顾问委员会委员，第二炮兵学术咨询委员会委员，国家社科基金项目评审组（国际组）专家，中华美国学会顾问，中国国际问题研究所高级顾问，中国军控与裁军协会高级顾问。20 世纪 60 年代毕业于北京大学，90 年代曾作为高级研究员，在美国战略思想库做客座研究。著有《中国军事战略问题研究》《国际战略格局与当代战争》《军事学是什么》《中国国防》；主编有《战略学》（2001 年版）、《和平发展进程中的国防战略》等。

宰，同样也是走不通的。很多学者对市场的本质做了深刻的阐述和系统的分析，连一些西方的学者也认为市场有一些与生俱来的弊端，如美国的经济学家、诺贝尔奖获得者萨缪尔森，他就说过“市场是没有心脏和大脑的”。因而不能指望市场自身能够自觉地意识到市场能够带来的严重的不平等，更不能指望市场来纠正这种不平等，任由市场去决定是不行的，因为市场只是一种手段，它追求利润最大化，具有趋利性。迄今为止，世界上还没有哪一个资本主义国家，包括美国，敢于完全放弃国家在经济中的责任。邓小平曾经这么说过“日本有个企划厅，就是搞计划的，就是政府干预的”。美国也是这样的，美国走出1929年大危机，靠的是凯恩斯主义，靠的是政府的手段，今天美国从2008年的经济大危机到现在，没有搞什么量化宽松，更是不择手段地搞干预。至于中国，是一个社会主义国家，我们不能把这个最大的本质区别忽略掉，我们国家的价值观是以人民利益为最高出发点的，公平正义、共同富裕，是我们的核心价值观。

作为对人民利益高度负责的执政党，不可想象把整个国家和全部人民的经济生活交由市场控制。如果一切交由市场主宰，笔者想有几个问题是回答不了的。一是什么都交给市场，共产党干什么，国家治理还治理什么东西？二是如果一切由市场说了算，那么国防军队就是个包袱，应该解散，因为国防军队是没有经济效益可言，不产生利润，如何参与市场竞争？如果一切由市场决定，那么社会的高贫富差距、社会的尖锐对立就成为了必然。如果一切交给市场主宰，原则、良心，乃至人体、肉体，这都将成为商品。政治腐化、道德沦丧、民族精神的衰败是不可避免的。如果一切交给市场，人人为自己打算，生态环境如何保护？如果一切市场说了算，只看重急功近利的短期效益，国家还有没有未来？

王绍光同志讲公权力要关到笼子里去，私权也要关到笼子里面去，不能任它泛滥，笔者认为这是有道理的。李克强总理最近答记者问的时候讲到，我们是放管结合，不能无限地扩大市场的作用，不能对市场的作用作原教主义的解释。当前笔者认为我们既有市场放得不够的问题，还要继续放；同时也有政府管得不好的问题，要继续管，把它管好。放得不够就是乱插手，所谓管得不好，笔者认为有几个表现：

第一，做得过多，不该管的我们也管了，这是不行的，政府直接插手市场配置，这也不利于经济的发展。

第二，该管的没有到位，放弃政府的责任，甚至把一些市场失灵的责任都推给市场了，这不是一个负责任的政府应该做的。

第三，该管的却没有管好，凭主观意志，不尊重客观规律，违背为人民服务的宗旨。所以我们强调要合法地管理，合法地行政，合理地行政，程序要正当，责权要一致，这就是关口，否则管不好。

一方面，简政放权，不能一放了之，要放一点还是要管一点，到底是哪个地方要增加一点，这个要具体情况具体分析。特别是在国家安全方面，与国计民生相关的重大战略产业方面，我们不能放。比如说，金融主权问题是国家的命脉所系，不能以市场化的名义放任金融，听任国外金融大鳄扰乱我们国家的金融秩序，扭曲中国的金融结构，威胁中国的金融安全。

另一方面，关系到国计民生和国家安全的问题需要政府来管。现在有争议的转基因产品、转基因技术，无疑是要研究的。但目前的问题是，盲目大量进口外国的转基因产品，冲击了中国的传统农业包括大豆，中国本来还是大豆的出口国，现在却成了大豆的纯进口国。我们的传统大豆受到了巨大的冲击。像这些问题关系到人民生命财产安全，关系到国家的粮食安全。国外有很多经验，如法国公布，坚决制止转基因在法国国内的扩散，禁止种植引进；俄罗斯也严格禁止用资金采购转基因食品，取消购买转基因食品商人从国库中获得贷款的权利，禁止国有金融机构向购买转基因食品的人提供贷款。对于这些问题，不能说哪一个业务部门有超额的能力，超出了职责范围去管它，去决定它。笔者认为，不但不应该下放，还应该收回来，还应该上交到国家安全委员会，甚至上交到全国人大来管。

市场和政府，一个是自发起的作用，一个是自觉地运用经济规律来管控。我们不能把它们搅和在一起，也不能把它们分开。要把二者结合起来，目的最终是一致的，就是要更好地实现资源的优化配置和经济的顺利进行，保证社会主义市场经济既充满活力又协调稳定地发展。

弘扬郑和文化，促进中华振兴与世界和谐

孙治国[①]

国家治理问题研究凸显的一个重点问题，就是需要良好的国际环境和外部环境，要开拓国际视野。华中科技大学国家治理研究院的成立，一定要有国际视线。

在中国古代，一共开辟了两条丝绸之路，一条是陆上的，它经过河西走廊通到西域。起源于汉代，盛行于唐代，到了宋明两朝的时候，由于中国造船技术的发展，以及指南针技术的广泛应用，再加上陆上丝绸之路经济成本与时间成本都相当高，于是，经过南海、马六甲海峡、印度洋，通过中东、北非等地的海上丝绸之路便应运而生。

中华民族的特殊海洋地理生存环境和特殊历史发展进程，造就了中华民族、造就了中华文化，也造就了伟大航海家郑和和他代表的郑和文化。

继习近平主席在 2013 年访问中亚时提出重建陆上丝绸之路概念后，又提出了与东盟重建海上丝绸之路的构想。海上丝绸之路概念的提出，除了密切中国与东盟的关系之外，对于中国未来走和平发展道路与实施海洋强国战略同样具有非常重要的意义。

习近平主席表示，早在 2000 多年前的中国汉代，两国人民就克服大海的阻隔，打开了往来的大门。15 世纪初，中国明代著名航海家郑和七

---

① 孙治国，中国国际交流促进会秘书长。曾工作于《人民日报》、中国国际广播电台等媒体。自 2000 年起从事民间国际交流工作，致力于国际民间外交方面的合作研究，受到李肇星部长的充分肯定，《世界环保宣言》发起人，民间外交的杰出代表。2007 年 5 月，获得“绿色中国”年度人物提名。

次远洋航海，每次都到访印尼群岛，足迹遍及爪哇、苏门答腊、加里曼丹等地，留下了两国人民友好交往的历史佳话，许多都传诵至今。600多年前，中国航海家郑和七次远洋航海，五次驻节马六甲，成为中马友好交往史上的一段佳话。抚今追昔，中国将坚定不移走和平发展道路，讲信修睦，致力于同马来西亚发展睦邻友好关系。东南亚地区自古以来就是“海上丝绸之路”的重要枢纽，中国愿同东盟国家加强海上合作，使用好中国政府设立的中国—东盟海上合作基金，发展好海洋合作伙伴关系，共同建设21世纪“海上丝绸之路”。

历史上，无论是海上还是陆上的丝绸之路，都有两种价值和精神值得现在的中国人学习。这两个价值跟精神就是，当中国身为全世界最为强盛的大国，甚至是当仁不让的全球头号强国的时候，以汉族为主体的祖先并没有跟过去的西方大国那样，通过经济实力和强大的武装力量去掠夺和征服别人，反而是带着笑脸和中华特产，通过丝绸之路在跟别人做生意。也就是说，和平与发展才是丝绸之路的核心价值与精神，才是郑和精神所在。

郑和船队28年七下西洋的伟大壮举，与亚、非地区30多个国家建立的睦邻友好关系，为中国和亚、非国家，特别是东南亚国家的经济、文化共同发展做出了光辉贡献。郑和船队的远洋航海、促进国际经济发展、文化交流的伟大实践中所积淀的郑和文化在世界海洋文化发展史中，是最光辉的一页。在当前世界的强权政治环境中，积极弘扬郑和文化，对振兴中华、建设和谐社会的世界有着重要的现实意义。

构成世界文化的东、西方文化都有精华，也都有糟粕。弘扬郑和文化促进中华振兴与世界和谐，必须与东、西方文化精华的融合和弘扬相结合。东方文化的主要代表是中华文化，如老子的“以百姓心为心”“上德不得，是以有德”。要统治者不得，要“民得”的治国思想；孔子讲的“大道之行也，天下为公。选贤与能，讲信修睦。故人不独亲其亲，不独子其子。使老有所终，壮有所用，幼有所长，鳏、寡、孤、独、废疾者皆有所养。男人分，女有归。货，恶其弃于地也，不必藏于己；力，恶其不出于身也，不必为己。是故谋闭而不兴，盗窃乱贼而不作。故外户而不闭。是谓大同”的大同思想。

在老子和孔子的年代，他们先后都看到了“今大道既隐，天下为家”的现实。老子坚持通过规范教育统治者（周幽王）做到自己不得、要

“民得”的自律办法使社会和谐。当然，在已经是“天下为家”的现实社会里，老子的“道”，统治者（周幽王）是听不进去的，不仅周幽王不听，以后的中国历代皇帝都没有听从。熟读老子一书的孔子却与时俱进，为适应“今大道既隐，天下为家。大人世及以为礼，城郭沟池以为固，礼义以为纪；以正君臣、以睦兄弟，以和夫妇，发设制度，以立田里，以贤勇智，以功为己。故谋用是作，而兵由此起，禹、汤、文、武、成王、周公由此其选也。此六君子者，未有不谨于礼者也。以著其义，以考其信。著有过，刑仁讲让，示民有常。如有不由此者，在执（势）者去，众以为殃。是谓小康”的现实，提出了这些“君君、臣臣、父父、子子”的贵贱有差、尊卑有别的封建等级名分观念和“三从四德”男女有别的约束妇女等维护封建制度的儒学主张。

儒学却成了中国主流文化延续了两千多年，这应“归功”于汉朝董仲舒进谏汉武帝推行的“废黜百家，独尊儒术”的国策造成的。中国封建统治者，运用儒学的君臣等级观念和封建礼制，再加上残酷镇压奴隶反抗的手段，培养了大批依附和效力封建社会最高统治者，干着剥削和压迫奴隶的大大小小官员（封建统治者的奴才）。中国历史上出现经济文化落后的蒙古族、满族依靠民族剽悍和武力一时征服了经济文化先进的汉族，使社会出现暂时倒退，以及民国后出现的封建军阀傀儡政权和抗日战争前的满洲国和抗日战争期间的汪精卫汉奸政权，都盖源于统治阶级腐败和封建奴才文化本性的反动作用。

新文化运动第一次掀起了对儒学中封建奴才文化糟粕的批判，也对边缘化两千余年的中华文化精华——老子的“民得”思想、孔子的“大同”思想，以及墨子等诸子百家先进文化思想的发扬起到了积极推动作用。20世纪享誉世界的英国哲学家和思想家伯兰特·罗素来华考察后于1922年撰写的《中国问题》一书说“中国现在虽然政治无能，经济落后，但它的文化与我们不相上下，其中有些是世界所急需的”。“然而，欧洲人的人生观却推崇竞争、开发、永无平静、永不知足以及破坏。导向破坏的效率最终只能带来毁灭，而我们的文明正在走向这一结局。若不借鉴一向被我们轻视的东方智慧，我们的文明就没有指望了。”可见罗素是推崇中华文化的，要借鉴东方智慧使西方文明有指望。可惜，罗素只看到资本主义文明将带来毁灭的现实，却没有认真了解西方资本主义社会产生的，可以使西方文明有指望的无产阶级思想文化的进步作用。

无产阶级文化是西方资本主义社会文化中产生的对立于资本主义文化的马克思主义。笔者认为相对于中华文化精华来说，这是西方文化的精华，而且，这种文化曾经对国际社会的进步发挥了重大作用。但是，当前，无产阶级的马克思主义文化由于帝国主义文化的进攻，特别是无产阶级思想文化营垒内一些举旗人物的蜕变，发生了20世纪90年代初的苏联解体、东欧剧变的巨大挫折，使无产阶级的马克思主义文化在世界范围内背时了。当然，这是暂时现象，因为，西方无产阶级的马克思主义文化与两千多年前老子的“道”和“大同”理想的中华文化精华是一脉相承的，代表了占人类绝大多数的奴隶或无产阶级的利益，是人类社会文化发展的必然方向。

中国是世界航海文明发祥地之一，拥有丰富的海洋资源和悠久、灿烂的航海传统与文化。从八千年前的萧山跨湖桥独木舟，到15世纪郑和七下西洋的伟大壮举，再到如今的航运大国、海洋大国、造船大国和渔业大国，海洋一直与中国的历史文化和经济社会发展息息相关。纵观世界历史，凡大国之崛起，无不始于海洋，要实现中华民族“屹立于世界民族之林”的宏伟目标，海洋强国是必然之路。目前，海洋经济的发展已成为中国经济社会可持续发展的重要前提和保障，截至2012年年底，中国拥有1400多个港口、近18万艘运输船舶和100多万艘渔业船舶，中国外贸进出口货物90%以上由海运承担，港口货物吞吐量和集装箱吞吐量连续9年位居世界第一，水产品总产量连续24年居世界首位，自2010年起中国已成为世界第一造船大国。党的十八大报告中提出的海洋强国战略，是中华民族永续发展、实现民族复兴中国梦的必由之路。

今天，面对霸权主义、物欲横流的世界，我们需要弘扬东、西方文化精华，弘扬郑和下西洋睦邻友好、各民族人民共同繁荣的航海业绩及其代表的郑和海洋文化，批判中国封建文化的糟粕和西方航海探险活动所代表的海盗文化，为促进东方文化振兴与世界和谐，确保人类的可持续发展而努力奋斗。

国家治理与中国可持续发展研究

甘师俊[①]

通过学习和实际的工作，笔者对可持续发展最深的体会是，所谓可持续发展就是因为有不可持续发展的可能性，甚至已经变成危机，所以可持续发展本身就是在危机意识之下的发展。从全球来讲，气候的变化、海洋的污染、物种的锐减、土地的沙漠化等每一点、每一个危机，都可以致我们于毁灭，只有一个地球，这个地球的发展有可能不能持续下去。而中国的情况是，实际上所面临的问题可能比全球的平均危险性还要大。

一 中国的发展所面临的问题

有两件事情值得我们反思：

一个是就近期来说能源的问题，伦敦烟雾是个出名的事件，但中国的雾霾已经大大超过了伦敦烟雾的危险。雾霾治理已经不是技术问题，而是已经上升到国家治理的问题，是涉及我们国家前途的问题，这是一个很大的问题。

另一个比能源更严重的问题是水资源问题，从整个中国发展情况而言，水资源问题已经非常严重了。笔者前几年到西藏，看到整个长江的源头，笔者当时就反思水将来从哪里来？因此总的来看，在这些危机面前，

---

① 甘师俊，中国可持续发展研究会名誉理事长。1939 年出生，毕业于西安交通大学。长期从事国家科技预测、科技政策、软科学研究及科技管理工作，在可持续发展、小康住宅和中医药现代化等领域取得了重大成就。曾任系统分析处处长、中国科技促进发展研究中心副主任、国家科委社会发展科技司司长，兼任中国 21 世纪议程协调领导小组办公室主任等职。清华大学全球变化研究中心理事长、教授，担任中国人民大学等多校兼职教授。

就有了一个全球治理的问题，对于中国就有一个国家治理的问题，所以习近平总书记能够把国家治理提到这样一个高度，对我们国家的发展来说是非常高瞻远瞩的。

二　对十八届三中全会中关于“国家治理”的体会

笔者学习了十八届三中全会的文件以后，特别是最近看到了关于国家治理这一方面的事情后，有三点体会：第一，提出这一条是自信和魄力，因为国家治理将来有很多的矛盾和问题，这体现了我们有充分的自信和魄力。第二，提出这一条是意外加期望，笔者没有想到十八届三中全会非常尖锐地提出了这个问题。第三，提出这一条是挑战加机遇，就治理而言，我们要根据中国的特点和国情来对待这个问题。中国的国情，一个是党的领导，另一个是社会主义制度；还有一个就是我们的传统文化。我们的传统文化里面有很多优良的、好的东西，但也有很多值得讨论的东西，笔者在政府的工作时间比较长，既有一些亲身体会，也看到了很多东西，所以像这些事情要想把这个问题解决，它是深入我们文化里面来，我们文化基因里面就有这个东西。

三　国家治理的中国特色

中国的一个特色是我们的政策、研究——“假、大、空、虚”，这是很严重的。笔者自己也参加过很多国家政策的起草，我们总是在副词上做文章，像“大力发展”“坚决支持”，这些是搞政策研究常用的词，但真正解决问题的内容很少。另一个是对于模棱两可的东西，如何去实际操作，中国的公共政策的研究和制定长期以来比较少，且没有起到它应该起的作用。

另外一个国家特色是我们有一个强势而有作为的政府。笔者做可持续发展的研究，接触外国人比较多，外国朋友也比较多，特别是美国人，有些是学者，有些是政府人士。他们谈可持续发展根本没有信心，“可持续发展只不过在学者的书架上多增加了几本书而已”，我不同意他们的观点。中国政府在推进这些大问题上有很大的优势，我们一个红色文件就能推动一大堆事情出来，比如 1994 年中国推出“二十一世纪议程”，后来中国把可持续发展作为一个战略来推动，这一点是我们政府的优势，但我们的政府也有弱势的一面。我们常常对小政府、大社会有很多误解，我们接触过美国的商务部、能源部、FTA，他们政府人员很多，我们科技部大概编制是两三百人，美国却是几万人。我们是小政府超级大权力，这里就有一个问题，我们没有那么多人管事，所以一个处长、一个副处长，就能管一个大区的事。政府该管的事就应该下更大气力、用更多人管，不该管的事就应该放掉。另外，笔者还要强调一点，中国的国家治理有很多与西方所谓的治理理论是相矛盾的，到现在为止，没有哪一个国家敢讲它的治理理论已经完善了。作为中国在搞国家治理的时候，应该发挥我们的三个自信，发挥我们的优势，走出一条适合中国的国家治理的道路来。

四 国家治理应多注重案例研究

笔者有一个建议，我们搞国家治理研究的时候，应该多重视试点和案例的研究，很多学者和管理科学的研究在这方面空的地方比较多，案例研究比较少，哈佛案例研究的先进经验，应该引起我们的重视。笔者在国家科委工作期间，从 20 世纪 80 年代中期开始，搞了一个国家社会发展综合试验区。它经过了三个阶段，原来是试点，后来是试验区，在可持续发展战略推出来以后，又把它叫做可持续发展试验区，现在已经到了 160 个。搞国家治理，抓住地方，做好案例，要特别重视案例这一方面的研究，这个是非常重要的事情。

浅谈美国的国家治理

徐长银[①]

一　美国社会的特点

美国社会有这么几个特点：第一个是移民社会，宗教信仰、文化追求、生活方式千差万别。第二个是社会贫富差距很大，1%的人占有了美国50%的财富。第三个是美国的枪支私有滥用现象特别严重，3亿人口，民间有4亿枪支。第四个是美国人80%以上居住在城市，有大小城市300个；美国农业人口只有2%，但是还有百分之十几的人口居住在农村，因此美国的社会矛盾还是比较普遍的。

美国社会的稳定状况还是不错的，应该说与美国政府、美国社会的治理有很大的关系，有许多地方值得我们学习和借鉴。美国社会治理的理念，笔者认为是“小政府大社会”，政府尽量减少行政干预，让民众更多地管理自己，这与美国强调个人价值、追求民主自由和个性化发展有很大关系。

二　美国社会治理三大层面的做法

笔者认为美国社会治理有三个层面和一条主线：第一个层面是政府，

---

① 徐长银，中国政策科学研究会国家安全政策委员会学术部副主任、高级研究员。新华社世界问题研究中心研究员，新华社高级编辑。1966年1月调新华社工作。曾任新华社常驻美国华盛顿记者，新华社参编部副主任，《参考消息》报社副总编辑、总经理，中国报业协会书记处书记。

主要起主导作用。第二个层面是民间机构，即非营利性组织、行业协会、慈善机构还有志愿者，起一个桥梁作用。第三个层面是社区的自治管理组织，也就是社区管理，这是美国社会治理的一个重要基础。贯穿这三个层面的一条主线就是法治。

（一）政府管理层面

在政府层面的管理方面，有以下几个特点：

第一，依靠庞大的检查机构和情报机构，美国各个部门的情报机构加起来有15个，如中央情报局、联邦调查局等。谈到美国管理的问题，这一点不谈是不行的，可以说这是美国管理不可或缺的一部分。记得笔者1982年去美国工作的时候，就遇到一件事，当时美国民众对大陆去的中国人特别友好。但是有一次笔者去美国的一个黑人社区，作为记者，笔者转了一圈就回来了。第二天，我们的使馆就给我们打电话，他说美国国务院来了个电话说笔者昨天去了什么地方，最好下次不要去，因为那个地方不太安全，我们没办法保证笔者的安全。笔者听了以后，大吃一惊，没想到笔者的行踪他们知道得这么清楚，这个方面应该是美国政府管理的一个特点。

第二，通过法治，比方说，美国没有设立文化部，也没有宣传部，对文化领域和媒体进行的管理，美国有一整套非政府性机构的管理体系。在法律方面，美国没有一套完整的文化法，也没有新闻法，但是这两方面内容的法律包含在美国各种法律和行政法规之中。例如，美国有一部信息自由法，2011年5月份的时候，拉登被击毙，当时美国媒体都要求政府公布拉登被击毙的一些照片，奥巴马政府提出这牵涉美国安全领域的问题。现在美国政府对文化领域的活动，包括文化产品，不直接进行审批或干预，但对涉及社会伦理道德的问题，美国政府主要是通过行业自律来进行管理，同时，也少不了依据法律来进行治理。美国的全国广播业者协会制定了道德准则，一方面约束行业从业者的行为，另一方面又保护这些从业者的利益。

第三，美国政府非常关注美国的民生，也就是社会保障问题，比方说失业问题、贫困人口救助问题、医疗保险问题、退伍军人安置问题。保障贫困人口的基本生活条件，可以说是美国政府缓和社会矛盾的一项基本任务。美国政府在这些方面不但投入资金很多，投入的精力也很大，每一任美国总统要想获得选民的支持，都必须在这些方面有所作为，这是笔者讲的政府层面。

（二）社会民间层面

在美国社会民间机构方面，美国政府通过服务外包和减免税来鼓励社会力量参与社会治理，曾经有人统计美国非营利组织所提供的社会服务几乎占了美国服务的 50% 以上。美国的志愿者也非常活跃，在美国的各种图书馆、博物馆、展览馆，以及政府的某些机构，都有志愿者参加活动。美国志愿者在美国的社会服务中起到的作用非常大，志愿者服务也容易受到民众的欢迎，产生的矛盾容易解决，容易得到被服务对象的理解，所以笔者觉得这是社会治理一个很重要的方面。

（三）社区治理层面

在社区治理方面，美国的社区建设和管理比较成熟，有一套完整的法律法规和运作方式，这个问题笔者想谈一点自己的亲身感受。

在房屋方面，从政府的要求来说，每建设一个新区、一个社区，美国联邦政府都要求建设商必须拿出一定的比例来建一些低价的房屋。按照我们的说法，就是经济适用房，这么做主要是为了把这些房屋出售给中低收入的家庭，使不同层次的人，不同种族的家庭，能相处在一个住宅区，避免穷人过分地集中一起居住的现象。一开始房地产商自愿这么做，到了后来，基本上是各个州都立法必须保证有 10%—30% 的房屋提供给低收入家庭。

在教育方面，笔者曾经在调查过程中了解到美国社区的小学和中学的收费是由社区居委会、住户和学校一起商量，来决定收费标准。那么，学校的收费多少是根据住户的收入情况来确定的，所以这出现一个情况，如果这个社区的收入比较高，那么学校的收费也比较高，聘请的教师质量就好，这个学校教出来的孩子的质量就高，结果吸引了更多的人到这个社区来买房子，同时也提高了这个社区的房价，这样形成了一个良性循环。政府是不管学校的交费情况的，不过，也有恶性循环的例子。笔者 1993 年再去美国的时候发现有一个社区大商店没有了，甚至有些房屋都破烂不堪没人住。笔者专门了解了一下，原因是这个街区黑人越来越多，白人慢慢就搬走了，结果都是一些贫困人口住进去。从这件事来看，笔者认为资源完全由市场来调节，恐怕也有问题。

在管理方面，美国社区的发展主要是靠居民委员会与住户磋商来进行，政府不干预。比方说，在社区建什么、不建什么，都由社区说了算。笔者在《华盛顿邮报》有一个朋友，他在华盛顿郊区有一个很漂亮农场。美国迪斯尼公司曾计划在他这个住宅区附近建一个迪斯尼乐园，但遭到当地居民的强烈反对，这个朋友也是反对者之一。他后来告诉笔者，他们在地方电台辩论了半年，有支持的和不支持的，最后是通过社区居民投票表决，否决了迪士尼公司的这项决议，所以这个项目也取消了。在这个过程中，华盛顿市政府没有进行任何干预，也无权进行干预。美国各个社区规定不尽相同，但美国大多数社区规定，在住宅区内不许有工厂、公司、商店、娱乐场所，以保证住宅区内的安静环境。当然，美国各个社区不同，比方说相邻的房间，外表不许雷同，房屋四周必须有草坪，如果你不及时整理草坪的话，居委会会进行干预，不许把这个土裸露出来，如果说你不听从居委会的劝告，那就必须搬走等。这些情况应该说对我们社区管理是有参考价值的。

现代国家治理能力与中国宏观调控

景学成[①]

一　现代国家治理能力的内涵

国家治理能力就是运用国家制度管理社会各方面事务的能力，包括改革发展稳定、内政外交国防、治党治国治军等各个方面。

从思想上、行动上革除传统的“管理”套路，由政府一元单向的管理，向政府、市场、社会和民众多元交互共治转变，这正是国家治理能力现代化的必然要求。现代国家治理能力的四个基本点：第一，依法治理。坚持用法律来处理问题，如预算制度改革、资本市场制度改革等；第二，协调治理。从顶层设计视角全局性、系统性看待问题，多部门协同治理，如金融监管的功能监管与机构监管之分等；第三，政府、市场充分参与。划分好政府与市场的边界，发挥市场配置资源的决定性作用，调动社会组织参与国家治理，如政府简政放权、发挥民间智库建言献策作用等；第四，科学治理。要沿用科学的治理方式，遵守事物的发展规律，如秉承科学发展观发展社会、经济各个方面等。

国家治理有三个要素，即由谁治理、如何治理和治理效果。从这三方面演进，由谁治理就是要发挥人的能动性，让懂行的人参与进来；如何治

---

① 景学成，和谐战略联盟主席，国家发改委投资委常务副主席。资深经济学家、教授、博士生导师，国务院有特殊贡献专家。中国国际关系学会常务理事，民间智库“和谐战略研究联盟”理事长，中国房地产金融研究院院长。曾任中央财经领导小组宏观组负责人、中国人民银行政策研究室副主任、研究局副局长和金融研究所副所长等职。曾作为高级访问学者到美国联邦储备银行与德意志联邦银行从事访问研究。曾多年担任中央金融政策和宏观经济政策智囊机构的重要决策者；参与起草中央政策文件；参与多项重大经济金融决策咨询和会议文件起草工作。

理就是协调政府治理、市场治理和社会治理三者的关系；治理效果就是要有评估体系，不断反馈修正，进而影响如何治理的选择。

二　新形势下宏观调控的平衡术

2013 年全年国内生产总值按可比价格计算，同比增长 7.7%。经济处于适度增长的轨道，且自 2012 年第一季度以来连续 18 个月稳定在 7.6% 左右的增速，没有大起大落，也没有所谓的“硬着陆”趋势，可谓“稳增长”。经济增速的适度回落有助于为我国发展方式转变、经济结构调整以及深化经济体制改革提供更大的政策空间。

投资增速回落。2013 年全国固定资产投资同比名义增长 19.6%，增速比上年回落 1.1 个百分点。自 2013 年年初开始，投资增速均稳步下滑，部分原因在于去杠杆和去产能的政策调控，投资一家独大的局面稳步改进。同时投资的地域结构也发生了相对变化，中西部增速明显高于东部，中西部接过发展的棒子，其投资潜力为经济稳定增长奠定了良好的基础。

去产能、去杠杆、去泡沫是下一步的调控走向。正常情况下，我国企业的产能利用率为 85%—90%。目前，我国部分支柱行业产能过剩。钢铁行业产能利用率为 72%。自主品牌汽车产能利用率为 58%。部分新兴产业也出现产能过剩，风电设备产能利用率为 69%，光伏电池产能利用率为 57%。钢铁、水泥、玻璃、造船、电解铝等行业面临着产能过剩的困境。

当前大量资金在金融体系内空转，大量流动性资金流向地方政府融资平台或房地产投资，导致杠杆过度放大，不仅加剧了金融系统的风险，也影响实体经济健康发展。房地产泡沫会诱导大量民间资本游离实体经济，加剧产业空心化的风险，且房价与银行资产、地方政府财政收入、宏观经济稳定密切相关。

中国正在向现代市场经济国家的调控治理体系和调控方式前进。

第一，从制度和战略上看，强调市场为主配置资源，政府更好地发挥作用但必须简政放权，制度管理对内、对外双向开放。

第二，从宏观调控框架上看，宏观调控指标弹性化，调控指标设定上下限合理区间，下限应该为 GDP 增长 7.5% 左右，上限应为 CPI 涨幅为 3.5%；在增长就业和物价稳定之间寻求黄金结合点，为结构改革腾出时间和空间；保持调控定力、精准发力，不过量增发货币，不轻易采取刺激措施，同时疏导预期，保持对影子银行地方债务和房地产价格的警惕，把守住不发生系统性风险的底线。

第三，从调控指导思想和政策手段组合上看，明确不再单纯追求短期 GDP 增长，调控政策不再随短期数字而频频更动，经济稳定看中期，提质增效看结构合理；货币信贷合理稳定供应，强调价格—数量型调控和金融机构流动性管理，利率汇率双向波动，向新兴战略产业和技术创新企业倾斜，结构减税放活企业托底民生，增强经济内生活力，提倡国企民资混合所有制，激发资本活力，提升资本竞争效率。

第四，深层次发力。经济转型首先是投资的转型，经济的提质增效首先是基本建设投资的提质增效，是混合资本（引入民营资本）的提质增效。

投资的总量和方向，体制和格局都要有改革性的变化，2014 年在政府继续放权、壮士断腕推进改革的形势下，过去那种争项目，重复建设，跑步前进的局面应当有比较大的改观。同时一系列金融系统改革的大幕拉开，依靠金融支持实体经济转型发展的思路清晰可见，比如健全利率汇率市场化形成机制，资本项目开放，有序推进人民币国际化。

发挥民间资本潜力也是当前这轮改革的重头戏，从经济金融两个方面双管齐下。经济领域，拓宽民资投入渠道，让民资“接力”政府投资成为稳增长的重要推动力；金融领域，探索民间资本成立民营银行等中小金融机构，发挥互联网金融的金融市场创新推动作用。

处理好稳增长和调结构的关系。当前，稳增长不能再依靠要素投入的外延式发展模式，一方面传统行业去掉过剩产能，一方面发展新兴战略性产业，实现以“要素效率提升”为特征的经济发展模式。

充分利用改革红利，实施创新发展战略。深化经济体制改革，政府简政放权，激活民间资本，增强经济发展的后劲。培植新的消费增长点，让消费、内需引领未来中国经济发展。

三　国家治理与智库作用

2014 年 1 月，华中科技大学在全国率先成立了国家治理研究院，充分发挥高校智力资源优势，致力研究国家治理和中国未来发展的重大理论和实践问题，为推进国家治理体系和治理能力现代化提供理论参考和决策咨询。

民间智库同样在国家治理体系与能力现代化的研究中贡献自己应有的力量。中国特别需要有保持一定独立性、民间性与利益中立性的第三方机构——民间智库，以集聚各方面贤能达人的合理论证和声音，提升中国政府对内对外决策的科学性、有效性和民主化。中国智库要真正繁荣成为一个产业，不仅仅要“政府以及政策重视”和智库本身能“集结智慧之士”，还必须形成有利于智库发展的制度、环境和文化。

和谐战略研究联盟由中央财办宏观组原负责人景学成研究员、中国社会科学院副院长李慎明研究员、中国军事科学院科研指导部原部长黄星研究员等专家于2009年2月发起，由经济金融、政治军事、外贸外交、社科文教等各个领域的150多位专家学者参加。经过近4年的运作，联盟已成长为受到欢迎和关注的非官方第一智库，联盟的许多研究成果得到中央及有关部门领导的重视。

和谐战略研究联盟愿意与华中科技大学国家治理研究院紧密合作，从全面深化改革的高度研究国家治理体系与治理能力现代化建设问题。

对新媒体治理的思考

钟　瑛[①]

笔者一直在思考新媒体和国家治理之间的一种关联，所以笔者的题目是“对新媒体治理的思考”。这有个概念界定的问题，一个是新媒体环境下的现实社会的一种治理；另一个是以新媒体为基础的一个网络社会的治理，这是两个不同的概念，笔者力图把这两个概念理清楚。

前不久笔者对“青少年的网络使用行为”做了调研，调查的结果发现现在年轻人的生活都网络化了，所以我们就把它称为“网络化的一种生存”。一个问题是，目前，对于年轻人来说现实生活和网络生活是很难区分的，所以我们会进一步去界定它。再一个问题是新媒体给国家治理带来冲击的问题，我们把它做了三个方面的梳理，第一个是在国家层面，第二个是在社会层面，第三个是在价值层面。

在国家层面，主要是国家安全的问题，像“棱镜门事件”引发的是世界各国对国家安全的一种关注。各国都在发展网络安全产业，中国很早也意识到这个问题，提倡干部用国产手机、软件等，“棱镜门事件”以后更是如此，所以这是它带来的一些冲击。在国家层面，国与国之间，是对

---

① 钟瑛，华中科技大学国家治理研究院研究员。1962 年出生，华中科技大学新闻与信息传播学院二级教授、博士生导师、副院长。网络传播与新媒体发展研究中心主任。1997 年英国北伦敦大学信息传播学院访问学者，2008 年美国密苏里大学新闻学院访问学者。中国网络传播学会副会长，中国传播学会常务理事，国家社科基金学科评审组专家，国家互联网信息办公室互联网新闻研究中心特约研究员，湖北省政府津贴专家，湖北省网络评议会副会长，华中科技大学华中学者特聘教授。武汉大学、南京大学、武汉纺织大学等高校特聘教授与特聘研究员。涉猎的专业有中文、历史、信息管理、新闻传播，现在主要从事新媒体与网络传播、媒体政策、传播史等领域的教学与研究工作。

国家政权的一种颠覆，刚才也有老师在讲，像一些西非国家的一些政变，新媒体在里面起了直接的作用。

在社会层面，新媒体在社会群体事件中都起了很大的作用，这就是网络舆情分析这么热的一个原因。再就是网络有一种群体极化的功能，早就有学者做了研究。所以对网络事件有很多引爆点，像民生问题、官民关系、社会分配不均等问题，如果在网上的话，很容易煽动情绪。有学者做了研究，人们在网上的发言是非常情绪化的，且中国网民特别对负面信息感兴趣。

在价值层面，如果没有新媒体的话，在那种主流媒体的时代，传统的主流价值观很容易产生很大的影响。但到了网络上，各种观点都可以呈现出来，所以各种价值都可以在上面产生，产生很大的冲击。中国政府对这个冲击有很清楚的一种意识，所以在管理上，中国政府用力很多，收效实际上也是很显著的，但那个管理的结果带来很多的争议，比方说那个典型的防火墙，那个防火墙一直就是一种有争议的做法。再就是政府的一些监管，如信息的监管方面，然后，还有一些评论语言，所以这种做法、这种管理的方式，有很多争议。

那么，互联网应该怎么管理？笔者觉得应该在正常的条件下，第一，法制是非常关键的，法制可能在新闻传播这一块，实际上是一个非常敏感的问题，因为我们的国家一直没有新闻法，原来也不讨论法规，所以到了网络这一块，因为网络管理是沿袭新闻那种管理的，所以那种纪律性的东西比较多，比较高的法律层面的东西就比较少。

第二，在管理上，技术的发展应该尊重技术的规律。这就是说，网络在全球联通，如果硬性地去封和堵的话，堵住了外面的信息，同时也孤立了自己。

第三，提高新媒体行业的自律。笔者最近把精力放在新媒体的社会责任方面，做了一项指标体系，大概花了半年的时间，那个指标体系基本上出来了，所以下一步，准备用这些指标体系对类型不同的新闻行业进行评价，希望用这样一种评价来、推动互联网行业的建设。

人民与国家治理

饶传平[①]

谈国家治理，笔者想提问的是，人民只是被治理者？人民在国家治理中应有怎样的地位？笔者的观点是，人民不仅仅是国家治理的对象，人民更应该是国家治理能力建设的出发点和行动者，而且人民应该不是一个抽象的集体概念，更应该是活生生的具体的个人。在这个意义上，如何造就具有理性能力的中国人民，并能够回应理性中国人民不断增长的利益与权利需求，就成了国家治理能力建设的题中应有之义。

从历史上看，可以说我们正处在近代中国最好的时代，但离国家能够保证每一个中国人过上有尊严的生活仍然有很大的距离。作为一个法律学者，一方面是要强调加强国家的建设，加强国家的能力；另一方面，笔者则想强调国家和政府的能力更应受到人权和法治的限制。

第一，关于近代中国的转型，一直有一个西方的标准。晚清的知识分子看西方，议会是被关注最多的，因为它是自由和民主的象征。民国政府建立了自由和民主的体制，但最后都丢了。有一种解读认为自由和民主只是政治人物、自由知识分子念念叨叨的一个东西，和普通老百姓不相关。后来历经多次的政治失败以后，孙中山也转变了自己的看法，把民生放在了政治的首要的地位，这可以说是一个有远见的看法。我们知道西方的近代政治是先讲自由权和民主权，一直到 20 世纪才发展出社会权的概念，而且社会权也是为了救济自由的过度。

---

① 饶传平，华中科技大学国家治理研究院研究员。华中科技大学法学院院长助理、近代法研究所执行所长、法制史教研室主任、教学指导委员会委员、新闻与网络中心（华中科技大学法律网）主任、校友会副会长兼秘书长，《近代法研究所通讯》（内刊）主编。

社会主义思想的兴起传到中国，中国人特别感兴趣。西方解决社会主义的道路有两条，一条是立宪主义的，就是在法律的框架内如何涵盖人的生存保障问题；另一条是革命的道路，就是无产阶级专政。但对中国的问题来说，几千年来没有解决温饱问题，这个是中国人的逻辑，就是相较于温饱，自由和民主可能是较次一级的问题。这也和另外的一些研究观点相契合，就是中国人更讲实质民主，而不是西方人的形式民主。所以，在这个意义上发展经济，为人民提供生存、教育、医疗等社会权的保障，这就要求强大的国家能力作为基础。这也是19世纪20年代，从北洋的自由民主体制转向党制的体制的逻辑，因为当时，即使是罗素来中国讲中国通向自由之路，也建议中国学苏联，而不是学西方。对此，当时的知识分子有彷徨，有很多的论战。但是这样一个中国把民生问题放在自由和民主之前，在中国社会这样一个大背景里面，是可以被理解的。这也是改革开放30多年来，威权政治能够成功的逻辑。这是我们经常说的不同于西方的，中国现代化的逻辑。

第二，前面说民生优先于自由和民主的逻辑，但并不是说自由和民主对中国不重要。国家治理能力建设是重要的，无论是20世纪20年代还是90年代，都强调要建设一个强有力的中央政府，提高国家治理能力。但是，更重要的一点是，国家治理能力要以人民的需求为目的，并与人民的需求与时俱进。比如人民生了嘴要吃饭，但是吃饱饭以后还要讲话，还要参与公共生活，这就是自由与民主的问题。不是中国人不要权利，可能中国人的权利观念或者是说权利的排序，跟西方人不一样。中国现在关于互联网领域的立法，已经非常多，但主要是层级较低的行政法规、部门规章和地方法规。在这样一些立法里面，我们看到大部分都是管理规定，都有“管理”两个字，这些管理很重要的一个问题就是部门或地方本位立法，很多都违背上位法，缺乏对个人权利的基本保护。例如，我们对网吧的管理，里面有一条就是禁止青少年去网吧。这个规定是一个很成问题的规定，放眼看去，中国的网吧，去上网的大部分都是青少年，立这样一个法有什么作用，除了为执法者寻租的理由以外，笔者觉得基本没什么意义。还有，法学界呼吁了十多年的个人信息隐私权利保护方面的立法，一直没有通过。这两个例子，可以充分说明我们的互联网立法重管理轻权利的观念，这是有问题的。一个是不具有操作性的问题，一个是因过分强调互联网的安全而相对忽视了对个人权利的保护，给老百姓带来很多的不便，也影响到互联网产业的发展。

上述两点，一个是有关历史的，想说明中国人对权利观念或者权利排序可能会有自己独特的理解。一个有关现在的，是想说明中国人的权利观念中其实还是有很多和西方人权利相通的地方。前面的例子是解释历史，后面的例子是展望未来，其中最根本的是，中国的国家治理能力的建设，面临着非常复杂的历史和现实问题，这就需要深入了解人民的所需和所求，并且要与时俱进。国家治理能力建设的目的，从根本上说是要满足人民的不断发展的需要。

关于“国家治理体系和治理能力建设”的若干思考[①]

——大会闭幕式发言

欧阳康

今天时间非常紧，大家远道而来，只能发言15分钟或20分钟，很对不起大家。如果能够给大家更充裕的时间，那一定会讲得更加深入、细致和精彩，让我们学到更多的东西。但我们的会议内容已经非常丰富和精彩了。作为这次会议的主办方，笔者想谈几点感想。

一　对此次论坛的三个“感”

一是感叹，感叹我们所有发言者、与会者如此精到的专业水平。有的专家在这个领域从事了多年的研究，推出了巨量的成果，有的领导有多年的领导经验，在中国经济、社会、文化中扮演着极为重要的角色，现在集毕生经验于国家治理问题。大家发言的水平之高，超出了我们的想象，非常感叹。

二是感动，感动大家的敬业精神，尤其是很多资深专家学者认真准备发言稿，对问题有非常深入的研究和思考，为推动当代中国国家治理体系和治理能力建设，实现中华民族伟大复兴的中国梦，竭诚努力，令人敬佩之至。

三是感谢，感谢大家的积极参与，给我们奉献了这样一场巨大的精神

① 根据发言录音整理，未经本人审阅，请勿直接引用。

盛宴。

二　国家治理研究的“十领域”

本次专家们的发言已经涉及国家治理研究的几乎所有问题。笔者根据自己的学习，把国家治理体系和治理能力建设的问题域作一个最简要的梳理，大概有十大问题需要我们去进一步研究。

（一）基本概念的科学辨析

与会专家对治理、国家治理、治理体系、治理能力、善治等基本概念做了很好的辨析和清理。笔者认为，这种概念辨析是非常必要的，这是我们全部问题的基础，科学研究既要从事实出发，也要求对于科学概念的清晰界定。

（二）十八届三中全会将国家治理体系和治理能力建设作为全面深化改革的总目标，具有深刻和丰富的内涵

有的与会代表参加了中共十八届三中全会决议的起草，他们也一直在深入地研究相关内容。大家一致认为，党的十八届三中全会首次明确提出推进国家治理体系和治理能力现代化，包含着非常丰富的内涵，尤其是习近平总书记近来多次谈到国家治理问题，需要我们深入研究和领会。

（三）国家治理的价值取向

国家治理其实就是社会价值取向的一个现实展现。在笔者看来，真正的国家治理就是人的治理，人是国家的主人，国家治理的价值取向就是为人性的健康发展提供所需要的社会环境和国家体系，使之变成一种现实的活化的形态，能够让每一个人生活于其中，感觉到国家、民族、社会和自我内在融为一体，这也许就是我们通常讲的“善治”。这个价值取向可能是最高价值取向。我们正在集中构建以“善治”为目标的国家治理体系。这个工作非常重要，当然要做好估计也会非常艰难。

（四）国家治理的路径选择

当前中国的国家治理既是漫长历史发展的一种传承与延续，又需要新

的选择与变革，走出一条既有世界视野又有中国特色的新路。对于中国特色社会主义道路的具体内涵，不同的人有不同的看法。例如当前围绕新中国成立60多年以来以改革开放为时间节点的“两个30年”的争论。这种情况说明了当前中国社会的复杂性和多面性，对当代中国社会的任何一种判断都可以找出近乎无限的论证的资料，对它的肯定有无数的案例，对它的否定也会有无数的案例，这就像《双城记》里所讲的，“那是最好的时代，那是最坏的时代；那是智慧的年头，那是愚昧的年头；那是信仰的时期，那是怀疑的时期；那是光明的季节，那是黑暗的季节……”关键看你从哪个角度看。只有看清了我们的历史、现实与未来，才能有一个更好的路径选择。十八届三中全会给我们指出了全面深化改革的15个领域60条要求，指出了前进的方向和路径，我们需要将其加以深化和具体化。

（五）国家治理的评估体系

评估指标体系是国家和地方治理的核心的问题。与会的一些学者多年来一直在研究这个问题。对于国家治理及其绩效的评估反映着对于国家治理的价值追求。由于社会是一个多面体，内部充满着价值多元化的矛盾甚至冲突，相应地，国家治理的指标体系也应当是多元的。当代中国社会处于快速的价值多元化进程中。它对我国国家治理所提出的挑战是我们历史上从来没有遇到过的。笔者曾经和一个美国人讨论到底中国更复杂还是美国更复杂，笔者认为中国社会要比美国社会复杂得多，但是开始他根本不承认。我们两个人讨论了一个半小时，最后他承认也许今天的中国就是比美国要复杂很多，无论是从经济、政治、社会、文化等各方面来看，中国都是最多元的，而中国也是心态最开放的，也是社会内部思想最复杂的。中国在经济繁荣的过程中产生了多种经济形式和与之相应的社会政治体系，相应的价值选择，相应的行为规范，相应的生活方式等，这是我们今天难以回避的现实，而国家治理恰恰要面对这个问题。所以中国国家治理的评估体系一定要适应这种多元状况，需要我们做出科学的探索。

（六）国家治理能力

国家治理能力，也就是王绍光教授所谈的国家基础能力等，无疑也是很多方面的。国力和国家治理能力不是一个概念，国力是个大概念，国家治理能力本身就是国力的一个内在的组成部分，国力包含着更宽泛的意义。治理能力主要是讲我们支配当代世界和处理各种复杂关系所具有的智慧、手段、可能采取的途径及其我们可能取得的效果。所以国家基础能力又叫国家治理能力。现代社会的国家治理需要多元主体的能力整合，形成一个多元互补的现代化的国家治理能力体系。

（七）关于中国国家治理中的近乎无限量的多变的因素

这里涉及中国社会几乎所有的方面、各个领域和各种细节。按照现代系统论，任何一个细节的变化都会影响到整体，而这方面问题在今天的中国显得尤其突出。不管是从所有制，生产方式，分配方式，消费方式，思想观念，价值取向，网络传播等任何一个要素，都会影响到我们这个社会的现实和未来发展。所以这里的每一个要素都应当是健康的、积极的、有效的，更重要的是要素之间的整合应当是有机的，这就是变成一个社会有机体。哲学里面研究社会有机体已经很多年了。现在看来社会的有机性由于治理能力的不足而受到严重破坏，因此产生无数的社会矛盾，妨碍着国家的稳定、社会和谐与发展，需要我们逐一开展专门的研究并运用现代科学方法和大数据技术把握其内在结构与发展趋势。

（八）中国国家治理的国际参照

中国的国家治理需要清晰明确的国际视野。中国的国家治理是在改革开放进程中展开的，世界现代化、经济全球化、政治多极化、社会信息化、经济市场化等都对中国社会产生了极为重要的影响，也会影响到中国的国家治理。全球治理与全球善治已经成为当代世界的总体性潮流，对于中国的国家治理具有极为重要的借鉴和引领意义。我们以开放的心态继续学习世界先进文化，尤其是发达国家的国家治理经验，使中华文明继续行进在人类文明发展大道上，另一方面，中国的经济社会和文化发展已经构成世界文明发展的重要组成部分，中国的发展具有越来越鲜明的世界意义。中国治理、中国模式、中国道路有可能成为一种新的人类文明发展模式。

（九）国家治理的中国特色

中国特色社会主义现代化要求与之相适应的国家治理体系和治理能力，这是中国治理所不可或缺的中国特色。世界视野背景下的中国特色是中国国家治理最为重要的本质规定性。在笔者看来，国家治理的中国特色主要来自三个方面：第一个方面就是我们深度的文化传统，漫长而没有中断的中华文明延续和发展为我们提供了最丰富的国家治理的理念，中国历史上国家治理的“道”与“术”都极为丰富，需要我们去传承、延续和发扬光大；第二个方面是马克思主义的国家理论及其中国启示，它将是中国国家治理不同于西方很多国家的关键之点；第三个方面是西方治理理论和实践对中国的借鉴。把这三个方面内在结合起来运用于当代中国的国家治理，在理论和实践上可以做出巨大的创造，形成中国独到的国家治理体系和治理能力。

（十）国家治理中涉及各个领域、各个方面、各个细节、各个层面的各种更加具体的问题

这次很多专家从不同的学术和学科背景，提出了国家治理科学化合理化的很多问题，值得深入关注和积极探讨。

三　如何开展国家治理研究院的工作

笔者就此提以下几点希望和建议。

第一，我们会把今天所有发言整理成文字稿，然后向每一位发言人反馈，希望各位专家学者能够尽快完成您的文稿修改，然后我们再对这些修改稿进行处理。《华中科技大学学报》（社会科学版）将会开设一个国家治理专栏，我们将分期分批地刊发大家的论文。

第二，我们要以本次会议为契机，以本次会议的主要论文和发言为基础编选《国家治理的“道”与“术”》，作为华中科技大学国家治理研究文集的第一集。希望我们的首批与会的专家学者的智慧能够以这种方式得到固化并推向社会。同时我们这次在学校开展了“我为国家治理献一策”的活动，已经收到了8篇论文，我们要把它们也汇集起来，今天我们一些老师和同学也参加了会议。

第三，我们希望在此基础上形成一些关于国家治理的对策建议案，以国家治理成果要报方式呈向社会有关方面。

第四，国家治理研究院的合作倡议。借此机会，笔者代表华中科技大学国家治理研究院向参加我们本次会议的三类人员提出谋求合作的倡议。

第一方面，这次会议来了很多相关的研究会成员，如来自中国郑和研究会、全国太平洋合作研究会、和谐联盟和中国可持续发展研究会等，我们希望华中科技大学国家治理研究院能够和各方结成战略合作伙伴，积极开展各种形式的战略合作。

第二方面，这次会议来了很多上级机关领导，如国务院发展研究中心、国家发改委等的领导，我们希望能够成为他们的智库后援单位，在他们的指导或者委托下开展某些重大问题。我们要努力发挥华中科技大学最丰厚的教师和学生资源优势，积极开展相关问题的系统研究。

第三方面，这次会议来了很多高校和研究机构的学者，各位学者来自不同的专业，不同的研究领域，取得了非常丰硕的成果，我们希望能够结成友好合作关系。欢迎大家以各种方式参与到华中科技大学国家治理研究院的工作中，我们共同合作，共谋发展。

第三部分

会 议 征 文

论互联网的共同责任治理

钟 瑛 张恒山[①]

摘 要：互联网技术迅猛发展，对国家治理带来新的冲击，主要体现在国家层面、社会层面、价值层面等。互联网问题的破解，有赖于互联网管理方式的不断完善。面对新的互联网技术及应用环境，政府有关管理部门一直都在寻求进一步完善管理方式。随着互联网管理实践的不断探索，管理方式的创新也在不断推进，人们逐渐认识到，应在原有的权威管理方式中，加大共同责任治理。这种管理方式，更讲求政府的服务引导功能、行业的自律功能，还有社会第三团体的监督功能。

关键词：互联网、共同责任治理、政府引导

互联网管理方式的完善，是一个历久弥新的问题。互联网技术迅猛发展，给国家治理带来新的冲击，如信息安全危机凸显、社会权力结构扁平化、社会矛盾更易激化、价值观念多元化等。我们认为，随着互联网管理实践的不断探索，管理方式的创新也在不断推进，应在以权威管理为主的管理方式中，加大共同责任治理。本文主要从三个方面展开论述，即互联网技术发展给国家治理带来的冲击、互联网管理方式的改变和构筑互联网共同责任治理体系。

---

① 华中科技大学新闻与信息传播学院。

一 互联网技术发展给国家治理的四个层面的冲击

互联网技术迅猛发展，给国家治理带来新的冲击，主要表现在国家、社会和个人三个层面。国家层面，主要是国际信息安全问题凸显和国内的社会权力结构扁平化。社会层面，主要是非理性传播较易激化社会矛盾。个人层面，主要是价值观念趋向多元。

（一）国际政治层面：信息安全问题凸显

互联网技术的发展，进一步凸显了国家信息安全的重要性。“棱镜门”事件的爆发，一方面在全球范围内引发了对信息安全边界的思考；另一方面，也在客观上形成了各国在全球范围内开展网络和信息安全对话的倒逼环境。信息安全已经成为事关国家安全的重大战略问题，如何保障国家信息安全已成为国家经济发展、科技进步、社会稳定的先决条件。由于信息产品的安全性直接涉及国家安全和利益，美国等发达国家很早就制定了完善的信息安全产品策略，如《保护美国关键基础设施》总统令，欧洲的《确保欧盟高水平的网络与信息安全的相关措施》等。纵观我国整个信息化行业，在终端、网络、软件、服务器、集成电路芯片等IT基础设施建设上大都采用了国外技术、国外品牌。作为拥有6亿网民的网络大国以及信息安全、网络攻击的主要受害国，中国应适时调整国家信息安全战略，用全球化的思维审视我国的信息安全形势，制定“攻防结合”的国家信息安全战略。

（二）国内政治层面：社会权力结构扁平化

互联网技术的发展，使公民和非政府组织被赋予更多的隐形社会权力，社会权力结构更加扁平化。此前人们熟悉的政治、军事、经济等领域的权力，更多地表现为容易被识别、感知与抵抗的有形权力，而建立在信息流动以及对信息流动进行掌控基础上的权力，是一种如毛细血管般浸润和包裹在行为体周边的结构性权力关系①。从目前的状态看，各国社会的无组织群体正在通过社交网络进行“再组织化”，甚至呈现出一种超越组

① 沈逸：《探索新媒体管理刻不容缓》，《人民日报》2011年8月25日。

织的力量。在无国界的、全球范围内的虚拟世界中，互联网等新媒体还容易为其他国家或组织的政治势力利用，对某一国家进行意识形态的渗透和鼓动社会动乱。任何国家内部在此前发展过程中累积起来的各种矛盾，都有可能被社交网络引爆，并以意外突发事件的发生为契机，构成对国家治理能力的严峻挑战。自2009年伊朗总统选举之后的政治动荡开始，至近年的突尼斯、埃及、利比亚、巴林、叙利亚等西亚北非诸国，乃至挪威、英国等不同发展水平、不同文化背景、不同政治体制的国家，都因此出现了政治或社会层面的动荡。这些动荡的根本原因并非信息技术革命或者社交网络的蔓延，但社交网络所具有的动员、放大和催化作用在影响事态发展的过程中发挥了毋庸置疑的推波助澜作用。

（三）社会层面：社会矛盾更易激化

互联网技术的发展，更易于负面社会情绪的传播和群体性事件的激化。通过对近年来频发的多起群体性事件的考察可以发现，互联网在其中起了促进事件发酵、升级的作用。群体性事件的参与者与围观者通过多种互联网手段传播真实信息、虚假谣言，传递、渲染、发酵各种非理性的、负面的情绪，既方便快捷，又影响广泛，可以在短时间内迅速聚集起大量的围观者和参与者，导致影响的扩大与事态的升级。以微博为代表的社交网络对群体具有强大的聚合能力，它通过信息的流动，将原本分散、孤立的社会个体，以不同的关系组合成众多的小群体。无以数计的信源，通过无以数计的小群体，构成无以数计的新的传播渠道，使信息传播成几何级数对外扩散，产生群体性问题的病毒裂变式传播效果。这种串联与动员一旦从网上发展到网下且国家治理方面没有进行一定的改进，问题的累积就会愈益加深，它所可能引起的危害可能就是社会骚乱和政治动荡。

（四）价值层面：价值观念多元化

互联网技术的发展，导致价值观念多元化，社会共识更加难以达成。网络的开放性，能最大限度地吸纳个体的意见，容易使不同的意识形态在社交网络中交锋碰撞，造成政治渗透和舆论失控，严重影响意识形态与传统价值观。网络的匿名性则促进了网络言论的情绪化、非理性化的倾向，容易使少数人的低级趣味、极端思想、自由思潮通过社交网络在网民中广泛传播。在这种情况下，每一种意见都能迅速在网上找到自己的“知音”

和支持者，扩大自己的意见队伍。这也就意味着不同意见之间的鸿沟加大了，民意整合和达成基本共识的难度相应提高了。思想交锋对于繁荣文化有重要的促进作用，但对于国家治理来说，缺乏基本共识往往会引发现实矛盾的激化①。

二　互联网管理方式的改变：从权威管理到共同治理

在不断地摸索中，中国逐渐健全了中国特色的互联网管理方式。这种管理方式具有自身显著的特点，对国家安全、社会稳定、互联网发展等都发挥了应有的保障功能。面对新兴互联网业态的冲击，这种传统的权威管理方式也日益遭受冲击和挑战。伴随这些挑战，互联网管理方式不断走向成熟，共同责任治理方式，越来越引起人们的重视。

（一）原有互联网管理方式的特点

纵观过去20多年，中国在互联网管理实践领域取得了巨大的成绩，也积累了丰富的管理经验。互联网的立法和执法工作逐步加强，一些政府部门开始积极利用互联网提高政府决策的民主性和科学性，一些政府部门也尝试利用互联网解决工作中的难题，互联网管理机制不断建立健全，逐步探索出了一种具有中国特色的互联网管理方式。整体上看，就是以政府为主体、以业务许可制为基础的自上而下的传统权威管理方式。事实上，在互联网管理的实际操作层面，中国的权威管理主要体现为申请许可制，其法律基础是2000年9月国务院通过并实施的《互联网信息服务管理办法》②。申请许可制具体分为三个方面：第一，许可证制度要求互联网提供商在取得政府许可之后才能进行互联网信息服务，否则将会面对网站关闭和罚款等惩罚。第二，互联网信息服务提供商提供的信息服务必须合法，否则将会丧失互联网信息服务提供的资格，这就使得它们必须加强自

① 张春贵：《新媒体能否促成中国的“进步运动”》，《中共天津市委党校学报》2013年第4期。

② 武卓韵：《自由与管制之间：中、美、新三国互联网管理模式对比》，http：//cnpolitics. org/2014/02/internet-control-or-internet-censorship/。

身内容的审查。第三，通过国家防火墙的建设，大范围屏蔽影响到国家安全、社会稳定的互联网信息和其他涉嫌违法的信息。传统权威管理方式的特点是：从管理主体上看，这种传统的权威管理方式是政府主导的自上而下的管理，分部门分工负责，遵循政府传统管理职能延伸到互联网业务管理的原则，几乎所有的政府部门都出台了互联网管理法规；从管理目标上看，传统的权威管理方式是将“规范”互联网行业发展、消除互联网弊端和混乱现象作为主要目标；从管理手段上看，主要通过法律法规的执行，对外设置“防火墙封锁”以维护国家信息安全，对内采用“事前业务许可制度以提高进入门槛和事后加强管理以取缔违法违规行为”。

（二）原有互联网管理方式面临的冲击

政府主导的传统权威管理方式，往往容易滞后于互联网技术创新的步伐。面对互联网业态的不断创新，政府有限的资源，往往难以适应互联网无穷的新变化。

一方面，未经许可的业务大量泛滥。虽然行业主管部门只给少数网站发放运营牌照，但经营相关业务的网站数量却节节攀升，多数网站无照经营。大量微型企业以较小成本在互联网上创业，根本没有实力去申请遥不可及的牌照，等业务发展到一定规模才会考虑牌照问题，监管处罚对大量的微型企业基本失效，即使关闭网站，企业只要拷贝数据和换个域名即可重新开业，一旦国内管制过严，大量微型企业就会将网站搬到国外，国内监管部门鞭长莫及；业务边界模糊，融合性业务层出不穷，主管部门之间难以划清界限，企业可通过创新回避监管①。

另一方面，为应对互联网上不断增加的违法经营现象，监管部门通常采取“专项治理活动”予以取缔。由于互联网上网站数量众多，技术创新层出不穷，而监管部门资源有限，行政程序反应较慢，行政监管常常严重滞后于网络的发展。如果不能建立网络治理的长效机制，监管部门只能被动成为“救火队”。以谣言治理为例，由于网络的开放性，传统的权威管理方式，无法有效阻止网络谣言。从目前的实践经验看，消除网络谣言的科学机制包括：网民自发的纠错机制，如网民通过微博、博客、论坛等方式发表消息纠正他人的谣言；平台运营商的纠错机制，如论坛版主、内

① 马骏等：《中国的互联网治理》，中国发展出版社 2011 年版，第 24 页。

审人员及时纠正错误信息；监管者的纠错机制，如监管部门及时纠正网络的不当言论；法律的威慑作用，如有人通过网络造谣造成他人重大损失，法律可追究其责任。由此可见，随着互联网技术的进步，仅靠传统的权威监管，无法有效治理互联网的问题，只有政府引导基础上的多方参与的互动合作才能有效应对。

（三）从权威管理走向共同治理

随着互联网管理实践的不断探索，管理方式的创新也在不断推进，人们逐渐认识到，在不断改善互联网管理中，我国的网络管理方式既要改变传统政府主导型的严格管理方式，也不能照搬某些欧美国家那种自下而上的以行业自律为主的方式，而是要在政府引导下建立起共同责任治理。这种方式近似于以法国为代表的政府与行业共同责任管理，但又有区别，即它更讲求政府的服务引导功能、行业的自律功能，还有社会第三团体的监督功能。这里的第三团体从狭义上讲就是网络媒体的行业协会，广义上包括网民、社会其他团体乃至整个社会的共同监督。

共同责任治理方式的特点是，政府引导所有参与者共同制定和执行规则。共同责任治理方式的优势表现为，一方面，互联网利益相关者共同参与制定的规则，不仅可以集思广益，还可以兼顾各方利益，这些兼顾，日后都会成为互联网“善治”的基础；另一方面，在互联网利益相关者达成“共识”的基础上，相关规则将得到绝大多数人的拥护，其中多数人会按照“共识”调整自身行为，针对少数不遵守“共识”的人，也可以由多数人督促纠正。

三　“善治”新思路：构筑互联网共同责任治理体系

共同责任治理方式的实行，需要不断借鉴国外互联网治理经验，并在政府的引导下建立健全互联网共同责任治理体系。政府的引导作用主要体现在：一方面，政府要积极动员社会力量参与互联网治理，和各种社会力量形成互动合作的关系，对社会可以解决的问题逐步放手、放权；另一方面，政府可以利用强制手段解决市场、共识协商、自律自治等手段难以解决的问题，对社会解决不了的问题，配置充分资源予以解决。

构筑互联网共同责任治理体系，主要是指：第一，从法律层面，不断明晰互联网内容的法律责任；第二，从行业管理层面，不断借鉴国外互联网行业组织的治理经验，增强互联网行业组织的监督责任；第三，从第三方机构层面，不断增强互联网第三方机构的监督责任；第四，从用户层面，不断提升互联网用户的道德责任。

（一）健全信息发布规则，不断明晰互联网内容的法律责任

由于新型互联网是一种技术主导发展的传媒形态，技术发展速度远远超过了法规的更新，所以无论是美国、英国等发达国家，还是俄罗斯、印度等发展中国家，都在不断明确互联网治理的权利和义务，不断明晰互联网治理的责任界限。尽管具体做法不同，但根据具体国情、社情强化互联网法律责任治理，不断提高互联网守法责任意识是全球共同趋势。综观国内现有的法律法规，在互联网市场准入、运营管理等方面的责任内容较多，但缺少一部全方位规制互联网信息传播责任的基本法律，对此，有必要整合提升现有法律法规，制定统一权威规定，建立完整规范的互联网信息发布责任规则，进一步明确信息发布者和传播者的法律责任，同时对恶意发布或传播违法信息以及利用信息发布从事违法活动的行为实施法律制裁。如果建立基本法律的工作短期内难以取得突破性进展，则可以考虑加强互联网信息传播重点领域的立法和司法解释，同时加强对现有法律适用于互联网管理的延伸和司法解释工作，进一步明确相关法律在互联网领域的认定标准和适用范围。事实上，中国的互联网管理方式之所以招致国际社会的不少批评，主要是因为其原则并不明确，如《互联网信息服务管理办法》第十五条列举了 9 项非法的互联网内容，但是当中的许多内容——如“危害国家安全”“损害国家荣誉和利益”“散布谣言”等——缺乏更加明晰的定义。

（二）健全行业自律体系，不断增强互联网行业组织的监督责任

行业自律体系，堪称西方国家互联网企业的免疫系统，对我国互联网治理具有借鉴意义。由于互联网机构在网上内容审查方面所承担的义务以及因失责所带来的潜在风险，世界主要国家的互联网机构多在政府的引导下，建立起行业自律组织，通过制定行业规范、受理公众投诉、开展公众教育等方式，在维护国家网络空间信息安全和保护公众利益方面领域发挥着不可替代的作用。行业自律组织在互联网社会责任实践中日益显现重要

的作用，各国也越来越重视行业组织在制定自律制度方面的责任。在美国，有9个著名的互联网信息安全行业组织，包括美国计算机协会（ACM）、信息系统审查与控制协会（ISACA）、计算机安全协会（CSI）、国际互联网协会（ISOC）、计算机应急响应协调中心（CERT/CC）、美国计算机职业者社会责任协会（CPSR）等。这些行业组织分别从信息安全的技术、教育培训、信息交流、从业资质认证、网络安全应急响应、从业人员社会责任等方面制定了许多详细的职业道德规范。美国互联网的行业自律体系，还涵盖了电子商务、著作权、隐私权、网上有害内容管理几个互联网的主要方面。许多自律团体、组织、联盟纷纷通过各种方式来直接或间接地协助政府的管理，配合政府，共同促进互联网络的发展。在法国，互联网企业先后成立了“法国域名注册协会”、“互联网监护会”和“互联网用户协会”等机构，以及法国唯一的负责自我调节和协调的独立机构——“互联网理事会”。德国也设立有“国际性内容自我规范网络组织”以确保网络内容的安全性，尤其是对于未成年使用者。日本近年先后颁布了名目繁多的自律规范，如日本电气通信从业者协会、电信服务业提供商协会等行业组织，制定了一系列行业规范，如《电子网络运行中的伦理纲领》《关于电子网络事业中有关伦理的自主指针》《互联网用户规则与方法集》等，强调行业伦理与行业服务相结合，使互联网行业的自律成为解决互联网问题的重要方式。新加坡2001年由政府管理部门、互联网业界进行协商并在对用户意见进行调查的基础上，建立了一套行业自律规范——《行业内容操作守则》，在此基础上构建了一个互联网业自律体系，鼓励互联网服务商制定自己的内容管理准则进行自我监管。这个守则虽然不具备法律强制性，但一旦采用就必须全盘接受，不得有所删改。以色列网民1994年自发组织成立了互联网协会，提出互联网自我管理和操作的基本规范和要求。埃及互联网协会要求所有会员坚守自律准则，“有责任与公众的安全、健康、福利需求保持一致，要迅速揭发可能危害公众、环境及可能影响或与埃及传统价值、道德、宗教和国家利益相冲突的一切因素”等。

（三）建立互联网企业责任第三方监督机构，健全责任评估指标体系

互联网社会责任的履行，实质上，也需要一套机制来保证互联网内容产品的质量控制，用以保证内容产品具有更好的品质和更高的可靠性，用

以保障在激烈的商业市场竞争中互联网行为能够被规范在个人道德规范、媒体职业道德规范以及任何能更好地为公共服务的责任体系之内。这套机制的核心，就是需要建立起互联网第三方机构，由其直接负责客观评估互联网行业社会责任状况及问题，并形成具有督促意义的责任信誉表彰机制。目前的困难在于，还没有一套成熟的互联网行业社会责任评估指标体系。虽然互联网社会责任问题的研究视角，主要来自西方媒体社会责任理论，但西方学界并未给出一套媒体社会责任的标准评估体系。虽然互联网社会责任问题已经引起了国内各界的密切关注，但对于互联网社会责任履行的程度问题尚无法科学判定。正如英国经济学家哈耶克所言，只有在某个给定的行为规则系统内才可能对行为规则做出有效的批判或改进。因此，建立互联网企业责任第三方监督机构，健全责任评估指标体系，有助于推进互联网治理的完善。

（四）开展媒介素养教育，不断提升互联网用户的道德责任

网络媒体，特别是社交媒体，其社会责任的履行，如消除网络暴力等，还需要依靠用户媒介素养的提升。在互联网用户的媒介素养教育方面，英国、美国和澳大利亚都做出了一定程度上的探索，为我国媒介素养教育提供了大量经验。作为媒介素养教育的发起国家，英国媒介素养教育已经逐渐发展成为社会教育的一部分，成为青少年日常生活学习的一部分[①]。截至2000年，英国的大部分学校都开展了互联网相关的媒介素质教育课程，所有中学毕业生都被规定必须参加“中等教育证书考试”。英国教育部门通过设置系统化的课程与考试，力求达到“在初中阶段，学生能够理解互联网中的说服意图；在高中阶段，学生能够管理自己的互联网接触行为”的教育目标。美国在青少年网络道德教育方面，也积累了大量经验。20世纪90年代以来，由于网络在美国学生中普及率大大提升，青少年网络犯罪、侵犯个人隐私等问题越来越多，一些学校如密西西比州立大学在学校的网站还特别制定了本校学生的网络规范，建立了专门的网络伦理规范讨论区，并有专门的教师对青少年学生的问题进行解答。在1996年，美国杜克大学就正式开设了“伦理学与国际互联网络”课

① 严鸿雁：《美国青少年网络道德教育的经验及其启示》，《学校党建与思想教育》2012年第26期，第21—23页。

程，讲授“虚拟的”互联网全球文化、个人在计算机影响下的文化中的作用、电子信息传播的社会意义等。2000 年美国高等教育研究协会（ACRL）提出的“美国高等教育信息素养能力标准”中，强调了“大学生应能高效地获取所需要的信息和懂得有关信息技术使用中所产生的经济、法律和社会问题，并能在获取和使用信息中遵守社会公德和法律”。据调查显示，美国现今大约一半以上的学校都开设了专门的网络伦理道德课程，有的学校还把网络伦理的相关问题纳入计算机考试的内容。为保障网络安全，澳大利亚联邦政府拨出大量资金，包括向每个家庭提供过滤软件，开展网络安全教育。通过社区向公众进行正确使用互联网教育，在学校设立专门机构对学生传授正确的互联网启蒙知识。

基层治理转型中的群众路线

吕德文[①]

摘　要： 群众路线是一个矛盾的结合体，群众观点和群众工作方法之间是对立统一的关系，群众工作方法内部也具有多重对立统一关系。在长期的国家建设过程中，群众路线逐渐形成了相对成熟的工作机制，包括简约治理、中心工作和综合治理三大机制，它们已成为国家治理方式的重要组成部分。随着国家治理的转型，群众路线也面临诸多挑战，简约治理、中心工作和综合治理机制无不在实践过程遭遇困境。群众路线具有“纯粹”的官僚制所不具备的优点，它适应国情，且符合公共行政发展的未来趋势，因此，需要找回群众路线在国家治理中的中心地位。

关键词： 群众路线　基层治理　中心工作　综合治理　简约治理

2013 年 11 月召开的中共十八届三中全会指出，全面深化改革的总目标就是完善和发展中国特色社会主义制度、推进国家治理体系和治理能力现代化。如何在中国特色社会主义的制度框架下重塑国家治理，成为理论界亟须探讨的重要问题。得益于国际上对“中国模式”的讨论，近些年理论界也开始注意到群众路线在塑造新中国国家治理体系中的重要作用。一般认为，群众路线不仅在土地改革、改造旧官僚体系、形成新国家观念等国家政权建设中起到了关键作用，还塑造了新中国独特的国家治理体系。新中国创立的政法传统、信访制度、“逆向政治参与模式”、简约主

① 吕德文：华中科技大学社会学系副教授、中国乡村治理研究中心研究人员。

义的地方治理，构成了新中国既不同于西方官僚制，也不同于传统治理方式的国家治理新传统。然而，随着社会转型，改革开放以后的群众路线和国家治理都面临着挑战，新时期呼唤新的群众路线实践形式，以及推进国家治理体系和治理能力现代化。当前正在开展的群众路线教育实践活动，是提高党的执政能力，提高各级干部的政治素质和工作能力，让国家治理体系更加有效运转的有益尝试。

一　群众路线的内涵

2013年4月19日，中共中央政治局召开会议，决定从这一年的下半年开始，用一年左右的时间，在全党自上而下分批开展群众路线教育实践活动。习近平强调，这次教育实践活动的主要任务聚焦到作风建设上，集中解决形式主义、官僚主义、享乐主义和奢靡之风的“四风”问题。这“四风”是违背我们党的性质和宗旨的，是当前群众深恶痛绝、反应最强烈的问题，也是损害党群干群关系的重要根源。群众路线是历次整党整风的主要内容，但从近些年来全国各地开展的新一轮的干部“上山下乡”运动来看，这次的群众路线教育实践活动并不单纯地解决思想教育问题，而是以此为契机进行制度建设，达到密切党群干群关系，提高党员干部的群众工作本领的目的。

1981年中国共产党十一届六中全会作的《关于建国以来党的若干历史问题的决议》，对群众路线有明确、简洁的表述：“群众路线，就是一切为了群众，一切依靠群众，从群众中来，到群众中去。”刘少奇同志在中共七大关于修改党章的报告中指出，群众路线是党的根本政治路线和组织路线，具体而言，它包括群众观点和群众工作方法这两个相互联系的部分：“一切为了群众，一切依靠群众”是说党应具备群众观点，关系到党的性质、宗旨问题；“从群众中来，到群众中去”说的是群众工作方法，指的是党的基本领导方法和工作方法。

首先，群众观点既是一种历史观，也是一种认识论。作为一种历史观，“人民，只有人民，才是创造世界历史的动力”，奠定了普通民众在历史中的主体地位，也决定了党和国家的合法性只能来源于群众的认可。全心全意为人民服务已成为党和国家机关的宗旨，也是执政党和国家政权意识形态合法性的最终来源。作为一种认识论，群众路线强调正确认识来源于人民群众，需要深入实际、深入群众调查研究。

其次，群众路线既是一种工作作风，也是一种领导方式和工作方法。在长期的革命斗争中，我党形成了理论联系实际、密切联系群众及批评与自我批评的三大作风。三大作风是群众观点在具体工作中的表现，体现了反对教条主义和朴素经验主义，坚持实事求是的原则。因此，“反四风”既是针对脱离群众的现象，也是针对脱离实际的做法。反官僚主义不仅要反形式主义、享乐主义和奢靡之风，还要反对毛泽东同志所说的官僚主义的两种表现——“不理不睬或敷衍塞责的怠工现象”和“命令主义”。

三大工作作风内化于“群众路线的工作方法”中。毛泽东同志在《关于领导方法的若干问题》中指出，“我们共产党人无论进行何项工作，有两个方法是必须采用的，一是一般和个别相结合，二是领导和群众相结合”，“在我党的一切实际工作中，凡属正确的领导，必须是从群众中来，到群众中去”。改革开放以后，群众路线的领导方法和工作方法逐渐制度化，渐渐形成了简约治理、中心工作和综合治理等工作机制。简约治理主要指的是在基层治理中大量采用准官员和半正式的行政方式，以此弥补正式行政的不足。中心工作指的是一段时间围绕一个工作重心展开工作，形成运动式治理的格局。综合治理则指的是在具体工作中，多个部门配合，综合运用各种手段展开工作。

群众观点和群众工作方法之间有密切联系，只有树立了正确的群众观点，才有可能实行正确的领导方式；同样，密切联系群众也只能在正确的工作方法中体现出来。群众观点和群众工作方法都要通过工作作风表现出来，“四风”盛行根源于群众观点的丧失，以及群众路线的工作方法和领导方法的扭曲。因此，当前的群众路线教育实践活动将主要任务聚焦于作风建设上，无疑是切中要害的。不过，仅仅局限于思想教育，或许是不全面，也是不彻底的，因为，比作风问题更深层次的问题是群众观点和群众工作方法问题。而群众观点，尤其是群众工作方法，具有明显的时代特征，社会转型期要求群众工作方法与时俱进。因此，习近平指出，要以这次群众路线教育实践活动为契机，制定新的制度，完善已有的制度，废止不适用的制度。制度一经形成，就要严格遵守，执行制度没有例外。

二 群众工作方法

群众路线在我国的政治生活中具有重要地位，既是意识形态合法性的来源，也是国家治理的主要手段。群众路线是一个矛盾的结合体，群众观点和群众工作方法之间是对立统一的关系。群众路线能否有效发挥作用，有赖于群众观点与群众工作方法的有效衔接。

群众观点是新中国意识形态的核心部分，“人民，只有人民，才是创造世界历史的动力”这一论断，颠覆了中国政治传统中的精英史观，确定了国家合法性并不来源于传统，而是根植于群众的认可。因此，保持党和群众的血肉联系就成为一项重要的政治原则。长期以来，干部“下访”和群众“上访”被认为是保持党和群众密切联系的重要渠道，以至于进入21世纪，信访问题再度引起党和国家的高度重视，中央明确要求全党开展群众路线教育实践活动，新一轮的干部“上山下乡”运动在全国各地开展起来。由于我国在政治上确立了人民群众当家做主的地位，且中国共产党作为先锋队组织，主动与人民群众保持了血肉联系，群众接受国家机关为人民服务的宗旨，在群众动员中参与政治，在上访和下访的渠道内协商解决问题。

群众路线是新中国国家治理方式的重要组成部分，它是一套独具特色的工作方法。群众路线要求任何工作都必须领导和群众相结合，“从群众中来，到群众中去”，既延续了中国传统的政治智慧，也适应了现代国家建设的需求。由于确立了各级党委、政府在各项工作中的领导地位，强调条块之间的分工合作，使得群众路线具有集权成分，也具有典型的官僚制特征，保证了行政的效率；同时，群众路线始终强调群众动员的作用，客观上具有了公众参与的因素，符合科学决策的基本机制。群众路线内部集中与民主之间、官僚制与群众动员之间，是矛盾的结合体，新中国成功的国家建设表明，这一治理方式是成功的。

群众工作方法的成功，有赖于强大的群众观点。经过长期的革命战争，新中国的官僚体系较好地贯彻了为人民服务的精神，广大人民群众对党和国家也具有高度的政治认同。因此，群众工作方法可以在不断的“试错”过程中渐趋完善，并延续至今。比如，领导干部的调研，渐渐形成了以个案（解剖麻雀）为主的方法，它综合运用了访谈、座谈会、蹲点、树典型等多种技术。个案方法难以避免特殊情况产生政策失误，但在“从群众中来，到群众中去”的反复循环中，可以很快纠正过来。再如，在处理中央与地方关系上，渐渐形成了“锦标赛体制”。它曾经是“大跃进”错误的罪魁祸首，但不可否认的是，它至今在发挥中央和地方两个方面的积极性上起了不可替代的作用。在意识形态清明的时期，即便是群众工作方法出现了问题，一些政策失误也能被群众观点有效地平衡、修复；一旦群众观点含混不清，则群众工作方法只能依靠内部机制重新调整，难度大大增加。

改革开放后，我国出现了社会分层和利益群体分化，再加上权利话语的兴起，使得传统的群众观点发生了微妙变化。首先，改革开放催生了具有不同利益诉求的新社会群体，需要重新划分社会阶层。其次，权利话语为群众观点注入了新的意识形态因素。因此，群众运动不再由组织动员开展，维权旗帜下的自发的集体行动开始出现。这在一定程度上冲击了已有的群众工作机制，典型如信访体制，它本是密切党和群众联系的机制，属于群众政治参与的渠道，但却慢慢注入了政治抗争的内涵。这种剧烈的社会转型，要求群众路线必须实现现代转型，将已经崛起的权利话语吸纳进群众观点中，创新群众工作机制有效化解“依法抗争”。

三　群众路线的三大机制

在长期的国家建设过程中，群众路线逐渐形成了相对成熟的工作机制，它们已成为国家治理方式的重要组成部分，简约治理、中心工作和综合治理是其中的三大机制。

（一）简约治理

传统中国的地方治理一直具有简约主义传统，表现为准官员和半正式的行政方式被广泛采用。群众路线继承了这一传统，通过阶级划分，以及在具体工作中团结少数积极分子作为领导的骨干，并凭借这批骨干去提高中间分子，争取落后分子，培养了基层治理的代理人；在具体的行政方式上，也大量采用软硬兼施、正式权力的非正式运作等。简约治理是熟人社会的治理，由于代理人能够充分掌握地方社会的信息，且能够熟练运用地方性规范制衡被治理者，因此，对于正式行政而言，代理人体制是简约主义的。

简约治理需要解决两个问题，其一，代理人有可能成为赢利型经纪人，蚕食公共利益；其二，边缘人的崛起有可能瓦解地方性规范，让半正式的行政方式捉襟见肘。中华帝国时期主要依靠双轨政治来解决这一问题，士绅既接受了儒家教化，又能有效规制边缘人，在自上而下及自下而上的政治双轨中起到接点作用。清末以降的国家政权建设摒弃了无为政治，一些地方边缘人取代士绅成为代理人，导致了国家政权建设内卷化。群众路线较好地解决了国家政权建设内卷化的问题，群众动员不仅建立了全新的国家观，让群众观点有效地规制新的政治精英，且建立了新的政治参与机制，让群众监督地方代理人。

在简约治理这一机制上，当前的群众路线面临着双重挑战，一是支撑代理人体制的熟人社会性质的改变；二是群众动员机制的式微。半熟人社会，尤其是灰色社会的存在，使得代理人很难充分掌握地方社会的信息，原有的地方性规范也逐渐瓦解，边缘人重新崛起，而群众动员的式微，又让代理人的监控机制丧失殆尽。因此，地方治理有陷入内卷化的危险，为了防止这一恶果，只能进一步加强正式行政体系的建设，并最终弱化代理人体制。

（二）中心工作

近代以来开启的国家建设，改变了帝制时代的无为政治理念，强国富民成为国家的首要任务。但是，弱小的国家能力与艰巨的国家建设任务之间存在巨大的反差，这在国家治理领域主要表现为，正式行政力量无法处理日益增加的行政事务。简约治理机制部分解决了这一问题，通过代理人体制的行政架构，分担了诸多地方治理任务。然而，仅仅依靠半正式行政力量的补充是远远不够的，还需要提高正式行政的效率，做法之一就是打破科层制对行政力量进行重新组合。这就是毛泽东同志在《关于领导方法的若干问题》中所说的，领导人员依照每一具体地区的历史条件和环境条件，统筹全局，正确地决定每一时期的工作重心和工作秩序，并把这种决定坚持地贯彻下去，即在任何一个地区，一段时间内只能有一个中心工作，辅以第二位、第三位的工作。这种按照工作重心重新组合行政力量以提高工作效率的做法，便是中心工作机制。

中心工作机制已成为我国行政运作的重要组成部分。改革开放以后，社会治安工作形成了“严打”机制，每年或每段时期都有一项重点打击工作，公检法相配合，保证“从严、从重、从快”的效果。近些年的城市管理也大量采用了类似机制，一段时间内集中力量“整顿”某项突出问题，所有的城市管理力量统一调配、统一指挥。中心工作机制甚至取代了日常工作机制，行政力量的改组常态化，这在基层政权的运作中表现尤为突出。20 世纪 90 年代，计划生育和税费征收成为乡村两级组织的中心任务，“计划生育工作组”和“税费征收小组”普遍取代原有的“七站八所”，成为基层组织的实际运作机构。近些年新出现了招商小组、新农村建设小组，表明不同时期的工作重心有所改变。中心工作是随着不同时期工作重心的变化而改变的，因此，它具有典型的运动式治理的特征。

只不过，大多数中心工作已无法动员群众，只在官僚体系和半正式的行政体系内进行动员。为了保证中心工作的有效开展，行政系统形成了压力型体制，一级行政组织为了完成上级下达的目标，将这些目标分解为数量化的任务和物质化的指标体系，层层量化分解，派给下级组织和个人。为了保证实现目标，一般配以目标管理责任制，重要的指标则实行“一票否决”制。在这一体制下，每一级行政组织都在这些评价体系的压力下运行。压力型体制虽然有利于保证中心工作目标的实现，但却很难对中心工作的实施过程进行监控。但恰恰是在中心工作的实施过程中，下级组织尤其是基层组织和街头官僚，容易在压力之下进行选择性政策执行，甚至是执法犯法。

（三）综合治理

中心工作机制要求所有的行政力量统一计划、统一行动，这就必然延伸出综合治理机制。综合治理在第一个层次上是加强各部门之间的分工合作，明确各行政机构的职责，这在本质上属于官僚制建设的一部分。社会治安领域的“严打”和城市管理中的“整顿”，基本上属于此类，公、检、法各部门只是在“严打”过程中加强配合、协调，各级综治委属于协调机构，而非行政上级；公安、城管、建设等部门在城市管理“整顿”中的配合，各自的执法权也保持完好，城管局仍只具有相对集中行政处罚权，城管委也属于协调机构，直接行政负责人仍是各级政府及主管单位。

综合治理在第二个层次上是行政力量的临时重组，各行政人员除负有机构职责外，还负有“兼职”完成中心工作任务的职责，这具有反官僚制的特征。行政力量的重组往往发生在专业化不够强的机构内部。比如，乡镇政府虽然是一级政府，是典型的科层组织，但由于政府内部的各部门专业化程度并不高，使得乡镇党委、政府倾向于打破科层制，围绕中心工作重组行政力量。因此，一个乡镇政府的工作人员既可能是计生专干，还可能是驻村干部、新农村建设工作组的成员，等等。公安、土地管理等实行垂直管理的机构，虽然与乡镇街道的其他部门相比专业化程度较高，但在其系统内部专业化并不明显，机构内部的行政力量也不时重组。

综合治理意味着处理好群众路线各层次、各部分间的对立统一关系。为了实现各部门协调一致，齐抓共管，一般实行党委领导、政府负责，实现“一元化”的领导。而为了依靠广大人民群众，运用政治的、经济的、行政的、法律的、文化的、教育的等多种手段，就要实行广泛的动员。很显然，官僚制和群众动员的相互协调是综合治理的应有之义。改革开放以来，在中心工作机制和压力型体制之下，官僚体系的动员是极为高效的，但对半正式行政体系及群众的动员却逐渐式微。前已述及，代理人体制实际上在渐趋弱化，而在毛泽东时代广泛采用的各种代表会、干部会、座谈会、群众会，在会上举行苦主控诉等群众动员手段已基本上丧失。

四　群众路线面临的挑战

作为国家治理手段的群众路线，发轫于革命战争时期，成熟于新中国成立初期的土改、镇反、改造旧官僚系统等运动中，广泛运用于社会主义建设时期，已成为中国独特的国家性质的重要构成部分。但是，随着国家治理的转型，群众路线也面临诸多挑战，简约治理、中心工作和综合治理机制无不在实践过程遭遇困境。

改革开放后，我国的基层治理环境发生了重要变化。首先，熟人社会性质发生了改变。无论是乡土社会还是单位制下的城市社会，都是熟人社会。熟人社会是一个全信息社会，基层干部与群众之间并不存在信息不对称问题。因此，在熟人社会的治理中，基层干部能够极为简约地掌握被治理者的信息，并在此基础上对群众作出合理的分类。熟人社会还是一个人情社会，具有较强的地方性规范，基层干部可以采用各种半正式行政方式，提高了行政效率。然而，在半熟人社会和陌生人社会中，信息不对称使得基层干部无法对群众进行有效的分类。在社会分层与利益分化的背景下，事实上出现了一些以牟取私利为目的的“钉子户”，它瓦解了地方性规范，并迫使正式行政介入基层治理领域。其次，随着市场化媒体“政治化”与政治性较强的媒体“去政治化”的双向运动，权利话语已深入人心。与传统的群众动员形成鲜明对比的是，媒介动员在舆论监督的旗帜下，具有明显的“反体制”特征，它已非地方治理合法性的主要来源，而是基层治理的巨大挑战。一线行政被置于舆论和制度的有效约束下，一些有效的行政手段因为与法规相冲突而被禁用，基层治理渐渐失去了灵活性。

为了应对这些重要变化，行政系统经历了一个明显的去政治化过程。基层治理保留了诸多群众动员技术，源于毛泽东时代的干部下乡蹲点，在驻村干部制度中被延续下来；源于20世纪60年代的群防群治，渐渐成为改革开放后社会治安综合治理的主要制度依托；新中国成立初期建立的信访制度，俨然成为当前社会管理的主要抓手。然而，这些具有重要意识形态色彩的群众动员技术，无不经历了“去政治化”和逐渐“行政化”的过程。驻村干部制度下的干部实际上已不驻村，更无可能和农民“三同”（同吃、同住、同劳动），驻村干部实际上已演化为村干部与乡镇政府之间科层组织的中间层；作为群防群治载体的治安联防队员，已完全丧失了群众性，20世纪90年代后开启了专业化过程，近些年，治安联防队事实上演化为公安机关的协警队伍；信访制度本是加强党和群众联系的主要渠道，一度是群众动员的主要手段，但近些年来，信访体制渐渐成为维稳的专门机关，是处理社会管理事务的行政机关。

与行政系统“去政治化”相伴随的是，一些社会问题却不断“政治化”。20世纪90年代的农民负担问题，是中央主动政治化的结果，其政治动员的对象是官僚系统，而非群众。但它迎合了群众观点，意外地鼓励了农民维权抗争。近些年来，一些民生问题逐渐成为民众上访和抗争的主要动因。而随着市场化媒体和自媒体的发展，媒介动员在民众抗争中起到了决定性作用，普通民众抗争的专业性和政治性都大大加强，抗争政治逐渐成形。

由于行政已经去政治化，甚至执法化，使得传统的群众工作机制失去了政治土壤。从行政理性化的角度上看，无论是群众动员还是官僚系统内的动员都是极为忌讳的。因此，越来越多的行政事务在专业化的旗帜下，摒弃了简约主义传统，并摆脱中心工作和综合治理的束缚。在行政执法化的过程中，受程序主义的约束，地方治理逐渐摒弃了半正式行政，转而求助于更为复杂却更为低效的行政策略，陷入了策略主义的陷阱。

恰恰是群众路线内存在多重的对立统一关系，使得贯彻群众路线成为一项政治智慧。在相当长的时间内，过于彰显政治性，过于频繁地开展群众运动，破坏了行政理性化，影响了行政效率。而现在面临的问题是，过于规避政治性的官僚制行政比如会出现脱离群众的严重问题。当务之急是要防止群众路线机制的异化，重塑基层治理。

五　找回群众路线的中心地位

就国家治理的绩效来说，群众路线有其合理性，它具有“纯粹”的官僚制所不具备的优点。并且，就其实践特征来看，它适应国情，且符合公共行政发展的未来趋势。因此，需要找回群众路线在国家治理中的中心地位。

群众路线一开始主要是作为国家政权建设的途径出现的。在革命战争时期，为了有效地宣传发动民众，获取民众的支持，中国共产党人逐渐摸索出了一套行之有效的群众工作方法。这一方法可以简单地表述为“领导和群众相结合”，其重心在群众动员，而非官僚制建设。因此，长期以来，“领导”是服务于群众工作的，政权建设也是围绕着中心工作开展的。很多经验研究表明，正是通过诉苦等民众动员技术，通过建立农民协会、民兵组织等群众组织，使得土改、士兵改造、镇反等运动顺利开展。运动过后，这些群众组织逐渐转变为基层政权和半正式行政的一部分，革命的意识形态也成为新政权合法性的来源。即便是在国家政权建设取得初步成效，国家治理渐入常态化后，新政权仍然保持了鲜明的群众性和动员性，群众动员甚至成为官僚制建设的一部分。

改革开放后，群众动员逐渐转向了官僚制建设，群众工作开始服务于“领导”经济建设和社会管理。在官僚制建设的过程中，依法行政逐渐主导了群众工作，由于一些准官员如村干部、治安联防队员、城市管理协管员等不具备执法资格，一些半正式的行政方法如做工作、办学习班、亲属共同负责制并不符合执法程序，大量的群众工作逐渐退出了国家治理领域。而为了弥补行政力量的不足，群众组织逐渐专业化，成为正式行政的一部分，其典型是治安联防队逐渐转化为协警队伍。总体上看，官僚制建设的过程同时是群众动员式微的过程。“严打”、“整顿”等看似具有明显动员色彩的领域，实际上只是运动式治理的手段，并无群众动员的特征。治安联防、协管甚至村（居）委会，尽管名义上保留了群众组织或自治组织的性质，其实质运作却已高度官僚化。

20世纪90年代，是我国出现基层治理危机，强调官僚制行政建设，以及进行以市场化改革为导向的乡村治理体制变革的时候。与此同时，全球掀起了一场以治理理论为核心的公共行政革命，它试图融合价值与效率，主张去中心化，多中心治理，反对夸大市场作用，塑造多层级的治理结构。群众路线与治理理论具有不谋而合之处，比如，当前我国大力学习推广的西方社区警务战略，正是源于群防群治实践，它融合了群众观点与群众工作方法，主张通过动员群众，让群众性组织参与地方治理。从群众中来到群众中去的方法，既高效地完成了国家建设，国家权力前所未有地深入到社会；又能有效地进行国家治理，地方治理充分发挥半正式行政的优越性，实现了去中心化。群众路线为国家治理提供政治原则，事实上，群众观点的绝大部分原则也为普通民众所接受。群众路线还为基层行政提供范式，这些群众工作机制甚至取代了通行的官僚制行政。群众路线甚至还不断创造一些行政技术，以适应不断变化的基层治理环境。总之，群众路线具有多层次的治理结构，既有原则性，又有灵活性。很显然，改革开放后我国的基层治理经历了官僚制行政不断扩张的过程，90年代的基层治理危机，本质上是正式行政侵蚀半正式行政，以及不断官僚化，从而导致单一中心治理的结果。

群众路线还具有历史延续性，它承接了传统中国地方治理中充分运用准官员和半正式行政的做法，架构了新的代理人体制，综合治理的机制也符合儒法合一的治理方式，甚至中心工作机制也可以在历史上的应急管理体制中找到影子。就如司法领域马锡五审判方式所彰显出来的，群众路线是传统中国的治理技术、西方的官僚制行政以及列宁主义的组织手段相结合的产物，具有极强的适应力。

当然，群众路线本身需要与时俱进，很多时候未能贯彻群众路线，并非领导者没有注意工作方法，而是既有的群众工作方法已不适应当前的基层治理环境。在群众观点上，权利话语的兴起让普通民众对个体利益的维护异常敏感，也更加强烈地要求政府为人民服务。而事实上，权利话语的兴起必然导致依法行政（以防止侵害公民权利）。一旦进入官僚制行政的逻辑，一线行政人员的自由裁量权将受到约束，官僚体制的惰性导致民众的需求无法及时、充分地得到满足。在群众动员上，改革开放后，国家治理领域几乎未曾进行过组织动员，但随着市场化媒体和网络的兴起，媒介动员在推动公共政策变革上的作用越来越大。在这个过程中，地方政府不可能有效应对媒介动员，群众动员的主动权已不在组织，而在媒体，这注定地方治理中的群众工作机制难以奏效。

当务之急是，找回群众路线在国家治理中的中心地位。一方面，应该重新审视群众观点在官僚制行政中的意识形态指导作用，让政治与行政的关系重新获得平衡；应该重新重视群众性组织在地方治理中的不可替代的地位，让正式行政和半正式行政相互配合；应该重视群众工作机制在国家治理中的优越性，让专业化与综合治理之间有效衔接。另一方面，如何让群众观点有效地吸纳权利话语，让群众动员适应媒介动员时代，是群众路线重新焕发生机的关键。

治理消解行政：对国家政策执行偏差的一种解释[①]

——基于豫南G镇低保政策的实践分析

印　子[②]

摘　要： 国家政策执行偏差是国家政策从文本到实践中的常见现象，既有的国家政策执行理论对其解释有力所不及之处。本文以农村社会保障政策执行为例，讨论资源下乡背景下国家政策在基层治理架构中的实践机制。研究发现，由于低保政策的“二线性”与再分配属性，低保政策执行不仅面临行政资源与执行动力不足的制度背景约束，而且被一线政策的执行所吸纳。乡镇政府对低保监管政策的选择性执行与优先排序执行，最终导致低保政策执行的停滞；富人治村主导下的治理模式则导致权力—利益网络对低保资源的垄断性侵蚀。由此，原有的政策目标被大量消解掉并产生各种偏差后果，治理消解行政成为农村政策执行偏差的主要原因。

关键词： 政策执行　低保政策　政策执行吸纳　代理人体制　富人治村　政府能力

---

① 本文的调查系与刘锐、张雪霖、成南南一同完成，文中的部分观点受到集体讨论的启发，特此致谢。

② 印子（1988—　），湖北荆州人，华中科技大学中国乡村治理研究中心博士生，研究方向：农村公共政策与乡村治理。

一　问题与进路

改革开放以来，中国的国家治理逐步迈上正规化、法制化和程序化的道路，尽管由于国家治理资源的匮乏，在少数治理领域中依然存在着运动式治理与常态社会共存的悖论①，但通过公共政策的治理日渐成为一种主导的国家治理形式。对后税费时代的农村社会而言，国家公共政策开始由资源汲取型向资源供给型进行总体性转移，国家开始全面进入公共服务型治理阶段；但是，在国家农村政策的实践中，出现了繁杂多样的"政策失灵"② 或"政策执行偏差"③ 现象。国家治理不仅需要制定系统科学的国家政策，更需要将政策落到实处，否则便有可能种下的是龙种，收获的却是跳蚤。于是，对国家政策偏差的理论解释具有重大实践意义。

（一）国家政策执行研究的两种进路

20 世纪 90 年代中后期以来，受西方政策执行理论④的启发与国内政策执行现实问题的刺激，国内学界开始围绕国家政策执行中的各种问题展开研究并产出了丰硕的理论成果⑤。近 10 年来，对国家政策执行过程中政策执行偏差的解释主要有两种进路：

一是政策执行经济学理论。从博弈论的角度出发，有的学者认为由于政策执行主体对自身利益的最大化追逐而造成政策附加、政策替代、政策残缺、政策敷衍与政策截留等政策执行主观偏差行为；而中央政府则相应地选择对地方政府的监管措施，由此便形成政策执行的博弈过程⑥。从信息与激励的角度出发，有的学者认为由于政策目标度量的困难性、激励强度的不足、政策制度的先天缺陷使得政策执行者牟取政策利益。另外，投

① 唐皇凤：《常态社会与运动式治理——中国社会治安治理中的"严打"政策研究》，《开放时代》2007 年第 3 期。

② 赵树凯：《乡镇治理与政府制度化》，商务印书馆 2010 年版，第 187 页。

③ 尽管有的研究用"政策规避"来指称政策执行过程中的一切使政策目标无法实现的执行行为，但本文则倾向于在中性与广义的意义上以政策执行偏差来指称政策目标与政策执行后果之间的背离现象。参见王国红《政策执行中的政策规避研究》，博士学位论文，中共中央党校，2004 年。

④ 丁煌、定明捷：《国外政策执行理论前沿评述》，《公共行政评论》2010 年第 1 期。

⑤ 贺东航、孔繁斌：《公共政策执行的中国经验》，《中国社会科学》2011 年第 5 期。

⑥ 周国雄：《地方政府政策执行主观偏差行为的博弈分析》，《社会科学》2007 年第 8 期。

票选举与分权制衡监督制度的缺失使得政策执行中无法规避信息隐瞒、监督者榨取、政策套利、代理人合谋、委托人相互推诿等政策执行问题。[①]从概念的包容度来看，除去政策执行主体主观意图之外的政策执行偏差，政策执行主观偏差行为几乎包含了政策执行偏差的所有行为。中央或政策执行监管部门对政策执行主观偏差行为可能无法直接察觉，这部分政策执行主观偏差行为被学者称为政策执行过程中的隐蔽违规行为。隐蔽违规行为的产生是由于信息不对称，从而使得政策执行过程中的各个环节均可能出现隐蔽违规行为[②]。

政策执行经济学理论主要包含对政策执行中偏差行为的原因解释与对策建构。在政策执行研究的经济学视角看来，政策执行中的政策目标之所以无法实现，其原因就在于执行主体为了获得自身利益的最大化而与上级政府之间展开博弈。政策执行研究经济学进路的优势在于使政策执行偏差问题的分析更具有可操作性，但其所包含的一个理论预设却是，政策制度本身的问题是无须考虑的，基于经济理性人的假设，政策执行主体对政策执行的偏差执行仅仅来源于基于自身利益最大化的成本—收益分析。

二是政策执行制度主义分析进路。政策执行研究的制度主义进路主张从政策执行的制度背景对政策执行效度影响力出发来分析政策执行产生偏差的原因，该分析进路着眼于从政府体制、权力配置、干部制度等方面寻找政策执行偏差的制度性原因并提出制度优化的政策建议[③]；而进一步的制度分析则揭示出，正是因为政策执行的制度背景与政策规则存在嵌入关系，不同的规则嵌入关系决定了政策执行的不同类型，因此政策执行偏差的原因在于政策规则本身与政策执行的制度背景的融洽度，不同程度的融洽度导致执行主体与目标群体之间的整合程度不同进而导致不同程度的政策执行偏差[④]。

---

① 谭秋成：《农村政策为什么在执行中容易走样》，《中国农村观察》2008 年第 4 期；丁煌、定明捷：《“上有政策、下有对策”——案例分析与博弈启示》，《武汉大学学报》（哲学社会科学版）2004 年第 6 期。

② 丁煌、吴艳艳：《政策执行过程中的隐蔽违规行为及其约束机制探讨》，《社会主义研究》2012 年第 2 期。

③ 丁煌：《我国现阶段政策执行阻滞及其防治对策的制度分析》，《政治学研究》2002 年第 1 期。

④ 吴小建、王家峰：《政策执行的制度背景：规则嵌入与激励相容》，《学术界》2011 年第 12 期。

政策执行制度主义视角能够有效发现政策制度与政策执行制度环境之间的嵌入性关系，因而有助于修正政策规则的制定与政策执行制度环境的建构；而之后一些学者对农业补贴政策的实证研究实质上也遵循了制度主义分析的进路，指出政策执行偏差的原因在于"职责同构"基础上的"逐级发包制"的府际关系制度特征，不过其对制度性变量的提炼则借鉴了经济学研究方法中的成本—收益分析①。

总体而言，上述两种政策执行研究都着眼于从政府体制、制度背景、主体博弈的角度来解析政策执行偏差的原因，在研究旨趣和分析角度上有相通之处，考虑到经济学的分析视角在理论旨趣上具有制度主义的倾向，因此可以将上述具有不错解释力的研究视为泛制度主义研究。但问题在于，囿于泛制度主义分析的经济理性人理论预设与以制度设计、修正、创新来化解政策执行偏差的理论旨趣，国家政策执行研究的泛制度主义进路对政策执行运作机制所造成的政策偏差及各种肇因之间的相互关联却缺乏足够分析与解释。因此，对国家政策执行需要更加微观的实践经验，需要在具体的政策执行运行机制中来突破制度主义分析的不足，以发掘出更具解释力的分析框架。

（二）国家政策执行研究的治理论进路

国家政策执行的治理论视角主张在具体的治理语境和治理机制中来分析国家政策执行的过程性和国家政策的实践机制，而这种分析进路实际上是在履行一种"迈向实践"的社会科学研究②。就农村政策执行而言，"上面千条线，下边一根针"，国家政策主要是通过乡镇政府来进行执行，而在实际的政策执行过程中，村级组织实际上成为协助乡镇政府进行国家政策执行的末梢主体。囿于制度主义的政策分析框架，既有的国家政策执行理论忽视了村级组织的政策执行主体地位，而将政策执行偏差现象中的执行主体仅视为县级政府和乡镇政府。在治理论视角看来，国家政策执行的行政过程实际上包含了基层治理的过程，国家政策需要从乡村两级治理

---

① 魏姝：《府际关系视角下的政策执行——对 N 市农业补贴政策执行的实证研究》，《南京农业大学学报》（社会科学版）2012 年第 3 期。

② ［美］黄宗智：《认识中国——走向从实践出发的社会科学》，《中国社会科学》2005 年第 1 期。

的总体性框架中来进行理解。

基层治理的研究表明，国家政策的执行与基层治理之间存在相互形塑的关系：资源汲取型政策的执行导致了基层治理中的“软硬兼施”和非正式权力技术的运用①，而这种基层治理模式使得农业税费的收取在得以完成的同时也不可避免地使得基层治理出现普遍性的税费利益共同体，以致不断增加的农业税费负担最终演化为20世纪90年代的三农危机；反之，农业税费取消之后，资源供给型政策的执行在重塑基层治理模式的同时也导致了新时期的“乡村治理内卷化”②和“基层社会的解体与重组”③，而这种基层治理模式的转变反过来又使得资源供给型政策在执行中发生了巨大的政策目标偏移。

后税费时期国家治理的特点在于国家对农村社会的资源供给，国家对农村开始进行大量的财政转移、资源补贴与政策扶持，通过项目的运作所形塑而出的全新的治理架构逐渐形成一种“分级治理”体制④。在国家对乡村当下所进行的长期性资源供给制度中，社会保障制度无疑最具代表性，“完善的社会保障制度，不仅可以解决贫困人口的生存问题，是社会的稳定器，对生产发展也具有重要的促进作用”⑤。自2007年中央政府在全国推行农村社会最低保障制度以来，该制度在缩小贫富差距、保障农村困难群众的基本生活权益、整合农村救助项目、开拓扶贫方式上均产生了巨大的社会效益⑥。近日，国务院更是颁布了《社会救助暂行办法》来统摄和整合国家社会救助制度体系。国家在农村所进行的社会保障制度建设不仅是国家治理转型下国家加强社会福利供给的一部分，也是现代国家再

---

① 孙立平：《“软硬兼施”：正式权力非正式运作的过程分析——华北B镇收粮的个案研究》，载谢立中主编《结构—制度分析，还是过程—事件分析?》，社会科学文献出版社2010年版，第155—185页。

② 贺雪峰：《论乡村治理内卷化——以河南省K镇调查为例》，《开放时代》2011年第2期。

③ 渠敬东：《项目制：一种新的国家治理体制》，《中国社会科学》2012年第5期。

④ 折晓叶、陈婴婴：《项目制的分级运作机制和治理逻辑——对“项目进村”案例的社会学分析》，《中国社会科学》2011年第4期。

⑤ 陈锡文、赵阳、罗丹：《中国农村改革30年回顾与展望》，人民出版社2008年版，第327页。

⑥ 李忠林、崔树义：《我国农村低保的现状、问题与对策》，《东岳论丛》2009年第8期。

分配制度建设的重要组成部分，也是国家进行政权合法性建设的重要构成①。

本文的研究侧重于考察国家低保政策执行过程中乡镇权力体制结构之下的政策执行架构与村级治理的具体语境，通过地方化的低保政策的建设过程和低保政策的实践机制来分析国家政策执行偏差现象及村级治理转型中的相关问题。首先，本文以国家低保政策在农村社会中的执行实效为例，来讨论国家社会保障政策的地方化建设过程；其次，从治理的角度出发来分析国家基层治理模式对国家政策执行的影响；最后，考虑到目前低保制度的研究多局限于单一的缺乏村庄经验和“过程—事件”分析的政策制度主义分析进路②，再加之低保实证研究中乡镇治理视角的缺失③，本文的分析进路实际上也力图推进对作为社会保障制度研究中的低保问题本身的认识。

本文的研究采用以结构化和开放式深度访谈为主要方法的实证研究方法，为了展开这一研究，2013 年 7 月初至 8 月初，笔者与调研组同仁在河南省 G 镇进行了为期一个月的乡村田野调查，对乡镇主要领导干部、民政所干部及案例村庄的村组干部、村民均进行了深度访谈。G 镇位于城郊地带，辖区面积 59 平方公里，耕地面积 6 万亩，人口 3.1 万，下辖 13 个行政村。为了深入了解低保政策的执行情况，笔者选择了 G 镇辖区内的 W 村作为重点案例村进行田野访谈。

二 农村低保政策的地方性建设与执行实效

在 2002 年城市低保开始普及之后，农村最低生活保障制度的建立成

① 王绍光：《安邦之道：国家转型的目标与途径》，生活·读书·新知三联书店 2007 年版，第 169—197 页。

② 邓大松、王增文：《“硬制度”与“软环境”下的农村低保对象的识别》，《中国人口科学》2008 年第 5 期；方菲、李华声：《农村低保制度的伦理失范以及矫治探讨》，《求实》2010 年第 8 期；李忠林、崔树义：《我国农村低保的现状、问题与对策》，《东岳论丛》2009 年第 8 期。

③ 郭亮：《从“救济”到“治理手段”》，《中共宁波市委党校学报》2009 年第 6 期；刘燕舞：《农村低保政策实践的社会基础》，《湛江师范学院学报》2009 年第 4 期；耿羽：《错位分配：当前农村低保的实践状况》，《人口与发展》2012 年第 1 期；魏程琳：《中国农村低保制度实践现状与问题分析——以 C 市鹦洲乡调查为例》，《战略与管理》2013 年第 5 期。

为民政部的重要议事日程。在中央政府推行全面性的农村低保制度之前，从1997年开始，国内有条件的省市逐步建立了农村最低生活保障制度。广东、浙江等经济发达省市相继出台实施了《农村最低生活保障办法》，以法律形式将农民纳入社会保障的范围。2007年国务院发布了《关于在全国建立农村最低生活保障制度的通知》（下文简称《通知》），这标志着农村低保制度已进入全面推进的新阶段。《通知》明确规定建立农村最低生活保障制度的目标是：通过在全国范围建立农村最低生活保障制度，将符合条件的农村贫困人口全部纳入保障范围，稳定、持久、有效地解决全国农村贫困人口的温饱问题。2008年年底，我国已有4284.3万人享受农村低保，农村最低生活保障制度基本建立①。

（一）农村低保政策的出台、完善与地方性建设

国家政策的出台往往是从地方走向全国，河南省的低保政策在国家性政策出台之前便开始执行，而进入国家政策执行阶段之后，又出现了低保治理中的困境与危机，低保治理问题使得低保政策得到不断的修正和完善，最终在2009年出台了地方性的低保政策实施办法以及阶段性的低保约束政策与激励政策。河南省于2006年开始全面建立农村最低生活保障制度，使得村庄里的经济困难农户开始享受国家的长期性社会救助。总体而言，2006—2013年，低保政策在本文所将要分析的基层治理场域中经历了地方政策阶段、国家政策执行阶段、地方性政策完善阶段三个大致的历时性过程。不同阶段的政策执行均会生产各自的执行实效，而政策的阶段性执行在某种程度上推动了下一阶段政策制定与政策修正。

W村的档案显示，低保政策执行在当时的主要特点是：补助标准低，按照每人每月8元的标准进行补助；低保名额少，以案例村的情况来看，全村仅32户82人中共63人享受低保；低保资源分配基本公平，从低保资金的适用对象来看，除少量低保人外，几乎做到了对老弱病残等社会贫困群体的经济救助。2007年国家开始全面建设农村低保制度之后，低保名额和低保补助金开始逐年上升。随着低保名额的不断增加，低保的评选开始成为村级治理中的问题之一。农业税费取消之后，国家基层出现了严重的治理危机，W村上访户、钉子户、人情户、关系户的不断涌现，在

① 《中国农村社保体系初步形成》，《人民日报》（海外版）2009年4月23日。

治理资源匮乏的情况下，不断增多的低保名额开始从救济资源变为了治理资源。

2006年低保政策实行以来，农村出现了应保未保、应退未退、骗保、冒领等现象，严重影响了农村低保工作的开展，为了保障低保政策更好地落实，地方政府于2009年5月开始加强了对低保制度执行的控制①，并对低保政策的具体方面进行了一系列改革，从工作的方向来看，主要是加强低保审核与完善低保管理；而对认定低保对象，要经过严格的申请、审核、审批程序：坚持村民自愿申请和村两委推荐相结合，经村两委会议、村民代表大会或村民大会讨论决定低保对象。乡镇政府要对所有低保户进行入户核查，区民政部门对申报入户抽查率不低于40%。地方政府开始在低保工作执行中也对低保制度本身进行了改革，比较典型的是实行分类施保制度，即根据低保居民家庭主要成员经济收入、身体状况和劳动能力等情况，将农村低保对象分为A、B、C三个等级，实行分类管理、分类施保、定期复核。从地方政府的行政文件来看，地方政府每年的低保工作都有一定的侧重点，例如2009年的工作重点便是“提高农村低保标准和补助水平，对现有农村低保对象进行全面复核认定，实行分类施保，基本上实现应保尽保”②。

为了使地方性的低保工作制度化，当地政府于2009年6月出台了县/区级的农村居民最低生活保障制度实施办法③（以下简称“《实施办法》”）以保证低保工作的顺利进行。从《实施办法》的内容来看，十五条实施办法对低保对象的认定、低保评选标准、低保分类、低保资金构成、低保监控与管理均作出了规定，为低保政策的具体落实提供了制度保障。《实施办法》按照国家、省级政府的低保制度来进行制定，并结合了地方低保政策的实践特点。从低保政策的地方实践来看，2009年出台的《实施办法》中最为重要的是加强了对低保资金的监管。2008年地方政府出现了村委会挪用低保资金的现象。低保政策实践中的低保监管漏洞倒逼政府在《实施办法》及之后的低保政策执行中不断加强对低保资金的检查和管理。例如2011年，地方政府开展低保执行情况专项检查实施方案，

① 《关于进一步完善农村居民最低生活保障制度的通知》（驻开政办［2009］6号）。

② 同上。

③ 《农村居民最低生活保障制度实施办法》（驻开民文［2009］19号）。

随后省政府开始低保政策执行专项检查①，于是地方政府便开展农村低保政策执行情况专项检查“回头看”工作②。除去低保政策系列中的实质性政策，关于低保政策执行的监管政策也不断出台，这些监管政策构成了低保政策执行的约束性政策。2012 年，G 镇将低保工作列入乡镇对村庄治理的考核指标③。从政策执行的角度来看，乡镇政府颁发的绩效考核政策构成了低保政策执行的激励政策，同样，县级政府在对乡镇政府的绩效考核中也出台了相对应的激励政策。

（二）低保政策执行实效与国家政策目标偏差

G 镇的低保政策由乡镇政府的民政所负责，后来在其内部成立了低保中心。从 G 镇低保政策实践来看，低保政策的执行主要依靠乡镇的民政所和村级组织，按照《实施办法》的规定，低保的评选程序是个人申请、村组干部提出评选意见、乡民政所审核、区（县）民政局审批。按照《实施办法》的规定，低保政策的执行分为三级管理制，区民政局具体负责农村居民最低生活保障的审批管理工作，各乡办负责具体的审核管理工作，而村民委员会具体承担农村居民最低生活保障的日常管理和服务工作。根据国家低保政策及地方低保实施办法的规定，可以大致将低保政策的目标分解为低保对象认定准确、低保评选程序民主化、乡村申报程序规范、低保资金发放无误、低保监管问题解决及时到位 5 项政策目标。

从 G 镇低保政策的总体执行情况来看，可以将低保政策执行大体分为制度建构期（2006—2009 年）与制度完善期（2010 年至今）。由于这两个时期低保政策具有较大的不同，因而在执行上也可以对应地作出一定的区分。制度建构期的特点是低保政策的不完善性，但在低保治理上也处于由低保资源分配合理到治理危机频发的发展时期。这个时期的政策执行实效可以归纳为：低保资源分配相对合理、低保户为低保资源分配的主要单位、低保评选程序去民主化、低保资金发放透明度低、低保治理危机频发。针对低保政策建构期中所出现的具体问题，低保政策不断完善，而期

① 《关于印发〈全省农村低保政策执行情况专项检查工作方案〉的通知》（豫纪发［2011］26 号）。

② 《关于对农村低保政策执行情况专项检查自查自纠阶段进行回头看的通知》（驻基廉办［2011］2 号）。

③ 《关于实行村级组织百分绩效考核制度的通知》（关文［2012］6 号）。

间出现的低保资金挪用的事件使得低保政策执行的监管政策不断出台。制度完善期中低保执行的特点是低保政策完备，但却出现了更加明显的选择性执行与消极行政问题，加之村级组织的自主性的不断增强，以至于低保治理出现更加普遍性的问题。

2006 年，低保刚实行时低保名额较少，在低保的分配上并没有实行等级制，后来随着低保名额总量的扩大和村庄内部低保受众之间在经济水平和家庭困难程度上的差异而开始实行低保评选和经济补助上的等级制。低保等级制的制度设计既考虑到了的低保资金的有效分配，使得不同贫困程度的村民能够得到适当的经济补助，也使得低保政策在执行过程中具有可操作性，否则低保分配的均等化使得低保不仅在分配上不好把握而且会刺激到村民的乡土正义观。2009 年，《实施办法》将低保分为三个等级，不同的低保等级表示不同的经济贫困程度，这三个低保等级以表 1 的形式反映出来：

表 1　　低保分类管理等级评选表（2009 年）

低保等级	等级标准	低保补助标准（每人每月/元）	比例
A	长期重点保障户：无劳动能力，无经济来源，无法定赡养人、抚（扶）养人的“三无”家庭	80	10%
B	长期保障户：家庭成员有一定劳动能力，但能力较差需要长期享受低保待遇的家庭	50	80%
C	短期保障户：符合低保条件，但就业能力强，短期内情况变化大	20	10%

在低保评选等级制之后，低保评选中最没有争议的是 A 级低保的评选，这部分低保占总低保名额的 10%，A 级低保不用经过评选程序，哪些人应该获得 A 级低保是熟人社会内部的地方性共识。B 类低保的评选也具有较少的争议，这类低保占总低保名额的 80%，这些低保主要给艾滋病患者、重病和重度残疾的农户。C 类低保的评选最为复杂，这类低保占低保总名额的 10%，这类低保的候选人往往经济条件高度统一，而且没有较为明显的被村民认同的外在贫困特征，因此这类低保的评选最容易产生村民的不公平感；而且这个级别里的低保指标也最容易产生关系保、人

情保和治理保。

根据G镇特别是W村的低保执行实效来看，低保政策的执行出现了巨大的政策偏移：低保人大量存在，从2006年之后逐年增多；关系保、人情保无法被有效排除，甚至在村庄语境内具有相当程度上的必然性；低保评选去民主化。低保评选在规定中设置了多层次的评选办法，村民和小组长都应该参与其中，但是低保在实际的评选过程中由村干部控制，村民和小组长都没有决定权与话语权；死人保的出现；低保缺乏有效的退出机制。低保的总名额是大体固定的，新增加的困难户能够享受到低保，需要已经去世和不再具有低保资格的低保户的退出，但是在关王庙村，早已度过经济困难阶段的低保户却长年享受着低保；为了治理上访户、钉子户而出现的治理户侵占低保资源；低保资金被截留或挪用的现象被约束性政策出台后的政策选择性执行所杜绝，低保资源下乡出现体制性阻断。

三　政策执行吸纳与政策优先执行

乡镇中心工作的多样性使得乡镇同时具备了汲取/赢利、悬浮、服务与应急四大特性①。正在进行大规模的土地开发的G镇，形成了围绕土地财政的开展工作的中心工作模式。由于中心工作的特点在于“围绕上级部署的各种任务而展开的阶段性工作”②，这些工作需要集中力量来全力解决，否则就有可能被上级政府在行政检查考核中一票否决。从中心工作与非中心工作的划分可以将乡镇政府工作中所涉及的国家政策区分为一线政策与二线政策③。由于G镇为市郊镇，全镇的中心工作便围绕着土地展开，除了乡镇日常的工作人员，其他所有领导干部职工均加入拆迁的工作组之中。除了这种运动式的中心工作，平时的招商引资、治安维稳、项目

① 欧阳静:《策略主义：桔镇运作的逻辑》，中国政法大学出版社2011年版，第226—234页。

② 吴毅:《小镇喧嚣：一个乡镇政治运作的演绎与阐释》，生活·读书·新知三联书店2007年版，第17页。

③ 国家工作中一线与二线的区分已经被一些学者使用，参见［美］黄宗智《法典、习俗与司法实践：清代与民国的比较》，上海书店出版社2007年版，第9页；董磊明《宋村的调解：巨变时代的权威与秩序》，法律出版社2008年版，第85—86页；吕德文《中心工作与国家政策执行——基于F县农村税费改革过程的分析》，《中国行政管理》2012年第6期。

争取、违建执法等工作也属于乡镇的一线工作，而一线工作中涉及的国家政策的执行自然成为乡镇政权运作中的一线政策，而其他的工作则均为二线工作，其中涉及的民政优抚、农合社保、环境整治、安全生产等国家政策则可以视为二线政策。

（一）“二线政策”执行与政策执行吸纳

在行政资源有限和上级考核指标压力之下，乡镇在政策执行中倾向于将稀缺的行政资源向一线政策进行偏斜。民政所的工作内容繁杂而且任务量巨大，但G镇低保政策执行中人力资源明显不足而物质资源也极为匮乏。一线政策执行不仅是因为上级政绩考核，而且在乡镇政权和经济利益分割中具有重要的位置，因此一线部门的工作人员具有进行一线政策执行的政治动力和经济动力；而二线部门的工作人员既无政治前途又无经济回报，得过且过和消极怠工是其基本的行政行为逻辑。

从低保政策执行过程看，低保的评选由村级组织一手控制，虽然村级组织无法从低保补助中获得好处，但却掌握着低保资源的分配。简而言之，乡镇一级在低保政策执行中的作用仅仅是负责低保工作的形式部分，而低保执行的实质工作都在村庄内部完成。尽管国家赋予乡镇一级以低保工作的监管权，但乡镇低保中心除了进行低保政策的形式工作之外，对低保的监管和检查仅能依靠乡村内部的举报制度，即由村民对不合格的低保农户进行检举和揭发，由村级组织向乡镇低保中心进行汇报之后再由乡镇下乡进行核查，然后对不合格的低保户进行低保资格的取消。但问题是，村民一般几乎很难进行熟人社会内部的检举，熟人社会内部的乡土逻辑和村民在村庄内部的长远预期就决定了检举制度设置的不可行。

一线工作大多涉及经济开发与综治维稳，在治理资源匮乏的情况之下，低保时常被用来作为乡镇与征地拆迁钉子户和上访户进行博弈中的治理资源。在二线政策执行缺乏行政资源和行政动力的前提下，一线工作便容易对二线政策的执行造成干扰。具体而言，拆迁办和综治办在进行工作时会默许村级组织对钉子户、上访户进行“低保安抚”。政策执行吸纳广泛地存在于乡镇政权的实际运作之中，乡镇为围绕中心工作而往往牺牲掉低保政策的政策目标。另外，一线工作的实行必然导致对二线工作行政资源的吸纳，G镇围绕土地开发展开的百日大会战就直接牺牲掉了乡镇的大部分二线工作，乡镇的整个部门都被抽掉人手直接进入征地拆迁工作组进行工作，而导致这些干部手头的工作直接停滞。也就是说，一线政策的执行不仅吸引了乡镇政权的主要行政资源，而且牺牲掉了二线政策的政策目标，即一线政策的执行吸纳掉了二线政策的政策执行资源与政策目标，这可以称为“政策执行吸纳”。

（二）政策执行监管与政策优先执行

政策执行吸纳可以解释低保政策在政策执行中的制度约束问题，却无法解释低保政策执行中的运作机制问题。2008 年，低保政策执行出现的低保资金挪用与一般的低保资源分配问题具有本质不同。低保资源分配问题在全国都较为普遍，这些低保错位现象的出现有国家政策统一化与农村社会基础之间存在张力的原因，也有基础治理中治理资源匮乏和治权弱化的原因。尽管国家政策执行中普遍存在“软政策执行”的现状①，但低保资金挪用问题的重要之处则在于，其不仅涉及乡镇与村级组织体制层面的问题，而且涉及政权合法性的问题。

低保资金被挪用表明基层政府对低保资源的监管出现了失控。在官僚体制内部，低保资金滞留或挪用意味着国家权力的失控，即上级政府无法有效地监控乡镇，乡镇在低保政策执行中任意而为；在国家与乡村社会关系上，则意味着国家无法有效控制乡村社会，村级组织不再作为国家权力的代理人而受到基层政府的信任。尽管国家权力在漫长的治理历程中一直都很难全面监控乡村代理人，但是一旦乡村社会中出现恶性的涉及社会稳定和国家政权合法性的秩序失范事件，上级政府便面临巨大的政治压力，来自底层社会的治理问题很容易通过恶性事件直接刺激到国家的政治神经②。

作为二线政策的低保政策在基层政府的日常行政工作中显然并不重要，但是低保资金问题的重要性则在于能够刺激到基层政府的政治神经。乡镇日常工作重要性的区分一般来源于行政考核压力和自身的利益驱动，而乡镇政权运作中最为重要的是乡镇政权的合法性问题。这里的政权合法

① 李元珍：《央地关系视域下的软政策执行——基于成都市 L 区土地增减挂钩试点政策的实践分析》，《公共管理学报》2013 年第 3 期。

② 吕德文：《中心工作与国家政策执行——基于 F 县农村税费改革过程的分析》，《中国行政管理》2012 年第 6 期。

性需要放置于乡镇政权所处的国家与社会之间的中间位置来进行理解[①]，即政权合法性在乡镇治理的角度主要是指上级政府部门相对于作为低端政府部门的乡镇所面临的政权合法性问题与乡镇政权相对于村庄社会的政权合法性问题，即官僚体制内部的国家权力合法性问题和农民与国家关系中的政权合法性问题。

低保资金问题无疑同时涉及了这两种合法性问题，为了防止这种合法性危机的出现，上级政府每年都会开展低保政策执行的纪律检查工作。从2009年出现低保资金被挪用事件后，上级政府加强了对低保政策执行的检查和监管，并定期进行各种专项检查工作，其中2011年专项检查工作的重点在于对象认定、申报程序、资金发放三个层面，其中最重要的是对资金发放的审查，重点查看农村低保资金是否按时足额由金融机构代发，是否有滞留、挪用、挤占、套取、虚报冒领低保金等违规行为。2011年，地方政府开展低保执行情况专项检查实施方案，随后省政府下发专门的检查文件[②]，于是地方政府便开展农村低保政策执行情况专项检查“回头看”工作[③]。因此，在防止治理合法性危机压力与“不出事逻辑”[④] 的治理模式下，G镇对低保政策约束政策的执行便选择性地重点执行容易出事与出事后果严重的政策单项，“在最有益的地方投入他们的时间和资源”[⑤]，而对那些既耗费行政资源而无法出现行政绩效的政策项目便弃之不顾。

当地政府在2009年的低保制度建设中重点加强了对低保资金的监管问题并在随后的《实施办法》中明确了对低保资金的监管。《实施办法》十五条的内容表明，低保政策在乡镇政策执行的政策系列中构成了由不同政策项目组成的政策束。

---

① 欧阳静：《运作于压力型科层制与乡土社会之间的乡镇政权：以桔镇为研究对象》，《社会》2009年第5期。

② 《关于印发〈全省农村低保政策执行情况专项检查工作方案〉的通知》（豫纪发［2011］26号）。

③ 《关于对农村低保政策执行情况专项检查自查自纠阶段进行回头看的通知》（驻基廉办［2011］2号）。

④ 贺雪峰、刘岳：《基层治理中的“不出事逻辑”》，《学术研究》2010年第6期。

⑤ ［美］戴维·罗森布鲁姆、罗伯特·克拉夫丘克：《公共行政学：管理、政治和法律的途径》，张成福等校译，中国人民大学出版社2002年版，第386页。

表2　低保监管政策执行项目表

检查项目	具体内容	项目检查方式	政策重要性
对象认定	查低保对象确定准确程度；家庭收入联合调查核算小组；拉网式排查；清退数额；拆户保、合户保、人情保	常规检查项目、工作量大	次要级
申报程序	基层资料、报批程序执行	文件检查	次要级
资金发放	资金发放、资金违规	高压线、一票否决	优先级
问题解决	基层政府对问题的实际解决效果	运动式检查	次要级

低保政策束涉及低保评选、低保认定、低保资金和低保监管等政策目标，其中低保监管是低保政策束中除了低保评选外最重要的政策项目。从政策目标的重要性来看，低保资金问题直接关涉国家政策执行中的合法性问题，于是低保资金监管成为低保政策执行中的“高压线”，属于低保政策执行的最优级别，而其他的政策执行项目则属于次要的政策执行对象。也就是说，为了加强政策执行监管，基层政府需要对国家政策系列中的单项政策束进行政策执行上的等级排序与选择性执行。

令人吊诡的是，基层政府在应对上级检查中采取了“一刀切”的办法，即由于低保资金在低保政策束中的优先序列位置而通过选择性执行来加强对低保资金的监管，而这种监管上的政策优先执行却使得其他的监管政策缺乏执行力度。与此同时，乡镇政府所采用的限制低保指标扩大、冻结低保评选与高度形式主义的低保户评选办法，这些实际上是一种不出事逻辑支配下的消极行政的治理逻辑①。如此一来，国家的低保资源无法有效下乡，而乡村社会却需要低保资源的福利供给，于是便出现了低保政策实践中最为严重的政策目标偏移。正是低保政策执行中制度背景与乡镇政权的中心工作治理模式使得低保政策在村庄内部的运作处于国家权力不在场的状态，国家政策执行中国家的悬浮为村级执行环节生产出大量的利益运作空间。

① 贺雪峰:《小农立场》，中国政法大学出版社2013年版，第171—182页。

四　政策执行代理人体制失灵：富人治村下的村庄内部解释

如果乡镇政府构成了国家政策执行中的国家权力末梢，那么村级组织却构成了国家治理中国家与乡村社会的节点。农业税费时期，乡镇需要村干部协助来完成国家税费的收缴，在这种乡村关系中，乡镇有求于村干部，而村干部可以在乡镇权力互动的过程中具有一定的话语权，甚至在农业税费负担繁重时期，乡镇与村干部结成了农业税费利益共同体①。农业税费取消之后，国家与农民的关系发生了巨大的变化，其中最为突出的便是村干部对于乡镇来说不再成为完成国家资源汲取的有效工具，村干部的也不再具有往日的村庄权威，总体而言，乡村两级的治理权威不断式微，村干部大量成为“赢利性经纪”②。

（一）村干部角色类型的独立性与自主化

在后税费时期的乡村治理中，村级组织已经开始悬浮于村庄社会，这种悬浮状态甚至不是国家政权意义上的③，而是村庄社会内部秩序本身发生了结构性的分离，即村级治理与大多数村民之间利益互动锐减，村庄中的大多数事物由村组干部独自完成或依靠自己的私人利益网络来完成。根据笔者的调研经验，村干部在后税费时期的行为逻辑和行动类型大致可以分为三类：大多数村干部在日常的治理中无法向税费时期获得税费提成收益，在村治中消极无为，是村庄治理中的消极行政者；而一些村干部则依靠向上跑项目来获得村庄的建设和发展并从项目建设中获取经济收益，是村庄治理中积极的赢利型经纪；还有一些村干部自己本身就是经济能人，通过自己的经济能力获得村庄体制性权力后依靠自己的体制性身份来拓展自己的经济收益，是凌驾于村庄之上的地方豪强。

G镇W村是典型的富人治村治理模式，W村的村支书和村主任均为

---

① 贺雪峰：《论乡村治理内卷化——以河南省K镇调查为例》，《开放时代》2011年第2期。

② 吕德文：《乡村社会的治理》，山东人民出版社2013年版，第148页。

③ 周飞舟：《从汲取型政权到“悬浮型”政权——税费改革对国家与农民关系之影响》，《社会学研究》2006年第3期。

工程老板，都有自己的工程公司，年收入在百万元以上，这两位主要村干部在村庄选举中的花费约30余万元，而且自己每年投入近10万元作为村级组织的办公经费。但通过村庄体制性的身份和资源，村庄体制精英却可以获得巨额的工程资源，在乡镇甚至是县市的开发中都能够得到工程机会。从低保政策执行来看，村两委干部对低保的评选具有绝对的控制权，W村的低保评选由村干部一手控制，村民代表和村民小组长都无法参与到低保的评选过程中来。如果说人民公社体制解体之后村干部的角色类型经历了从“代理人—当家人”到“守夜人—撞钟者”的转变，那么农业税费取消之后，村干部的角色类型尽管在体制上依然处于国家权力与社会秩序的中间位置，但是从富人治村的角度来看，W村的村干部实际上具有自身的主体性，这种主体性表现为村干部的经济上的独立自主性、村级治理中的自我实现性，既不体制性地有求于乡镇，也不需要对村民软硬兼施，而是为了自己的利益而获得村庄的体制性位置。从村干部的生成机制来看，W村的村干部具有不同于以往的村干部的双重角色，富人治村下的村干部的角色主要是“经济人—行政人”的双重身份。

（二）政策执行代理人的失灵

2012年，G镇对村级治理进行改革，企图通过行政绩效考核来加强对代理人体制的强化①。与“一票否决”的社会治安工作和计划生育工作等“一线工作”相比，属于民政优抚的低保工作在乡镇对村两委工作的考核中是“二线工作”，在百分制中仅占1分。百分制考核的实质是，乡政府在土地财政的背景下，面对利益密集区的村庄需要加强对村级组织的有效控制，希望通过对村级组织的官僚化来实现对村组两级的政治吸纳。土地财政使得乡镇有足够的资源实现对村级组织的官僚化，通过每年10万元的办公经费供给，顺利地实现了对村级组织权力属性的行政化转换。乡镇政府通过制度化的方式对村庄事物进行办公经费的拨付，这并非黄宗智所指的通过非正式行政的“简约治理”②，而是使得村级组织开始半官僚化。就治理目标而言，乡镇期望通过办公经费的绩效化考核来调动村

---

① 《关于实行村级组织百分绩效考核制度的通知》（关文［2012］6号）。

② ［美］黄宗智：《集权的简约治理——中国以准官员和纠纷解决为主的半正式基层行政》，《开放时代》2008年第2期。

级组织进行村庄治理的积极性，以完成村级治理的乡镇治理化。但村干部角色类型的独立性与自主化使得村级组织无法被进行指标化考核与办公资源供给的乡镇所完全吸纳，这样在国家政策的执行中，村级组织在代理人体制失灵的治理架构下便获得了较以往更大的自主权甚至是治理上的垄断权。

按照官僚体制的逻辑，乡镇为村级组织提供全年的办公经费，村级组织就应该积极为乡镇做事，这样村级组织就类似于乡镇在村庄的派出机构，是一种半官僚化的行政设置。但是，村干部的产生不是由乡镇决定，而是由村庄民主选举产生。也就是说，不管村民自治的效果如何，即使是村庄选举由于普遍性的贿选而缺乏足够的合法性，但重要的是村干部不是在官僚体制内部产生的，不具有压力型体制的制度性约束。W 村的主要村干部的生产路径基本上是富人治村的模式①，在乡镇无法决定村干部人选的前提下，仅仅依靠乡镇财政的转移进村实际上无法完成村级组织的官僚化转换。在乡镇政府推行的百分制绩效考核之前，低保政策被村干部一手把控，低保资源的分配并没有推行《实施办法》中的民主评议制度。村干部的工作没有明确的重点，乡镇对村级治理的各项工作都很难开展。百分制绩效考核制度推行之后，各项工作被量化为具体的考核指标，低保工作的次级性在村庄层面得到进一步的强化。农业税费时期，代理人体制便不断式微，税费改革强化了乡村干部行政的消极性，实际上加速了代理人体制的式微②。富人治村兴起之后，代理人体制实际上完成了权力的利益网络对“权力的组织网络”③ 的替代，乡镇政府对村级组织官僚化的企图不仅无法奏效，反而会使得国家的办公资源沦为村庄权力精英维系权力的利益网络的润滑剂。

五　政策执行信息不对称与基层政府能力

本文考察的是资源下乡背景下单项农村政策在乡村治理架构中的执

① 袁松：《富人治村——浙中吴镇的权力实践（1996—2011）》，博士学位论文，华中科技大学，2012 年。

② 吕德文：《乡村社会的治理》，山东人民出版社 2013 年版，第 170 页。

③ 强世功：《法制与治理：国家转型中的法律》，中国政法大学出版社 2003 年版，第 100—110 页。

行情况。从农村低保政策的政策特性来看，乡镇政府和村级组织对低保政策的执行并不存在其他农村政策执行中可能出现的因“农村政策目标的模糊性、多重性及相互冲突为度量政策效果带来的困难”①。也不可能出现政策类型理论中的再分配政策执行容易造成的涉及巨大的利益的转移而容易引起大量的利益博弈，进而导致一系列的政策执行阻滞与偏差现象②。文本的分析将展示，低保政策在执行的过程中也出现了类似的政策实践异化现象，但其生产的原因并不是由政策关联利益过大所导致的利益博弈所引发的，而是与基层治理中的信息不对称和基层政府能力有关。

（一）政策执行中的双向信息不对称

对于乡镇而言，低保政策的执行需要乡镇对村庄社会实地情况的了解，但是，乡镇对村庄不可能十分了解，只可能借助村干部来完成国家低保政策的落实。就低保的动态管理而言，乡镇需要村级组织提供的有效信息，但在村庄内部的治理逻辑之下，村级组织不可能对村庄的低保信息进行完整的了解，甚至从政绩动力的角度来讲，乡镇一级缺乏对低保政策进行监督的动力，只要上面不考核下面不出事，乡镇一级便毫无对低保政策进行村级治理的动力。于是低保政策在乡村治理的架构中时常面临着信息上的双向不对称问题。

“一个政府的有效运作取决于对信息流动的仔细掌控。”③ 在低保政策执行中，乡镇政府的困境在于，民政所无法对村庄的社会信息进行有效的收集和把握，而只能依靠村级组织。也正是由于信息不对称的原因使得村级组织在低保政策执行中可以顺利逃避原本就缺乏监管动力的乡镇权力的监管和抽查。也正是由于乡镇对低保政策执行在实质意义上的无效性和村民对低保进行内部监督动力的缺乏，村级组织便成了低保政策执行的一个关键节点。在低保政策执行的过程中，村级组织掌握了乡镇的低保名额总数和村庄内部的低保户的实际情况，村级组织利用村民和乡镇之间的信息

---

① 谭秋成：《农村政策为什么在执行中容易走样》，《中国农村观察》2008 年第 4 期。

② 魏姝：《政策类型与政策执行：基于多案例比较的实证研究》，《南京社会科学》2012 年第 5 期。

③ ［美］孔飞力：《叫魂：1768 年中国妖术大恐慌》，生活·读书·新知三联书店 2012 年版，第 161 页。

不对称来控制低保资源的实际配置。

低保政策执行过程中的关键一环是村民对低保名额信息的知晓，在实地调查中，我们发现村民对低保名额总数并不知晓，对村级组织所获得的名额指标和实际公示出来的低保总数也不知道，另外村民对低保的评选情况也仅知道自己的结果，对最终的总体结果和自己落选的原因也不知道。村民既然不知道国家给予村庄的低保资源总量，那么在申报的过程中便很难知道低保评选的最终结果。另外，低保是在全村范围内进行评选，整个村庄在自然村内部便是一个村庄内部信息更加不对称的半熟人社会，村民只可能知道自己自然村或村民小组内的评选信息，而几乎难以知道全村整体的低保评选信息。

因此，就村民而言，村民所面临的是一种双重的信息不对称，一是村民对国家低保资源总量信息的不对称；二是对村庄内部评选结果的信息不对称。在这两种信息不对称中，前者的原因在于村级组织；后者则在于村庄社会的结构性特征。这两种信息不对称的综合作用便导致了村民在低保政策的运作中的缺位，即村民称为单纯的政策执行对象。国家所设立的低保政策制度中所包含的村民自主性监督便在村级治理和村庄社会的结构性特征中成为文本中的制度。对于国家政策在农村社会的走样，一种观点认为是因为村民参与程度偏低使得国家政策的执行缺乏民主监督①，毋庸置疑，村民的参与的确能够促进低保评选的公平与公正，但是 W 村的村民并没有如西方市民社会中的公民那样的权利意识与参与意识，在当下希望通过村民的参与来缩小政策执行的偏差程度具有农村社会基础上的现实困境。

（二）政策执行的政府能力基础

乡镇对村庄信息的不了解可以视为国家权力对村庄社会深入的局限。这种国家权力的局限性主要表现为基层政府“福利认证能力”② 的不足。在现有的治理架构和村庄社会现实环境之下，基层政府的福利认证能力无法完成对村民经济水平和村庄贫困指数的采集和分类。在基层治理的理想

---

① 周晨虹：《农村公共政策执行中的农民参与研究》，《山东社会科学》2011 年第 10 期。

② 欧树军：《国家基础能力的基础：认证与国家基本制度建设》，中国社会科学出版社 2013 年版，第 16 页。

类型中，国家权力其实只需通过村级组织便可以很好地拓展自身无法克服的认证能力不足的问题，村组干部的地方性知识便成功地补充了基层政府的福利认证能力。但是代理人体制的失灵使得乡镇政府在再分配型政策执行的过程中成为盲人，所谓的“自上而下”与“自下而上”① 相结合的农村福利认证形式仅仅流于表象。

G 镇在基层治理中也许意识到了对村级组织的失控，特别是富人治村成长为主导型村级治理模式以来，乡镇政府越来越无法实现对村级组织的有效控制。也许是为了重塑乡镇权力对村级组织的控制力，乡镇政府于 2012 年实行了村级工作百分制绩效考核制度，但是这一制度的实践表明，乡镇权力对村级组织的官僚化并没有取得成功，反而使得国家低保政策的执行更加弱化。乡镇政府为了保障低保政策执行的安全，开始刻意控制低保指标与低保户的严格申请，这表面上遵从了国家低保政策，但实际上却造成了低保资源无法下乡。在基层认证能力不足、代理人体制失灵与村级组织官僚化失效的前提下，乡镇政府所采取的低保政策执行中的执行冻结策略实际上是保障治理不出事的最有效的无奈之举。

乡镇政府对国家政策的执行是乡镇政府能力的主要方面，从以上的分析中，我们可以简要地得出国家政策执行需要增强乡镇政府的行政能力，这其中最为主要的是乡镇政府对农村社会基本信息获知的认证能力与对村级组织的管控能力。也就是说，国家政策执行本身即是基层政府能力的内在要求，G 镇低保政策执行的经验表明，乡镇政府的国家政策执行能力需要以认证能力和对村级组织的制约能力为基础。正是由于乡镇治理模式本身的特性与村级治理模式的转变使得乡镇政府的通过村级组织的认证能力，从而使得国家低保政策的执行陷入困境。

六 治理消解行政:国家政策执行的分析框架

对国家政策执行偏差现象的解读大多着眼于对执行偏差的制度性理解或是制度性解决，而本文则有另外的追求。本文的分析进路是从基层治理的角度来展开对低保政策执行的治理机制分析，以达到对国家政策执行偏

① 欧树军：《国家基础能力的基础：认证与国家基本制度建设》，中国社会科学出版社 2013 年版，第 164 页。

差现象的有效理解，即从低保政策在乡镇政权与村级治理及其两者之间的互动中来展现国家政策在阶层治理架构中的实践机制。这里我们可以对全文所展示出来的国家政策的实践机制及相关命题进行简要的理论提升，以形成对国家政策执行进行分析的基本框架：

第一，国家政策本身与国家政策执行之间具有相互形塑的关系。早期的国家政策往往以地方政府政策为基础，地方政府政策的执行经验最终会参与国家政策的制定，国家化之后的政策在执行中由地方政府执行，国家政策的地方化执行允许地方政府进行因地制宜的实施性政策的制定，并最终在全国形成一系列的地方性国家政策实施办法。

第二，国家政策的执行与乡镇政权的属性与国家政策的类型具有紧密的关联，位于压力型体制中的乡镇政权围绕中心工作来展开行政资源的配置，无法成为中心工作范围的国家政策执行将成为乡镇政府眼中的二线工作。二线工作的地位则使得二线政策的执行无法获得有力的行政资源支持与官僚系统的重视。就二线政策的执行主体而言，由于二线政策执行本身所需要的高成本与所获得低收益，使得二线政策的执行不仅在客观上缺乏执行资源，而且在主观上缺乏执行动力，而这导致政策执行中的执行疲软与监管弃权。

第三，在基层的治理架构中属于再分配型的二线政策，其政策地位决定了乡镇政府的行政资源无法为政策执行提供足够的制度条件；二线政策的执行无法为乡镇政府带来直接的经济收益，二线部门对政策的执行缺乏足够的行政动力；在基层治理资源匮乏的约束下，一线政策执行对二线政策执行进行了治理性吸纳，主要表现为低保作为治理资源来服从和服务于一线工作。

第四，乡镇政府能力对政策执行的影响。在国家政策执行过程中，关涉政策执行的政府能力主要是认证能力与控制能力。乡镇政府的乡村社会认证能力一直以来都依靠村级组织，但富人治村成为主要乡村治理模式之后，代理体制的失灵使得乡镇政府的认证能力逐渐式微。技术治理能力的不断提升，也无法替代对熟人社会中非标准化的村庄信息的收集与认证。乡镇对村级组织的控制能力也不断下降，直接影响到了乡镇政府对国家政策执行在村庄层面的落实。

第五，村级治理模式对政策执行的影响。富人治村治理模式使得国家社会保障资源的分配被村级组织所垄断，村民代表与小组长均被排斥在政策资源分配的制度之外。村庄体制精英利用自身的体制权威实现了村庄治理秩序的稳定，政策资源的垄断性分配有效克服了村民自治下的分配的门头竞争与结果的不公平，但其弊端在于政策资源被权力—利益之网所侵蚀，出现各种政策执行偏移后果。

如前所述，国家政策的执行包含乡村两级治理主体，在乡镇治理层面，社会保障政策的二线性、再分配属性决定了在压力型体制下以中心工作为中心的乡镇政权不仅无法为政策的执行提供足够的行政资源，而且使得一线政策的执行吸纳掉二线政策的政策目标与政策执行资源。在村级治理层面，富人治村意味着村干部角色类型完成了从传统的双重角色向经济人与行政人新双重角色的转变，村级组织的自主性随之增强。村级组织一方面被乡镇官僚化的体制吸纳，另一方面却获得了更加脱离于官僚体系的独立性，作为协助乡镇完成国家政策执行的代理人体制发生失灵，其后果在于，乡镇对乡村社会缺乏足够的信息认证能力和政策执行能力，使得乡镇无法对村级组织的社会保障政策执行进行有力的监管，而村级治理的逻辑使得社会保障资源被大量地充当治理资源以服务于乡村政治的权力—利益网络。社会保障政策执行的失控最终导致政策执行监管层面的治理危机，乡镇政府对上级政府出台的约束政策的选择性执行与社会保障资源评选上的消极执行使得一方面低保失控的现象更加严重，一方面使得低保资源下乡遭遇体制性阻断，缺乏有效的低保退出机制的乡土社会的社会救助需求被阻挡在村庄大门之外。

因此，本文的分析为理解国家政策执行偏差提供了一个分析框架，从全文的分析来看，可以将这样一种由基层治理机制所生产出来的国家政策执行的偏差现象的过程称为“治理消解行政”。治理消解行政是指，从国家政策执行的行政效果来看，由于基层治理模式所形塑出的国家政策实践机制使得国家政策执行出现大量的政策目标偏移与执行异化问题。

七 总结与讨论

董磊明曾用“政治牺牲行政”来概括农业税取消后，由于基层政府财政资源匮乏所造成的基层政府行政能力的弱化，其实质在于国家为了追求政治合法性而牺牲掉基层政府的行政能力甚至国家政策执行主体[1]。这种分析揭示出了农业税费取消后乡镇政府的治理带来的行政能力不足的恶果，其实质是基层治理中“政治的逻辑”对“治理的逻辑”的替代[2]；本文的分析则展示出，基层的治理模式使得国家低保政策的政策目标被大量消解掉并生产出各种偏差后果。在本文中，治理需要从工具性的意义来理解，其所指的既包含了基层治理的资源、架构与机制，也包含了作为治理主体的国家政策执行主体的政策执行行为；行政则侧重于作为行政行为的国家政策执行的过程与对国家政策目标的行政追求，“关注的是执行的效率与效果”[3]。治理与行政具有乡村治理意义上的共时性，但本文的所指具有各自的侧重。本文提出的“治理消解行政”则侧重于在“政治牺牲行政”的基础上，对乡镇政府行政能力与村级治理中的政策执行能力进行更为整体主义同时也更为微观的治理机制研究。值得注意的是，治理消解行政尽管是从治理的视角来理解行政，但是国家政策的执行在当下中国基层治理的现状下不可能成为纯粹的行政问题，而需要将行政/国家政策执行作为政治—治理过程来进行理解。这样一来，在治理消解行政的同时，每一次的行政运作与国家政策执行实际上也在不断地形塑或又一次强化了治理机制本身，进而消解掉了作为目的的治理本身，而或许这种循环就构成了一种在短期内难以化解的并无法将两者进行有效区隔开来的治理死结或行政困境。

王绍光曾将中央政府的国家能力划分为强制能力、汲取能力、濡化能力、监管能力、统领能力、再分配能力、吸纳能力、整合能力 8 大方面[4]，与此相关的是中央政府对国家制度上的建设。本文所讨论的低保国家政策执行的问题，实际涉及的是对国家能力的落实的问题，即基层治理能力的问题。基层治理能力虽然不属于王绍光所讲的国家能力，但却关乎国家能力所涉及的大量政策在基层社会的真正实现。因此，从这个意义来讲，加强基层政府的行政能力建设就显得尤为重要，这应该是一个值得研

① 董磊明：《宋村的调解巨变时代的权威与秩序》，法律出版社 2008 年版，第 95—97 页。

② 贺雪峰：《税费改革的政治逻辑与治理逻辑》，《中国农业大学学报》（社会科学版）2008 年第 1 期。

③ 赵树凯：《乡镇治理与政府制度化》，商务印书馆 2010 年版，第 294 页。

④ 王绍光：《安邦之道：国家转型的目标与途径》，生活·读书·新知三联书店 2007 年版，第 541 页。

究的重要课题。就本文分析的农村低保政策而言，也只有增强基层政府的行政能力与强化村级组织的代理人体制才能确保国家政策在农村的顺利落实。

行政消解政治

——理解富人治村的一个视角①

刘　锐②

摘　要： 本文将“行政消解政治”借鉴到对村庄治理的考察中，试图讨论乡村治理危机背景下，富人治村在维持村庄表面稳定的同时，所带来的巨大政治问题。在村庄已分成“精英—民众”的条件下，村庄选举及村级治理变成精英共治形态。富人在众望所归中登上村政舞台，其为村庄社会秩序、乡镇治理绩效带来益处。在村民政治效能感低的背景下，富人村干部要有效牟取私人利益，最好的策略是笼络住精英，建立利益共同体，结成权力的利益之网，然后汲取各类政经资源。富人村干部在维持表面权力结构稳定的同时，带来了基层权力的失控及治理合法化危机，为村庄政治的回归提供了极大的可能性。

关键词： 富人治村　精英俘获　治理逻辑　政治后果　行政消解政治

一　问题提出

改革开放以来，随着市场经济体制的确立及国家治理方式的变革，乡

---

① 本文观点的形成得益于与宋丽娜、印子、陈文琼、张雪霖、成南南等学友的集体讨论，在写作过程中得到袁松博士的诸多帮助，在此一并表示感谢。

② 刘锐，男，汉族，湖北十堰人，华中科技大学中国乡村治理研究中心人员，博士生，研究方向为土地问题与基层治理。

村关系及村庄结构出现新变化，主要体现为乡镇治理与村民自治的关系，农村经济分化对基层治理的影响。在农村经济社会快速转型及“乡政村治”格局广泛确立的背景下，保证基层社会稳定及乡村治理的有效，不仅事关基层组织合法性及基层民主建设，而且影响农村社会发展及国家政权建设。富人治村作为新时期重要的村治现象，是乡村治理模式转换的必然选择，是维系乡村秩序的自主调适，对基层民主发展提出新要求。学界关于富人治村的研究主要有三种进路：

一是民主—价值的视角。即探讨社会分层背景下，富人治村对基层民主的影响。徐勇认为，能人治理能推动社区经济发展，能人治理的社区能更快地向法治型治理模式转换①。卢福营认为，富人治村是村民自治实践的必然，对国家能力建设具有重要作用，在新时期能承担起重要使命②。贺雪峰则认为，富人治村瓦解了村庄权力的公共性，提高了农民的参政门槛，固化了村庄政治社会分层，不利于农民诉求的表达及基层民主的发展③。黄俊尧表达了相似的观点，他认为富人治村与村民自治原则产生紧张，带来了精英治理格局的固化，制约了村庄内生民主的发展④。

二是功能—绩效的视角。即从经济发展和社会稳定的角度讨论富人治村的功能。项辉、周威锋认为，富人治村对村庄经济发展和村庄事务决策起到重要作用⑤。李莉等人认为，富人治村具有三重效应，一是有利于农村社区和谐；二是有利于农村社会发展；三是有利于提高村庄公共福利⑥。王国勤认为，富人治村在供给公共品方面很有效，在促进村庄稳定方面取得一定绩效，但在“公正性”方面乏善可陈⑦。任强认为，富人治

---

① 徐勇：《由能人到法治：中国农村基层治理模式转换》，《华中师范大学学报》（社会科学版）1996 年第 4 期。

② 卢福营：《个私业主主动的村庄治理——以浙江永康市为例》，博士学位论文，华中师范大学，2006 年。

③ 贺雪峰：《富人治村与“双带工程”——以浙江 F 市农村调查为例》，《中共天津市委党校学报》2011 年第 3 期。

④ 黄俊尧：《论村民代表会议与“先富群体治村”——民主制度建设与精英治理的平衡》，《浙江学刊》2009 年第 2 期。

⑤ 项辉、周威锋：《农村经济精英与村民自治》，《社会》2001 年第 12 期。

⑥ 李莉、卢福营：《论私营企业主的治村绩效》，《学习与探索》2010 年第 3 期。

⑦ 王国勤：《先富参政与民主恳谈的治理逻辑》，《甘肃行政学院学报》2009 年第 5 期。

村在市场中介、组织农民、村庄合作等方面具有重要作用，但富人村干部能否做好公共服务与市场中介，还有待治理实践检验①。

三是治理—秩序的视角。即从乡村治理的角度讨论精英与农民的互动、乡村关系的性质对村庄秩序的影响。欧阳静认为，富人治村对缓解乡镇治理危机具有重要作用，但富人治村是一种行政逻辑，而非村民自治逻辑，会带来村治其他面向的问题，引发新的治理性危机②。袁松认为，富人村干部不能带领致富，而只会抢先分配财富，能够摆平钉子户，也能利用权力—利益网络汲取资源，离间国家与农民的关系，带来基层治理内卷化③。桂华、刘燕舞调查发现，经济分层会引起政治分层，富人因其经济优越当上村干部，富人治村带来普通村民的集体失语及权力结构的固化，造成基层民主的萎缩，不利于基层治理的发展④。

民主—理念的视角"应然"讨论多于"实然"研究，对富人治村的性质特点及具体运作情况探讨不多，使其无论褒扬还是贬低富人对村治的影响，都有其"理念先行"的成分。功能—绩效的视角受现代公共制度的辐射作用太强，得出的结论带有明显的比附色彩，且相关研究既缺乏方法观照，也缺乏宏观视野，使其难以从制度—结构的视角考察富人治村逻辑及政治社会影响。治理—秩序的视角尝试从个案研究推出富人治村的一般图景，但因对村治的社会基础考察不多，对行政与政治的关系泛泛而谈，对富人治村经验解释的去场景化，造成经验向理论过渡的欠缺，及对合景式村庄政治生态的忽略。

本文亦沿用治理—秩序的视角，将村民划分为"精英—民众"，讨论乡村场域中，各利益主体的关系联结方式对基层治理的影响。具体说来，有乡镇政府、地方精英、普通村民，其中地方精英又可分为体制精英和非体制精英，富人村干部是最关键的体制精英。在多元主体的相互博弈及社会整合中，权力与利益的斗争从未间断，它将对村庄权力结构及乡村治理绩效产生重要影响。为清楚勾勒富人治村的主客观条件，富

① 任强：《"苏南模式"的转型与乡村先富参政》，《浙江社会科学》2005年第3期。

② 欧阳静：《富人治村与乡镇的治理逻辑》，《北京行政学院学报》2011年第3期。

③ 袁松：《富人治村——浙中吴镇的权力实践（1996—2011）》，博士学位论文，华中科技大学，2012年。

④ 桂华、刘燕舞：《村庄政治分层：理解"富人治村"的视角》，《中国研究》2009年秋季卷。

人治村的机制及绩效，富人治村的政治社会影响，本文用“行政消解政治”的概念加以概括。“行政消解政治”是指在后税费时期的利益密集型地区，村庄治理出现问题，一是村民自治的缺陷带来村组织的不出事逻辑；二是精英博弈的无序化带来村庄社会失序。乡镇政府在治权弱化的同时，为了完成上级交付的硬性指标任务，将私人性资源强大、能摆平各种矛盾的富人吸纳进村。但富人村干部既没有变成国家权力的代理人，也没有成为村庄社会的保护人，而是动员拉拢村庄精英，结成刚性利益集团，共同瓜分乡村利益，富人治村带来村庄政治的消失，造成基层组织的合法化危机。

二　富人治村:条件与可能

依据徐勇的定义，“治理是通过一定权力的配置和运作对社会加以领导、管理和调节，而达到一定目的的活动”①。在“乡政村治”的权力格局下，村级村治理的主要任务是协调乡村社会的各种关系，协助完成乡镇行政任务并做好村庄管理和服务，在维持基层社会秩序的基础上推动村域经济大发展，最终实现乡镇治理与村民自治的有效衔接，促进社区民主和国家建设目标的统筹推进。如此，村庄善治的实现就不再是一元化治理，而是协同式治理，村庄治理存在多个利益主体，村治逻辑的变迁以彼此利益博弈为基础展开。富人要登上村政舞台，必须得到乡镇政府的认可，通过村民自治制度的筛选，平衡好村庄精英的利益，当然，其自身也应具备较强能力。所谓时势造英雄，历史选择富人作为村治主体，并不是单方面的行政推动或政治参与的结果，而是与乡村治理结构的深刻转型有很大关系，梳理富人治村的政治基础、社会基础、经济基础及个人条件，能使我们更清楚地理解当前的基层治理困境。

（一）乡镇治理的能力动力不足

从《村委会组织法》来看，乡村组织系不是行政隶属关系，而是指导与协助的关系。但从乡村治理实践来看，乡村关系的塑造与县乡政府的行政任务和中心工作有关，即使“村民自治”逐渐在乡村广泛推行并越

① 徐勇:《中国农村村民自治》第22卷，华中师范大学出版社1997年版，第149页。

来越规范化正式化，乡镇政府也不会退出村级组织。放宽历史的视野，农村自治并不只靠村庄内部完成，国家通过合法性授权所带来的自治权力同样重要，合法性与合理性共存的村民自治才有活力[①]。将税费改革作为乡村关系的拐点来分析，主要是国家政策制度的变革及乡镇中心任务的变化对乡镇治理影响巨大。

乡镇体制改革在20世纪90年代就已开始，乡镇政府的权力也在不断被弱化。1994年国家实行分税制改革，将财权的分配进行重新划分，乡镇政府变成自收自支的财政，财政拮据状况出现并扩大；20世纪80年代末实施的简政放权运动，不断在条块结合上改改停停，终于在90年代末决定将垂直管理的路子深入下去，乡镇重要的职能权力被上收。进入21世纪，农村税费改革倒逼以精简机构、人员分流、撤乡并组为核心的乡村体制改革，"乡财县管"和转移支付制度在规范乡镇财政支出的同时，也使乡镇财政困局进一步加剧，乡镇政府不得不四处借债、向上跑钱以维持基本运作，"悬浮型"政权[②]的特征因此凸显。乡镇体制改革的本意是实现乡镇政府从"管制型"向"服务型"转变，但重要职能部门的权力上收使依法行政、为民服务成为空话，乡镇政府的最好行动策略是当一天和尚撞一天钟，以策略主义的逻辑处理基层政务。从乡村关系的角度来说，农业税费的取消打破了乡村利益共同体，乡镇政府不会再纵容村干部的贪赃枉法行为，更不会操纵村庄选举及村级事务，基层稳定和谐及民主建设成为乡镇考虑的首选。正是乡镇政府对村民自治的少介入，及对村庄内部力量的不干预，使富人能够凭借自身实力竞选村干部，何况国家主流舆论一直提倡"双党""双带"工程。乡镇政府多会顺水推舟，坚决执行国家政策，为富人当村干部鸣锣开道。

乡镇政府吸纳富人当村干部除了与宏观政策制度变革有关，还与自身治理能力不足及行政压力增大有关。乡镇政府在税费改革后，无论是财政资源还是权力资源都被大大弱化，造就出其以治权缺位为核心的治理危机。乡镇政府具有两个特性，一是它处在国家权力的末梢，必须按科层制

① 刘锐、袁明宝：《接点治理与国家政权建设——湖北荆门J村调查》，《天津行政学院学报》2013年第3期。

② 周飞舟：《从汲取型政权到悬浮型政权——税费改革对国家与农民关系之影响》，《社会学研究》2006年第3期。

的方式贯彻落实各项任务计划；二是它是国家与社会连接的桥梁，必须从事好乡村社会管理并提供好公共服务①。如果治权弱化的乡镇政府难以回应农民公共诉求，只得以维控型政权维持乡村底线秩序是无奈之举的话，那么，国家行政命令的刚性要求及乡镇政绩的考评压力却迫使其不得不认真对待，想尽一切办法完成。所谓“上面千条线、下面一根针”，真正涉及惠民工程、社会管理的事务还是要靠村干部协助完成。问题是，后税费时代的乡镇政府已没有可与村干部交换的资源，唯一能做的是通过私人关系运作，让有能力并愿意的人主政以协助乡镇治理。在压力型体制及治理资源缺失的背景下，乡镇政府能做的只有三件事：一是截留村级工作经费，主要是利用村账乡管制度拖延村庄各项经费；二是实行包保制治理体制，即将权力和责任一并打包给村干部，不管过程，只管结果；三是实行目标管理责任考核制度，将村干部报酬奖金与完成乡镇任务相挂钩，村干部工资也变成基础工资和绩效工资的相加。

乡镇治理策的略转变对村干部的个能力提出要求，但并不会对富人主政本身造成影响。原因很简单，富人处在村庄经济的上层，即使身处偏僻贫困的村庄，1 万—2 万的转移支付于他也并不算什么，责任—利益连带式的绩效考核也不过区区几万元，他的行动逻辑根本不会被管制被引导。更为关键的是，富人的社会关系网络广大，有黑白两道通吃的能力，能调动各方资源摆平矛盾，协助乡镇政府完成棘手的工作。乡镇治理困境是富人治村最直接最重要的原因。

（二）村民自治制度的实践困境

《村委会组织法》1988 年制定，1998 年全面实行，2010 年重新修订，它用法律手段确立了村组织的独立性与权威性，表明国家希望再次通过中介人来实施间接治理。村民自治从实践开始，就被政、学两界倾注了极大的研究热情，并在 20 世纪 90 年代末成为公共学术运动，集合了政治学、经济学、社会学等各学科的研究力量②。从相关研究来看，主要有两种路

① 刘锐：《基层治理：在危机中面向未来》，《中国农业大学学报》（社会科学版）2011 年第 2 期。

② 吴毅、李德瑞：《二十年代农村政治研究的演进与转向——兼论一段公共学术运动的兴起与终结》，《开放时代》2007 年第 2 期。

径，一是治理—秩序的研究，即认为村民自治制度的目标是乡村秩序的重建，它能够挖掘乡村自治资源，实现与现代制度的有效对接，是国家政权建设的重要方式。二是民主—政治的研究，即认为村民自治实践为划分国家和社会边界提供了契机，它使社区民主和公民意识自主发育，使村干部权力来源的合法性由任命向选举转换，可为公民社会和民主国家发展奠定基础。抛开学术争论，观察村民自治实践，不得不说，村民直接选举及选举本身的规范化确实改变了村干部的行动逻辑，村干部要想在村政位置上待下去，必须注意自己在村民中的印象及处事方式的周全，不少村干部学会了发展与村民的私人关系，学会了进行情感投资和人情下注，干群关系比 90 年代要融洽和谐得多。村民自治制度作为外来规则，植入了村民选举和竞争规则，带来村级民主化及精英主导村政的结果，为富人治村提供了巨大制度空间，主要表现在两方面：

一是村民选举带来村干部授权来源的变化。如果从文本制度上思考，村民自治制度的逐步推行会带来村干部在社会管理和公共服务上的进步，否则，他（她）极有可能在下次选举中落选。问题是，中国的农民并不是公民，农民的公民意识并没有完全建立，中国社会也缺乏依据公共规则治理的传统，当民主与自治被过度实践，农民权利不受约束时，村民自治就会演化为村民暴戾之气的发泄，村组织也将陷入撞钟者的无为而治状态。因为要处理村级事务，就要平衡各方利益，就要与农民打交道，就要得罪某些村民，甚至会发生利益冲突。而当前的农村在经历革命冲击和市场洗礼后，既不是费孝通所说的建立在礼治秩序上的乡土社会①，也不是张静期待的依据现代公共规则进行治理的公民社会②，而是出现社会结构混乱，原有村治权力的文化网络荡然无存，农村社会关系变得越发复杂化、多元化、非程式化。如此，得罪一人，就可能得罪一家，就可能得罪一门，得罪其家族、亲戚、朋友，造成对方对自己的不满和怨恨。在下次选举中就有可能被投反对票甚至因此下台。身处不规则的村庄社会中，村干部最好的策略是奉行“不得罪逻辑”，进行消极治理，不与村民发生利益纠葛。

二是竞争规则被引入村级治理，带来精英相互博弈及精英主导村治

① 费孝通：《乡土中国生育制度》，北京大学出版社 1998 年版。

② 张静：《基层政权：乡村制度诸问题》，上海人民出版社 2007 年版。

的问题。民主政治意味着大家可以表达利益诉求，进行公平竞争，但村民自治制度只能保障参与村治的机会平等，并不能保证选举过程的公平及选举结果的满意。在村民自治实践中，普通村民因公民意识的不强，参与村治能力素质的不足，对自身利益的热烈追逐，对村庄公共事务的不热心，使其在村庄权力分层中成为“无政治阶层”①，他们很难基于共同利益组织起来，采取一致行动，选出理想的村干部。在面对有组织、有见识、有资源的村庄精英时，博弈的不均衡性及个体的无力感带来普通村民投票效能感的低下，村民自治不再是群众自治。与之相对，村庄精英有较强的参与意愿及动员能力，他很容易利用利益诱惑、政治宣传，调动家族势力、派性群体参与村庄选举。另外，在村庄内部尚未分化出多元利益群体，尚不能形成对村政的有效监督和意见表达时，尽管村民代表会议制度被引入，村民代表也很难发挥行使民主权利，融洽干群关系的角色。多数村庄的村民代表由党员和组长构成，人员构成上的同构性使村政的执行效率和合法化基础大打折扣。村治也随之变成由权力精英主导，精英博弈与选票政治构成的，体制精英和非体制精英共同影响的权力运作。

村民自治制度的大力推行改变了村庄精英与普通村民的关系联结方式，也改变了村庄权力格局和村治精英的主政逻辑。总体说来，村民自治极大地限制了村干部的滥用权力行为，也使得公权力的运作被大大束缚。对于富人来说，他拥有过硬的经济能力和强大的资源网络，不运用公共资源，不依靠公共权力，他也能摆平各种矛盾，办成事、办好事，为村庄谋利、为百姓造福，而民主选举的植入又为精英竞争和主导民意提供了条件，富人因此可堂而皇之地入村主政并赢得极高的民望。

（三）民众对富人村干部的期待

改革开放以来，随着市场经济的渗透及大众传媒的冲击，农民经济分化逐渐拉大，村治的文化网络荡然无存，人际关系理性化功利化，宗族血亲情谊世俗化，它直接导致村庄共同体的瓦解及村民面对强权时的脆弱

① 吴毅：《村治中的政治人——一个村庄公共参与和公共意识的分析》，《战略与管理》1998年第1期。

感。为保卫村庄密集的利益、维护自身的合法权益，村民对“高大威猛型”① 村治精英有特别的心理期待，富人当村干部的社会基础主要有以下几点：

一是能防止集体资金被贪污挪用掉。为避免“选来选去还是那几个人，跑个饿狼，来个饿虎”的村治尴尬，村民都乐意富人当村干部，富人财大气粗，贪占村财便宜，会被人看不起，也不是富人的作风。有些富人为彰显自己的清廉和品德，不仅用私人资金贴补公益事业，甚至主动扶危解困，资助村庄弱者，以此赢得村民的好感。

二是能避免地方政府或社会力量的权益侵害。有些政府为节省地方建设开支，单方面决定征地拆迁价格，且动用行政力量强拆，农民尽管心怀不满，但难以组织起来。富人的能力强、路子多、视野广，出于树立威信及捞取利益的考虑，富人村干部极有可能与地方政府展开博弈，有时也会起到相应效果。另外，在利益密集的地方，“国权退”并不会带来“民权进”，而是灰色势力的进入，他们活跃在村庄周围，以捞取村庄公共资源为目标，有时甚至以暴力手段相威胁，侵害百姓权益。而多数富人黑白两道通吃，只要其具备基本的当家人意识，就会挺身而出，并有足够的能力维护村庄权益。

三是能克服派性成员为夺取利益相互斗争导致的村庄政治社会不稳定。农村经济分化在带来农民异质性增大的同时，也使得部分村民基于共同利益聚合在一起，从而形成派性②。派性本身并无严格的团体界限，个人自愿加入、自愿结盟，当然，利益的多元性及易变性也会带来派性的脆弱化色彩。从村庄政治的角度看，派性是非正式组织，派性政治本身排斥公共规则和公共理性，派性力量对比的变化及博弈策略的改变极容易导致村庄权力结构的不稳定。随着村民自治制度的大力推行，派性政治主要表现为村书记与村主任的博弈及体制精英和非体制精英的博弈。富人当村干部，可用好处俘获体制外精英，也可依据其私人能力稳定村组织，从而保证村庄社会稳定有序。

---

① 仝志辉、贺雪峰：《村庄权力结构的三层分析——兼论选举后村级权力的合法性》，《中国社会科学》2002 年第 1 期。

② 孙琼欢、卢福营：《中国农村基层政治生活中的派系竞争》，《中国农村观察》2000 年第 3 期。

国家权力的上移及村民自治的推行使村庄作为基本社会单元和治理单元的地位凸显，村民对自身利益和村庄权益有了愈发清醒的认识，维权意识及斗争意识也逐渐提升。然而，限于村民自治在法律建设和制度配套上的不到位，及农村社会还未发育出正式的社会组织，使其在面对外来侵犯及内在无序时难以进行有效反击，富人因其影响的广泛性及能力的卓越性得到广泛认可，为富人当村干部提供了较强的民意基础。

三　富人治村：逻辑与类型

农村经济精英来源主要有两个：一是由原来的村干部转换而来，他们手中积累了大量社会资源、政治资源，有敏锐的经济嗅觉，国家输入资源过程中，他们抓住机遇、混迹其中、迅速致富；二是由于其特殊的经济才干，瞄准市场机遇努力工作，很快拥有巨量财富，在村庄成为有影响的人。精英流动包括精英内部的相互转化，及大众与精英的相互流动。精英流动转换机制不仅影响精英间的关系，而且影响村庄权力结构，影响村庄社会结构。乡镇治理及村民自治困境只是为富人治村提供外在环境，富人要成功的主持村政，不仅要有其内在动力的迎合，而且要有化解治理危机的能力。

有学者依据拥有权力资源的多少，将村民分为管理者精英、非管理精英和普通村民[①]，并不符合乡村治理或村民自治的本意。尽管当前的多数村庄治理实际上属于权威性自治，而不是现代意义性的代表性自治[②]，但精英主导的治理并不是铁板一块。富人治村要处理四对关系：一是与普通村民的关系；二是与其他体制精英的关系；三是与非体制精英的关系；四是与乡镇政府的关系。笔者依据村治逻辑的发生演变，将对这四种关系进行分散讨论。

（一）富人参政的动机与逻辑

人是政治动物，富人作为村庄精英，追求政治利益无可厚非。不过，

---

① 卢福营：《村民自治与阶层博弈》，《华中师范大学学报》（社会科学版）2006年第4期。

② 张静：《村庄自治与国家政权建设》，载黄宗智《中国乡村研究》（第一辑），商务印书馆2003年版。

各人的心理期待不同，受外在环境影响不同，参与村政的社会动机也不同。一般说来，我们可将富人参政的诉求分为三种类型：经济利益、政治地位和精神报酬，以下分别说明。

一是经济利益。外在地看，富人村干部既处于国家与社会的接点上，也处于资源下乡与村庄发展的枢纽上，富人村干部会受到乡镇与农民的双重监督。实际情况是，国家与农民的双重介入并不意味着村政被完全控制，村干部身处“第三领域”①，具有施展拳脚、谋求利益的巨大空间。富人村干部俘获利益主要有两种，一是凭借自己的政治影响参与国家资源的再分配，将权力资本转化为竞争力，获取体制性的经济收益；二是掌管村庄的政治经济活动，源源不断地汲取村庄发展资源，固化自己的经济收益来源，实现政治权力对经济谋取的有力保障。

二是政治地位。历史地看，培养后备干部进村，然后从村干部中选拔乡镇干部，一直是我国基层干部任用的基本方式。不过，村民自治的实践、乡干部的公务员化、财税体制的改革等，使村干部沦为彻底的半正式治理者，失去了实现自身政治目标的机会。从基层实践看，富人村干部对进入行政体制兴趣并不大，他们只是想进入乡村权力结构的上游，如果可能，当上省市人大代表，参加各项培训活动，以实现扩大交往半径，达成权钱联盟才是其目标。“任何一种政治社会现象及其形成发展的内在动因都深深地潜藏于经济社会中”②，富人村干部尽管实现政治抱负困难重重，但通过编织政治网络为个人利益保驾护航却是其孜孜追求。

三是精神报酬。富人治村的精神报酬主要是赢得村民的赞许，获得治村的成就感，提高自己的社区威望。分田到户以来，村庄在外来撕裂与内在抽离下，变成没有价值生产能力，没有共同体意识，没有守望相扶传统，没有温情与情谊支撑的文化沙漠。村庄治理与农民生活变成两张皮，村干部费心做事，得不到村民的支持，一旦触犯私人利益，就会积累矛盾，做得越多，得罪的私利越多，越会制造干群紧张，越难以在村庄立足。最好的办法就是不得罪、不出事，不与村民正面冲突。富人要笼络民

---

① 黄宗智：《中国的公共领域与市民社会——国家与社会中的第三领域》，载邓正来、J. 亚历山大主编《国家与社会——一种社会理论的研究路径》，中央编译出版社 1999 年版，第 421—443 页。

② 徐勇：《中国农村村民自治》，华中师范大学出版社 1997 年版，第 149 页。

意，像撒胡椒面般地施予私人恩惠即可，要获取实在的社区精神福利实在太过困难。

尽管有压力型体制和村民自治实践，富人参政也不会只当撞钟的和尚，无所事事，得过且过，他积极争当村干部必定是一种目的理性行动。努力打开各个局面，以获得更大经济利益，才是其真正的施政目标。要实现这种目的理性行动，就必须参与村庄民主选举，处理好与其他体制精英的关系，与非体制精英的关系，与普通村民的关系，富人必将施展神通，动员各方，为我所用，以下说明其行动策略。

富人要争取更大利益，首先要当上村干部。当前村庄社会发生两大变化，一是以经济分化为基础，不同人在社会关系、生活方式、政治参与、价值观念等方面发生变化，从而导致其在村庄治理场域中发挥不同作用，长期沿用的“干部—群众”分层方式已不大适用，依据其政治社会影响，可将村民划分为“精英—村民”。所谓精英，是指在农村社会掌握较多的社会资源，能够影响村庄公共事务，被村民视为有“本事的人”的一群人，社会资源的内涵广泛，不仅包括政治资源、经济资源、文化资源，而且包括暴力资源。从这个角度上说，本文所说的精英主要有长老、会首、乡村灰黑力量、干部党员、经济能人等。

对于多数村民来说，对村庄有强烈认同或者没有村庄主体感，都对选举结果影响不大。尽管村民自治是群众自治，现今的村庄选举也逐渐达到公平参与、广泛竞争、规范运作、行政监督的水平，但普通村民自身缺乏可以调动的经济、社会资源，民主意识比较低，还不习惯按照民主程序团结起来，结成社会组织，依照选举规则参与竞争。处在村庄中下层的人每天为谋取家庭生计和生活尊严而努力，他们对村庄公共事务的积极性并不高。与之相对，村庄精英有较强的公共参与兴趣和较高的参与村政能力。富人作为精英之一，要参与村委会选举，显然不能只是发表施政理想和个人政见，他必须协调好与其他精英的关系。普通村民尽管个体无力，但其人数众多，在村庄权力博弈中也占据一定位置，富人要在村庄选举中获胜也不能忽视大众力量。

村庄选举包括政治宣传、上级监督、选民登记、开村民大会、投票唱票等过程，富人要在村庄选举中获胜，必须从大多数村民手中获取更多选票。与政治效能感低的普通村民相比，精英会因为利益受损而反抗，会因不满村干部的行径而上访，会围绕特殊职位形成派性竞争，富人要顺利主政，必须协调好与精英的关系。富人常见的策略是利用血缘姻缘关系、经济合作关系、朋友兄弟关系等，组成一个强有力的竞选班子，然后给助选同盟做思想工作，让他们去动员各组的关系户，尤其是要说服家族、小组内的精英分子。

共同利益分为两种，一种是公众利益，指没有排他性的共同利益，利益受众主体不清楚；一种是共同私人利益，指不同个体间私人利益的集合，各主体利益连带，具有一定相关性①。在社会关联度低的村庄里，村民对公众利益的切身感受不强，倒是对自身利益的增减感受很明晰。对于普通村民来说，富人运用胡萝卜加大棒的手法，他会许以微量的现金利益，给予其小恩小惠（如请客吃饭、组织旅游），进行情感和政治动员，针对个别有个性、不理睬的村民，不差这一两票，不再与你纠缠，或者进行暴力威胁，让你感受到精英压力。对于精英来说，简单的利益难以俘获，必须与其建立利益共同体，给予其稳定的利益许诺，才能吊足精英的胃口，动员他去帮助拉选票。

在利益流量巨大的村庄，部分精英没有被笼络，或者有主政的意愿，或者有“出口气”或“挣面子”的冲动，他也会动员亲朋好友的选票，并活动其他精英帮助竞选。尽管此时普通村民仍在富人的蛊惑和精英的动员下决定选票投向，但竞争者的出现及目标分歧，使竞选双方都追求选票最大化，客观上使村民的选票有了争夺市场，由此构成贿选的基础，派性竞争也出现。有学者认为派性竞争有明显的正功能，如表达利益诉求，形成村政竞争，发挥监督制约功能等，是农村社会发展不可缺少的组织②。但笔者及所在团队长期在农村调查，并没有发现理论预想的派性正功能的出现。从另一个角度讲，在一个缺乏权利意识、公共意识、规则意识的村庄里，个人利益总会排斥公共理性，共同私人利益总会驱逐公众利益，会直接带来黑金政治和村庄失序，选民的公民素质低下是基础原因。

如果分析派性的构成，则主要包括核心层—中间层—外围层，核心层是参与竞选的富人，中间层是富人动员起来的精英，最外层是其亲朋好友，真正能在村庄竞选中起作用的是富人与精英的联盟，但联盟基础是经

① 樊志：《村庄政治与空间建构——对山西贝村村委会选举的一个解读》，未刊稿。

② 吴思红：《村庄派系的缘起、演变与功能——以浙江成化村为例》，《国家行政学院学报》2009年第1期。

济利益，在选举中富人的经济实力发挥作用巨大。理论上讲，选举中的派性竞争有三种类型：一是一家独大型；二是势均力敌型；三是多派博弈型。但在选举实践中，多派博弈型出现的概率较小，因为竞选的目标是获取利益，只要两派真正激烈竞争，则弱小的第三派可坐收渔利，它只需要坐地要价，无须再动员人力物力，也极容易被分化吸纳。对于富人来说，如果对方势力较小，则只需要以巨资相威逼，出更多的钱买村民的选票即可。如果是不相上下，双方都无绝对胜算，富人会挖掘各种资源，为关键的几十票不惜金钱代价，派性中的精英此时能发挥作用。不过，两派相争，必有一伤，如果村庄公共权力系统无法对其进行有效吸纳与安抚，则落选的精英和派性极有可能成为村治中的反对派，稍微有政治眼光的富人便会再次发挥其资本力量，与竞选方讨价还价，给予对方政治承诺和经济保障，双方各得其所，村民的竞选所得与之相比九牛一毛。

乡镇政府属于选举监管方，理应高度重视，规范选举程序，严查贿选行为，打击派性竞争，但保证表面的公开透明并不意味着实质公平民主的出现，国家权力的上移及村民自治的实践使村庄利益的独立性凸显，村庄公权力的内生性增强，乡镇政府即使有心监督选举中的越轨行为，也难以控制住选举全过程，改变村庄权力结构，如果介入协调不当，甚至会引发派性调动村庄资源，反对乡镇行政的问题。另外，当前的乡镇政府权小责重任务大，它的运作逻辑是不得罪不出事，本着“民不告官不咎”的原则，一般只会对异化的村庄选举采取睁只眼闭只眼的态度。富人因其卓越的经济资源、关系网络、政治影响顺利当上村干部。

（二）富人治村的策略及类型

富人登上村政舞台并不意味着能高枕无忧地实施威权型治理，他还要处理两对关系：一是处理与其他村干部的关系；二是处理与社会精英的关系。普通村民因政治能量小、参政议政积极性不高，村级组织可悬浮式运转，汲取各类资源，除开特殊情况下的迫不得已，富人不会直接侵害村民利益，因此，村民的意见可以置之不理。富人只需要笼络住体制精英与非体制精英，建构起连带式利益分享机制，即可实现村庄权力结构的稳定，维持好表面的村庄秩序。笔者依据富人在精英群中的权力地位，将富人治村分为两种类型：

一是富人主导型。富人无论是向上跑资源包工程，还是向下攫取村庄发展成果，都不可能单枪匹马地运作资源，除开协调好与其他精英的利益矛盾，他还要寻找一些支持其村治工作，而且还愿意为其效劳的人，最好的策略是建构利益共同体关系。有些学者称为“精英系”，意指成员变动较小，内部较为紧密团结，有较强的利益边界，别人很难进入的治理精英群体①。精英系以核心精英为中心建立起来，各司其职，各就其位，各取所需，核心精英即为富人。精英系与派性不同，派性是非正式组织，具有低烈度性、间歇性、地域性特点，成员结盟基础不稳固，组织体系极容易被分化瓦解。精英系强调村庄政治庇护，富人的利益俘获能力一般较强，组织内利益分配结构相对稳定，只要核心精英不倒，精英系便不会解散，精英系的支配动员能力更强大。不过，二者都以获取利益为目标，都有较强的利益捕获能力，组织结构都是核心—中间—边缘三层，追逐的利益不只限于经济利益，还包括建构关系网络、获取政治权力庇护，进入上流社会等。

富人因其能力卓越、经济雄厚可以俘获精英，但精英系内部还是交换关系，不过多了纵向层级性和横向竞争性的特点。如果要确保精英系内部交换的稳定性和可持续性，则核心精英必须再生产出依赖性和庇护性的关系，多数富人村干部也为此不懈努力。富人主导型的村治模式，区分体制精英和非体制精英意义不大，因为其他精英都要受富人支配，富人的心理偏好及求富逻辑决定着精英的循环与生产，体制精英出于依附关系及现实问题考虑，也会与富人谈判并作出适当让步。笔者出于分析方便，在此转换分析视角，将精英分为经济精英和社会精英。所谓经济精英，主要指依靠村庄资源来积累资本的建筑老板、房地产商、超市老板、农资销售主、餐馆老板等。所谓社会精英，主要指依靠人际交往获取广泛社会影响，又以社会资本换取经济资本的小组长、党组长、钉子户、混混、排场人、不在职村干部等。村庄精英不仅有“分”的一面，而且有“合”的一面，富人超级权势的震慑及利益的各取所需促成其相互合作，而富人谋利的特点及需要决定了其相互结盟。

税费改革后，为弥补组织瓦解、农民弱势带来的相关问题，国家大力实施农村转移支付，包括撒胡椒面似的发放农业粮种补贴、农机具补贴、养老保险、生猪保险，通过项目制度向农村输入的以供给公共品为主的巨

① 仝志辉：《精英系》，《浙江学刊》2002年第1期。

额资金。尽管有学者依据项目获取方式的不同，将项目资源的村庄实践分为接受型、争取型、捆绑型三类①，但无论哪种类型的资源进村，村干部都要配合利益的具体分配，有时甚至主导项目投入方向，这为富人谋利提供了巨大空间。富人当然不会独吞资源或有限配置资源，那样会引起其他精英的不满，引发村庄不稳定及政治意外后果。常见的资源进村方式是，富人通过雄厚的经济实力参与项目竞争，只要不是政策性禁止村干部竞标或特殊的项目发包方式，富人多会竞得若干项目工程。其他精英没有能力、资金竞争项目，但有组织人员的能力，有承包工程的资质。为了减少成本、加快进度，富人多会将项目分解打包给有影响的人，其中经济精英要进行资金垫付、施工安排、质量监督、资源调度等。社会精英一方面不能自己带头阻工闹事，另一方面要积极行动，说服群众，阻挡外来势力，对于那些拒不合作，故意刁难的少数群众，乡村混混此时会出马摆平，采用的方式是暴力胁迫。

总体说来，在资源流量多的村庄，社会精英与经济精英有可能合二为一，但擅长的领域和采用的策略不同，相互区别及与富人的合作方式也不同，因此对之进行分别论述。在资源流量小，经济精英本身具有黑灰色彩和社会影响的村庄，交际手腕和摆平能力只是经济精英产生的基础，不过行动侧重点及施展的领域有所不同罢了。而无论是社会精英还是经济精英，都是富人平稳治村的依靠力量，富人从自己囊中抽出资源俘获精英，第一，促成其支持和服务于富人的谋利行为；第二，希望其能支持常态化的村治工作；第三，希望其在三年一届的村庄选举中站在自己一边。即使经济精英和社会精英不能在前两项上有所付出和贡献，也要保证其不能倒向另一边反对自己，村民自治实践才是富人俘获精英的基础性考虑。

二是派性均势型。有学者将家族也当作派性的一种形式，因而不惜笔墨地论述村庄社会结构与村庄政治生活间的关联，并从村庄选举、纠纷调解、农民上访等方面来理解派性②。但笔者在此所指的派性是基于血缘以外的关系纽带连接起来的组织形式，不管是地缘、业缘、趣缘，都要以捆

① 李祖佩：《项目进村与乡村治理重构——一项基于村庄本位的考察》，《中国农村观察》2013 年第 4 期。

② 陈柏峰：《北方村庄的派性政治与日常生活》，《开发研究》2008 年第 1 期。

绑式利益获取为主要目标，资源密集才是派性斗争的原动力，而普通农业型村庄的经济不发达，资源流量不大，如果有权力斗争，也只是家族政治，近几年该类型村庄的政治斗争多半停滞。

与富人主导的一元化村庄治理相比，派性存在的村庄需要多元化治理，派性中的核心精英掌握的资源越多，派性力量越大，越会对富人治村形成威胁，为了达成力量优势，富人也会组织派性与之竞争。村庄权力结构主要由党支部、村委会、村民小组、党小组、村民代表等组成，其中村委会和党支部是村庄权力结构的核心。如果不考察乡镇政府介入及影响，富人当政必须处理好与体制内村干及体制外精英的关系，理想策略是将另一派的核心精英吸纳入村组织，共同参与村庄治理，以保证派性力量的均势。否则，另一派游离于体制位置之外，其逐利的冲动及对当政者的不满，只会使其加大对村庄公权力的监督，并且适时揭露富人治村的违法违纪特点，营造对在职干部的不利村庄舆论，在村组织处理村庄事务、完成上级任务时从中作梗，当钉子户当大社员当上访户，使富人治村面临种种危机。派性博弈的利益性及政治性使村组织的运作空间会不断被挤压，只有富人村书记与另一派的核心精英握手言和，给予其村主任的位置，实行共谋型治理，派性斗争才有暂时平息的可能。

在二元派性利益博弈的村治权力格局下，村庄社会稳定与村书记—村主任的沟通合作情况有很大关联。至于其他在职村干部或者非体制精英，并不是影响村治的关键变量，他们多是书记—主任各自派性的成员，只要获利渠道有保障，核心精英不倒台，另一派性不打压，其他精英不会制造障碍，阻挠村政实践。从占有资源的情况看，只要村书记与村主任不是绝对的力量对等，派性联盟就会稳固，村庄社会就会稳定。否则，将会出现双方各执己见、互不相让、分利不均、互不服气时的内部权力斗争，造成村委班子不团结、村庄社会不稳定、村务工作难展开的困境。不过，真正的派性斗争毕竟少见，因为各派性都是以维护本派利益为目标，只要主政的富人能做到利益分配的公平，另一派也不会得理不饶人或大动干戈。所以，有富人村书记说，“打铁还需自身硬，当干部不能存任何私心，要有高明的工作艺术，在私人感情和生活上照顾，就会有人听你的话、跟着你走”。

之所以有派性斗争，主要是利源流量大。有学者依据地区的差异，将农村分为三类，沿海发达地区农村、资源型农村和一般农业型农村，并认为一般农业型村庄富人参政的动力低[1]，误解了村庄利益的来源及属性。实际上，在广大的中西部地区，富人治村的情况也较多，富人参政的动力也极强。笔者依据利益来源的不同，将利益密集型村庄分为外生型、内生型、政策型三类。其中外生型主要是城市化、工业化聚集辐射带来的村庄土地升值，工程增多，商铺林立；内生型主要是村庄自身发展较快，如村庄有煤矿资源、林业资源、加工企业；政策型主要是国家资源下乡带来，有些村庄获得项目资金力度大、时间长，由此带来村庄利益密集。政策带来的利益具有偶然性、间歇性、不确定性特点，富人要向上跑资源、活动关系，村庄精英对进村利益没有预期，不能清楚算计，因而难以抓住获利机会，该类型的村庄容易形成富人主导型的村治逻辑。外生型和内生型的资源具有确定性、可预期性、可控制性的特点，围绕资源展开的博弈使村庄精英极易形成派性，富人治村的关键是协调好与精英群体的关系，尤其要摆平派性力量。

主政的富人要成功谋取利益，就要与另一派达成利益分赃协议，一般是攫取村集体资源，侵蚀村庄发展成果。常见的情况是，依据权力位置分配公共资源，各派性划好自己的势力范围，对于另一方的直接人侵百姓利益，除非特别严重引起民愤，本派多会睁只眼闭只眼地放纵；在完成乡镇任务时齐心配合、各尽所能，以上级领导满意为准；对于钉子户、上访户的不配合，采取软硬兼施的手段，在能花钱买平安时就花钱，再不配合就搞暴力制止；对于个别不能摆平的村庄精英，富人村干部会妥协，直接将其吸纳进村组织，给予其体制性获利机会，对外宣称聘用村干部。笔者在河南多个城郊村调查，发现村干部越来越多，有些劳改犯、混混被聘进村组织，有的村庄甚至多达 15 个村干部，当然不正之风也随之出现，如吃喝嫖赌、洗脚按摩。

普通村民对村干部的评价很是矛盾。一方面，他们会感慨道，“大队的官越来越多，越选越乱，弄不好，要崩的”。另一方面，他们又说，“谁有钱谁当官，谁当都个劲，本村基本也算正常，不违反法律，也不出事”。不过，我们调查的多数富人村干部，他们会每年给 60 岁以上的老人发放老龄补贴，给予村庄困难户一定的油、米、肉以示关怀。赵晓峰调

① 贺雪峰：《论富人治村——以浙江奉化调查为讨论基础》，《社会科学研究》2011 年第 2 期。

查的浙东先锋村，富人村干部甚至会利用私人资源为村民的苗木生产提供技术、信息、销售等服务，这使富人获得了群众的高度认可①。正是富人在村庄交往中的老好人形象，在公共服务上的大公无私、以私济公，在帮助村民解决私人困难时的不遗余力，富人多会赢得较高的权威，富人治村也有较为直接的绩效。不少村民因此又说，“不是有钱人当村干部，村里更乱，老百姓的生活更糟，只要有钱人对我们好点，就都还好”。

从基层治理的角度看，富人治村的绩效是不错的。一是富人村干部有效化解了乡镇治理困境，在项目资源进村时起到了较好的分配作用；二是富人村干部能够摆平钉子户和上访户，保证村庄公共品的有效供给，在维护村庄秩序上有所建树；三是富人村干部在抑制派性力量的负面影响，保证村庄社会稳定及促进政治团结上有正面作用；四是部分富人村干部不仅不会直接侵蚀村民利益，而且会分担村民的私人困难，提供给弱者村民一些恩惠，用个人的超级权势弥补了村民的脆弱，因而有较高的名望和治村合法性。外在地看，富人治村与中央政策和党建话语主流相契合，乡镇政府也为富人村干部保驾护航，富人治村具有极大的政治正确性。因此，从上到下、从里到外，从研究到实践，都在佐证着富人治村的良好绩效。而笔者在全国各地观察富人治村的过程及基层政治状况后发现，富人治村美与险并存，富人治村将给基层政治带来不可估量的影响。

四　富人治村的政治后果

因为有些富人主政后不仅能协助乡镇完成各项任务，而且在为民服务、兴办公益事业、关爱老弱病残等方面都有所作为，使得有学者②将富人村干部当作“新乡绅”，并将之与费孝通笔下的传统士绅③特点及治村绩效进行比较。问题是，传统士绅是通过科举制度间接获得国家培养，与国家治理共享相同的意识形态与礼俗教化资源，同时，士绅所处乡村的地方规范及文化伦理的强大也使其治村过程要兼顾社会评价与国家认同。而

① 详见赵晓峰、林辉煌《富人治村的社会吸纳机制及其政治排斥功能》，《中共宁波市委党校学报》2010 年第 4 期。

② 详见杨国勇、朱海伦《“新乡绅”主政与农村民主政治建设》，《社会科学战线》2006 年第 6 期。

③ 费孝通：《中国士绅》，赵旭东、秦志杰译，生活·读书·新知三联书店 2009 年版。

当前的乡村已由熟人社会向半熟人社会过渡，村治的文化网络不复存在。富人治村的“低成本、低负担、高效率”只是村委会行政化及村庄权力稳定的需要，并不能主动回应乡村秩序及治理需求。少数富人治村的效果好，仅仅是其高度道德自觉的衍生品，村治逻辑不可持续，个人责任意识也不稳定。更重要的是，富人的本性是敏锐捕捉并积极追逐利润，在缺乏约束的条件下，极容易带来新的政治危机。

一是村庄寡头政治与基层民主的萎缩。在公共治理资源缺乏的背景下，富人村干部要有所作为，赢得村民的广泛肯定，必须动用私人资源处理村庄事务。富人要登上村政舞台，需要通过巨额投入，包括建立利益性精英联盟，以礼金贿选拉选票。富人治村方式有，以私济公、大公小私、大公无私①。主要治村策略是，从不擅用村集体的钱、不在乎村干部工资，平时跑项目做公关的大部分花销自己出，私人出钱投资为村里修水利道路，通过个人关系和能力跑来各种资源为村庄造福，将关爱高龄老人、照顾留守儿童、关心贫困群体作为道德义务，用阔绰的花费来建立个人面子和关系网等。富人以私人资源贯穿村治全过程，普通村民对村干部望而生畏，觉得个人资金少、关系网弱就不能当干部。富人通过利益俘获精英，依靠精英支持建立起强大的权力网络，形成寡头政治，普通村民参政议政、利益表达渠道不畅，村民自治实践受阻、基层民主发展停滞。

二是分利秩序②的形成与治理内卷化③。不管是富人主导型还是派性均衡的村治，都要处理好与村庄精英的关系，在利益流量密集、责任伦理消散的村庄，村庄精英会为攫取资源以自肥而无不用其极。所谓“人巴结有钱的，狗咬要饭的”，富人要保证村治的平稳及自身获利的有效，就要用利益笼络住精英的躁动与势利，唯一的方式就是汲取国家输入的资源和乡村内部的公共资源，客观上形成村一级的分利集团。村庄精英是流动不居的，利益诉求是有差异的，为了保证村治的正常运转，富人就必须将精英吸纳进村组织，对某些精英进行利益安抚，会造成钉子户、上访户的

---

① 林辉煌：《寡头政治与中国基层民主》，《文化纵横》2011 年第 4 期。

② “分利秩序”概念由贺雪峰教授首先提出，主要指对村庄无主资源的有序占有。详见贺雪峰《小农立场》，中国政法大学出版社 2013 年版，第 213—215 页。

③ 治理内卷化由贺雪峰教授首先提出，主要指乡村资源的密集带来各种社会势力的结盟和汲取，导致基层组织的合法性降低，详见贺雪峰《论乡村治理内卷化——以河南省 K 镇调查为例》，《开放时代》2011 年第 2 期。

肆无忌惮、好处均沾，及村级权力的利益同盟、无限膨胀。相对于各类精英，普通村民对资源的被侵蚀毫无反抗能力，造成下乡的资源越多，村民对村干部越是怨声载道，基层组织的合法性越低。需要说明的是，围绕利益聚集起的精英并不是各就其位、相互礼让的，他们在富人村干部的带领下，经过一段时间的相互磨合，依据各自势力和资源占据固定利益位置，从而形成有序的分赃体系，村级的分利秩序就此形成。

三是乡村的灰黑化与治理的去政治性。如果对精英联盟中的利益主体进行分析，则会发现灰黑势力（混混、劳改犯）无赖户、谋利型上访户等边缘群体杂糅其间。他们本是乡村异类分子，遭到强烈的社会排斥，但在“稳定压倒一切”、基层治理不出事的逻辑下，乡村干部在对其非法行为进行打击上顾虑重重。乡村干部的顾虑不无道理，有些村庄边缘人深谙政府体制，他们不仅不会屈服于乡镇政府，而且会采取各种“踩线不越线”的抗争行动，包括集体上访、暴力威胁等讹诈勒索基层组织，影响基层干部的利益前途（政治、经济）。富人的利益算计驱使其采取最优的策略——用金钱收买，使其不闹事。基层治理的去政治性使灰黑群体合法地从后台走向前台，带来三个后果：一是富人村干部可利用这些灰黑势力摆平不合作的村民，对公共利益的占有可以更有力，村庄资源面临着被瓜分净尽的危险；二是灰黑势力对丰富的利益不会无动于衷，他们会利用暴力手段承包工程项目，攫取他人利益，甚至不惜犯法，乡村两级只能劝导教育，并不能有真动作；三是灰黑势力对生存道义、平等公平理念的忽视，对村民利益来源和生存空间的挤压会影响村治的绩效，带来普通村民为尊严而反抗，因“气”而频繁上访。

五　行政消解政治

威尔逊认为，行政与政治是相互区别又相互联系的关系，行政作为政治的一部分，是社会生活的一部分，与企业办公室采用的工作方法一模一样。但是，行政又不仅仅是对琐碎细节的单调治理术，而是与政治学智慧所派生出的经典原理及政治进步有所关联①。后来者古德诺又进一步发展了政治与行政的关系，他说，“在所有的政府体制中都存在着两种主要的

① ［美］威尔逊：《行政学研究》，《国外政治学》1988年第1期。

或基本的政府功能，即国家意志的表达功能和国家意志的执行功能"①。对政治与行政的区分，主要是服务于西方多党竞争及官僚制度建设需要，即认为政党竞争表达公共意志，科层制组织是执行公共意志。20世纪以来，随着西方行政的发展，行政管理思想也随之跟进，其中重要的一支——新公共行政学派，重新阐释政治与行政的关系，认为当前西方国家管理的现实证明，将行政与政治分开论述讲不通，政治与行政本来就是个连续谱，行政管理具有极强的政治色彩，具体政策制度的制定，充斥着权力利益的较量、分配和交换，本身就是一种政治决策。反观中国社会，政治与行政本就高度融合。香港学者金耀基立足香港发展情况，提出"行政吸纳政治"② 学说来解释香港政治体制及社会稳定机制。"行政吸纳政治"概念影响广泛，也激励着大陆学者康晓光用"行政吸纳政治"③ 来解释中国国家属性及控制社会的方式。金耀基所谓的"行政吸纳政治"，主要指社会精英被吸纳进管理体制中，在行政体系之外不再存在与之相对抗的政治人，即使有，也会因政治效能感不足而影响甚微。"行政吸纳政治"的精妙之处在于，通过将精英整合进行政机构，达到塑造政治权威合法性的目标，同时造成就一个相对封闭的政治空间及没有政治的基层社会。问题是，政治与行政辩证存在，如果行政吸纳政治，那么行政又为谁支配呢？强世功对此表示质疑，认为"行政吸纳政治"缺少主语，实质是对政治问题的忽略。统治精英的支配政治吸纳社会精英的参与政治，将政治变成经济管理和社会整合问题，不过是统治策略的另类实践④。本文将"行政吸纳政治"借鉴到对基层治理的考察中，同时对该概念进行拓展性理解，试图讨论乡村治理危机背景下，富人治村在维持村庄表面稳定的同时，所带来的巨大政治问题。

分田到户后，随着国家权力的上移，国家政治和村庄治理形态发生巨大变化，村庄逐渐从泛政治化氛围中走向"去政治化"⑤。村民自治的倡

---

① ［美］古德诺：《政治与行政》，华夏出版社1987年版，第12页。

② 金耀基：《中国政治与文化》，牛津大学出版社1997年版，第21—45页。

③ 详见康晓光《再论行政吸纳政治——90年代中国大陆发展与政治稳定研究》，http://www.21ccom.net/articles/zgyj/ggzhc/article_20100120286.html，2010年1月20日。

④ 强世功：《"行政吸纳政治"的反思——香江边的思考之一》，《读书》2007年第9期。

⑤ 吴毅：《村治变迁中的权威与秩序——20世纪川东双村的表达》，中国社会科学出版社2002年版，第335—345页。

导者和推动者曾设想以村庄政治为试验和起点来推动国家政治变迁，但地方权威的崛起及与村民自治的结合，使村庄政治变成少数村治精英运作村政资源，影响村庄治理的政治游戏，多数村民成为“无政治阶层”，只关心村庄治理的社会绩效。同时，村庄精英的合纵连横，只对村庄政治产生影响，并不能与国家政治发生关联。村民自治制度演变成去政治化的制度安排，吸纳具有政治参与热情和能力的村庄精英进入村级组织，共同讨论村庄事务、参与村级治理。“村庄吸纳政治”① 的后果是政治与治理的分离，基层治理变为单纯的治理术问题。只要能完成上级中心任务，保证村庄底线秩序，村治精英就可不讲正义原则，对自己的利益负责，且不担心上下的监督管制。村组织变成行政组织，基层政治被消解，转换为社会问题和治理问题，即笔者所谓的“行政消解政治”。

税费改革前，因为分税制改革效应，地方政府的财政压力增大。为了完成上级交付的各类达标升级任务，同时维持本级财政的正常运转，乡镇政府不得不想方设法摊派税费，它带来三个后果：一是农民负担大大增加；二是乡村利益共同体出现；三是钉子户的增多及干群矛盾增加。这三个方面极大影响了乡村组织的合作性，削弱了国家对基层的控制力。为了克服经纪人模式的缺陷，促成乡村组织更好地提供公共服务，国家启动了农村税费改革和乡村体制改革，两项改革的实质是“政治牺牲行政”，即通过上收乡村行政权力来阻止其违法乱纪，同时换取农民对中央合法性的高度认同。

乡村体制改革后，乡镇政府的国家政权属性大大降低，越来越具有派出机构的特点，乡镇治理能力大大弱化，对村庄的控制力也降低。在“稳定压倒一切”及不出事逻辑的政治心态下，一方面，乡镇政府不再干涉村级事务，从而为村民自治实践提供了空间；另一方面，随着市场经济的深入，乡村非体制精英迅速崛起，在村庄权力结构中占据重要位置。在村庄社会已分离成“精英—民众”的条件下，村庄选举及村级治理变成精英共治形态。富人在众望所归中登上村政舞台，他为村庄社会秩序、乡镇治理绩效带来益处。问题在于，在村民政治效能感低的背景下，富人村干部要有效牟取私人利益，最好的策略是笼络住精英，建立利益共同体，

① 申端锋：《治权与维权：和平乡农民上访与乡村治理 1978—2008》，博士学位论文，华中科技大学，2009 年，第 346—349 页。

结成权力的利益之网，然后汲取各类政经资源。它造成的结果是，村庄政治变成精英间以利益为基础的联合或斗争，村治的稳定或不稳定变成精英群体的互动。另一方面，占多数的普通村民无法表达利益诉求，更无法再染指任何村政活动，少数没有机会参与分赃的村民心存不满，通过上访告状倒逼村级组织，引发新的村政不稳定。富人村干部在维持表面权力结构稳定的同时，带来了基层权力的失控及治理合法化危机，为村庄政治的回归提供了极大的可能性。

富人治村拷问基层民主建设和乡村政治的前途，也拷问新时期的基层治理方向。

富人治村的过去与现在

——探索中国基层政治的变迁逻辑

魏程琳①

摘　要： 富人治村作为中国基层精英政治的常态在传统时期表现为乡绅治村，在今天表现为私营企业主治村。传统乡绅治村以荣誉为取向遵循地方道义伦理准则，能够实现集权国家的“简约治理”，从而保证了基层秩序的长期稳定。改革开放以来，中央政府在基层实行法律主义民主政治，然而，在今天的精英富人治村实践中富人以金钱投资收益为取向，破坏了基层民主政治并损害了基层治理权威。在国家法律政治、村干部的金钱运作和“无政治农民”的弱道德期待三者合力冲击下，中国基层政治正在去道义化并出现新的治理危机。道义伦理是政治的必备属性，因而结合法律政治，维护、重塑中国基层政治的道义性势在必行。

关键词： 富人治村　乡绅治村　道义政治　金钱政治　法律政治

一　问题的提出与研究进路

精英政治是中国基层政治的常态形式，只是不同时代精英的类型和内

---

① 魏程琳，华中科技大学中国乡村治理研究中心博士生，研究方向：政治社会学、法律社会学。

涵不同而已。21世纪初，中共政府号召“带头致富能力强、带领致富能力强”的富人精英入党参政当选村干部，如今，富人治村在浙江沿海发达地区已经成为普遍现象，在中西部农村地区也呈现出突飞猛进之势。学界对当下富人治村的评价优劣参半，党国英①、卢福营②等人认为富人治村是中国走向民主政治、农村实现经济发展、农民实现富裕的正确道路；也有学者对富人治村持谨慎和批评态度，如贺雪峰③、赵晓峰④、黄俊尧⑤、杨华⑥等人认为富人治村存在阶层政治排斥、动摇党的执政之基、稀释公共资源等弊病。本文暂时先不做富人治村的效果优劣评价，而是首先考虑两个规律性问题：第一，在中国基层政治的历史上富人精英治村是一种常态（1949—1979年除外）；第二，当下中国基层出现的富人治村无论国家政策是否提倡，都是不可避免、不可逆转的趋势。更进一步讲，富人治村实质上是基层精英政治的延续和表现。由此可见，无论是赞扬富人治村代表民主政治的未来，还是批评富人治村侵害党政基础从而提倡中农治村，学界都对中国基层政治存在着浪漫想象。不同于既往研究的是，本文致力于从富人治村的历史和现实实践出发分析富人治村的内在结构和机制，进而揭示中国基层政治去道义化的变迁逻辑。

本文属于质性经验研究，经验材料来源于既有研究文献和笔者所在华中科技大学中国乡村治理研究中心团队成员近年在全国各地对富人治村的调查报告。本文对富人治村的考察对象包括：治理主体及其合法性来源、干部产生机制、治理行为、治理效果以及存在的问题四个方面。传统时期的富人治村主要来源于文献梳理研究，它与今天的富人治村形成参照；当下的富人治村有三种类型：发达地区普遍的富人阶层治村，一般农业村庄人数少影响大的富人治村，资源富集型村庄的富人治村，对今天富人治村的描述和讨论，本文主要基于第一种类型村庄的调查经验。

---

① 党国英：《论乡村民主政治的发展——兼论中国乡村的民主政治改革》，《开放导报》2004年第12期。

② 卢福营：《治理村庄：农村新兴经济精英的社会责任》，《社会科学》2008年第12期。

③ 贺雪峰：《论富人治村》，《社会科学研究》2011年第2期。

④ 赵晓峰、林辉煌：《富人治村的社会吸纳机制及其政治排斥功能》，《中共宁波市委党校学报》2010年第4期。

⑤ 黄俊尧：《论村民代表会议与“先富群体治村”》，《浙江学刊》2009年第2期。

⑥ 杨华：《农村阶层分化：线索、状况与社会整合》，《求实》2013年第8期。

二　道义政治：传统时期的乡绅治村

道义，《辞海》的解释是人道与正义，儒家认为道乃天道与人道，是一种政治伦理的形而上学表达；义，却是人们日常行为的规范准则，总括起来，道义就是一套关于道德伦理的规范准则。斯科特[①]将“道义政治”操作化为“互惠”和“生存权利”两条地方性文化规范准则，本文在斯科特理论的基础上将“道义政治”定义为遵循地方规范准则而获得治理合法性的政治形态。如果将法律作为道义政治的底线纳入进来，我们可以根据道义级别构造一个政治形态表格如下。

表1　　　　道义级别与政治形态

道义级别	规则体系	主要表现	政治形态
道德理想	道德	增进社员福利	理想型道义政治
现实道德期待	地方性准则	互惠、生存权利维护	常态型道义政治
道德底线	法律	公平精神	法律政治
	非法	侵犯权益	无道政治

法律作为人们行为的底线，要求所有人服从最低的行为规则，以法律规则获得治理合法性的政治形态我们称之为法律政治；遵循互惠、生存权利保障等地方规范准则获得治理合法性的政治形态我们称之为常态型道义政治；其实，在中国农村公平办事的人固然为人赞扬，但是乐善好施、慷慨奉献、增加社员福利的有德之人更符合农民道德理想，我们将它称为理想型道义政治。本文的道义政治与新儒家所提的“治道政治”[②]“王道政治”[③]的相同之处在于强调道德伦理等文化规范，不同之处在于侧重微观基层政治（乡村政治）而非宏观国家政治。

---

① ［美］詹姆斯·斯科特：《农民的道义经济学：东南亚的反叛与生存》，译林出版社2013年版。

② 牟宗三：《政道与治道》，广西师范大学出版社2006年版，第24页。

③ 蒋庆：《政治儒学——当代儒学的转向、特质与发展》，生活·读书·新知三联书店2003年版，第210页。

瞿同祖[①]、张仲礼[②]、费孝通[③]等人通过对传统时期地方政权的研究指出，传统中国帝制时期“皇权不下县”主要是由于国家财政和治理能力的限制，乡绅作为州县政府的代理人与乡村农民打交道治理基层社会成为一种常态。生长于斯的乡绅依据地方伦理规范准则的获得治理合法性的政治便是道义政治，这种乡绅道义政治能够兼顾国家的税赋、管理任务和农民的基本生活水准。

（一）治理主体及其合法性来源

秦晖[④]的历史研究发现，汉代官方选择乡村干部作为代理人的标准是“强谨”（办事能力）、“訾次”（经济实力）、“德望”、“年长”，那些能够作为官府代理人的人士就是在中国基层政治中发挥重要作用的绅士。瞿同祖[⑤]指出，中国士绅的特权地位不纯粹取决于经济基础，只有取得初级功名（秀才）和官学正式学生身份后才能跻身于士绅行列。然而，无论是因为财力雄厚而有闲考取功名还是因为考取功名后而获得财富“乡绅几乎必然会具有一定的经济实力”[⑥]，因而传统时期的属于富人阶层的乡绅[⑦]治村可以看作今天富人治村的前身。乡绅参政的动机不仅仅是为了获得国家的褒扬或者税收的优惠，还有强烈的使命感和名誉资本积累方面的考虑，“士绅与家乡的关联是永久性的，从而造就了他们对家乡的情感归附，士绅们似乎都感到他们有责任捍卫和促进本地社区的福利”[⑧]。

乡绅治村的合法性来源于农民和国家的双重认可。传统农民对于文化的尊重直接表现在对文化人的认可和尊重上，在乡村社会中乡绅可以看作国家正统意识形态的代言人。在土地逐渐集中的过程中，有些农民成为乡

---

① 瞿同祖：《清代地方政府》，范忠信等译，法律出版社 2011 年版。

② 张仲礼：《中国绅士》，李荣昌译，上海社会科学出版社 1991 年版。

③ 费孝通、吴晗：《皇权与绅权》，岳麓书社 2012 年版。

④ 秦晖：《传统中国社会再认识》，《战略与管理》1999 年第 6 期。

⑤ 瞿同祖：《清代地方政府》，范忠信等译，法律出版社 2011 年版，第 271 页。

⑥ 张鸣：《乡村社会权力和文化结构的变迁（1903—1953）》，陕西人民出版社 2008 年版，第 7 页。

⑦ 按照瞿同祖的定义，只有考取功名的人才能称为绅士，然而考取功名、人数有限的绅士显然难以治理所有的乡村，因而我们将在广大农村地区普遍存在的地方家族文化精英治村统称为乡绅治村。

⑧ 瞿同祖：《清代地方政府》，范忠信等译，法律出版社 2011 年版，第 276 页。

绅地主的佃农、雇农，自耕农在一定程度上也要依附于乡绅的人身庇护，因此乡绅就具备了将身份、文化权力转化为政治权力的经济基础。处于最底层的县级政权为了应对不断增长的人口压力、缩减管理成本并解决县官陌生人治理的技术难题，采用乡绅治理成为帝国基层政府“集权简约治理”的一个共识，黄宗智①对清末、民国时期大量历史文献的研究证明了这一点。由此可见，乡绅治村在传统中国具有上（国家）下（农民）一致认可的合法性和文化道德自洽性。

（二）干部产生机制

中国传统基层政治人物的产生机制是推荐制度而非选举制度，而且大多数情况下都是村中德高望重、年高辈长的人出任村长，这便是费孝通所讲的“长老统治”②。长老不仅是一家之主掌管经济、政治和生活大权，而且是一个家族或者村落的决策者。然而，年高辈长之人不一定能够获得权威，长老权威来源于他处事公正、为民谋利、恩德广施的个人品性，唯有如此他才符合普通民众的道德期待和村落社会的道义伦理。

长老并非一定是有文化的乡绅，所以，在一个多家族或者多房支的村落往往还需要从众多的长老中推选出符合民众道德期待的乡绅精英出任村长。推选过程往往是由各个家族的家长、房头共同完成，普通小农并无参加推选、议事的权力。乡绅在读书时习得的知识，恰是国家意识形态对其规训的完成。传统时期家国同构体系和父权制家庭结构都保证了传统士绅在政治意识形态、治理目标上与国家保持高度一致。出于稳妥考虑，县级政府以乡绅为目标寻找乡村代理人从而大大节约了治理成本。获得上级政府认可之后，乡绅便最终获得了“绅权”，办理国家的税赋、兵役差事，为普通民众提供调解、道路、灌溉、文化活动等公共品供给。

传统时期的乡绅治村同样存在政治排斥机制，村落社会的中下层村民以及那些财力厚实的富裕户由于在文化、功名和个人德望等方面存在短板，同样无法胜任政府代理人的角色。

---

① 黄宗智：《集权的简约治理》，《开放时代》2008 年第 2 期。

② 费孝通：《乡土中国生育制度》，北京大学出版社 1998 年版，第 64 页。

（三）乡绅治村的治理行为

传统绅士视家乡的利益增进和福利保护为己任①。乡绅的治理任务除了完成国家的税赋、兵役外，还要提供村庄治安、调解、道路、桥梁、学堂等公共品供给，在灾荒时节乡绅还承担着救灾、减租、义捐等任务。

由此可见，在村民的道德期待中村干部应当是一个“保护型经纪人”，能够为村民抵御外部风险。杜赞奇②对华北农村的研究发现，由于国民党在农村税赋、兵役方面的过度汲取导致村落社会保护型经纪人退出，赢利型经纪人上台的现象。保护型经纪人之所以退出是因为他们难以担负农民的道德期待，继续任村干部会有损个人权威和荣誉。这表明在正常时期，传统乡村干部严格遵循村落道德伦理规则执行村务、保护村民并赢得好评是常态现象。赵冈③、秦晖④的历史研究发现，共产党土地革命时期对各地农村地主的划定存在高估现象，新中国成立前农村占据大量土地的通常是家族祠堂、公田、学田、学堂等村落公共机构。公田由族人轮流耕种供给祠堂祭祖等家族公共活动，学田收入用来支付学堂先生的工资以保证村落儿童的基本受教育权。黄宗智⑤对东北海域县乡村学校和教育管理的历史考察发现，这种由国家发起、结合了社区乡绅精英的教育模式对中国乡村教育起到了巨大的影响。正是这些由村落乡绅和家族力量保持的公共品供给非正式制度保证了农民的基本生活、教育、文化等福利。此外，乡绅在节庆等特殊时期还会举行义捐，举办村落公共活动或者资助贫民家庭渡过难关。

斯科特对东南亚小农道义经济学的研究对于中国传统基层政治同样适用。佃农和雇工与地主存在保护—被保护的关系，地主在他们困难时提供的帮助往往要比他们多支付5%或10%的租金更有价值，因而，农民对于地主的道德期待是保护他们免受“一阵细浪带来的灭顶之灾”，作为回报

---

① 张仲礼：《中国绅士》，李荣昌译，上海社会科学院出版社1991年版，第54页。

② ［美］杜赞奇：《文化、权力与国家：1900—1942年的华北农村》，王福明译，江苏人民出版社2003年版，第36页。

③ 赵冈、陈钟毅：《中国土地制度史》，新星出版社2006年版。

④ 秦晖：《田园诗与狂想曲》，语文出版社2010年版，第48—58页。

⑤ 黄宗智：《集权的简约治理》，《开放时代》2008年第2期。

他们会对地主歌功颂德、死心塌地地为地主工作①。斯科特所描述的“农民道义经济学”在中国传统农村经济生存中也是普遍存在，乡绅遵循道义规则治村保证了中国农村长期的稳定。

（四）治理效果与存在的问题

传统中国的乡绅治村在很大程度上实现了国家集权的“简约治理”，既保证了国家政策的顺利实施，又能够缓解人口增长带来的治理压力和危机，中国乡村依靠内生性力量基本实现了自治②。除非在灾荒、高赋税等危及农民生命安全的情况下激起民变外，中国基层保持着高度的秩序稳定状态。

瞿同祖③先生认为“中国传统基层政治之所以没有发生变革保持了稳定性和持续性，是因为除了老百姓外各方统治集团都从体制中获得了利益”。但是哪一个国家的统治集团不是制度的获益者呢？变革的力量常常来自统治集团之外。中国基层政治保持高度稳定的秘密是乡绅治村遵循了“道义政治”，保证了农民的基本生命权利。斯科特对东南亚的农民叛乱的研究即证明了这一点。此外，中国历史上各个朝代末期出现的农民起义大都是因为国家上层政治变动席卷下的基层政府破坏了道义政治而引发的，农民的起义或反叛诉求也都是为了维持生命、免除苛政之苦，起义精英的口号往往也是“替天行道”即统治者已经成为“无道昏君”丧失了统治的合法性因而要起而攻之。治理者违反道义政治就要遭到反抗，对道义政治违背得越严重，农民的反抗级别就会越高，小到农民利用“弱者的武器”④ 沉默反抗，再到抢劫地主的粮仓分给穷人保住生命，最后是大小规模的农民起义；同时，农民的反抗对象最后都指向违背道义政治的最高级别政府，这可以称为道义政治定律。

---

① ［美］詹姆斯·斯科特：《农民的道义经济学：东南亚的反叛与生存》，译林出版社 2013 年版，第 222、230 页。

② 瞿同祖认为中国乡村基层社会并非是民众自我管理的自治制度，而是由乡绅代理官方治理的一种集权形态，笔者认可瞿同祖先生的经验判断，但是作为乡村秩序维护与自治的内生性力量——乡绅维持了“皇权不下县”的基层政治形态，难道不是中国式的基层自治吗？参见瞿同祖《清代地方政府》，范忠信等译，法律出版社 2011 年版，第 319 页。

③ 瞿同祖：《清代地方政府》，范忠信等译，法律出版社 2011 年版，第 319 页。

④ ［美］詹姆斯·斯科特：《弱者的武器》，译林出版社 2007 年版。

传统乡绅治村同样也会存在问题。杜赞奇①描述的赢利型经纪、斯科特②所描述的东南亚不道义的地主以及秦晖③所描述的关中奴役农民的“三皇五帝”，都是传统乡绅治理的恶治形态。有的士绅夺人田地坟山，拷笞佃农，强暴民女，诈欺钱财等④。所幸的是，绝大多数士绅以荣誉为取向、以家乡福利和保护为己任，遵循道义治村，以上劣绅在国家政治清明时期仅仅是个别现象，农民通过告状、集体抵抗、道德谴责等行为往往能够有效制止。

三　金钱政治:后税费时代的富人治村

中国共产党的土地革命消灭了土地食利阶层，中国农村的地主阶级不再存在，农民的生命权利获得国家权力保障。在1949—1976年的整个毛泽东时代，基层政治的领导权一直被贫下中农阶层掌握，不存在富人治村的现象。然而，道义政治仍然在基层治理中延续，“没有共产党就没有新中国”“天大地大不如党的恩情大”等政治宣传语都是共产党道义政治合法性的表现。1990年全国试行《村民委员会组织法》基层民主政治逐渐被提上议程，与此同时在东部沿海农村地区出现富人精英治村的现象。后税费时代富人治村逐渐增多，据商意盈⑤等人2009年的调查数据显示，浙江省富人当选村委会主任的比例已达2/3，如今富人治村成为全国农村的一种普遍现象和趋势。那么，现在的富人治村与传统乡绅治村有何不同，内在的机制又是什么?

(一) 治理主体及其合法性来源

在当下中国农村，农民的首要目标既非官方的功名也非村落的荣誉，而是发家致富，由此绝大多数青壮年劳动力走出农村走向市场。由于土

① ［美］杜赞奇:《文化、权力与国家:1900—1942年的华北农村》，王福明译，江苏人民出版社2003年版。

② ［美］詹姆斯·斯科特:《农民的道义经济学:东南亚的反叛与生存》，译林出版社2013年版。

③ 秦晖:《田园诗与狂想曲》，语文出版社2010年版，第59页。

④ 瞿同祖:《清代地方政府》，范忠信等译，法律出版社2011年版，第306页。

⑤ 商意盈等:《富人治村，一个值得关注的新现象》，《新华每日电讯》2009年9月12日。

地、政策、项目、税收等利益诱惑，发家致富的农民再次返回村庄政治舞台，于是出现了今天全国范围内的富人治村现象。

当下富人治村的主体是经济实力雄厚的经济精英，他们治理村庄的合法性来源于村落选举。中央政策鼓励“带头致富能力强、带领致富能力强”的富人出任村干部成为富人治村的国家合法性来源。事实上，县乡政府①为了更好地完成上级任务更加希望富人当选村干部，他们选人的标准侧重“强谨”（办事能力）和“訾次”（经济实力），“德望”与“年长”两项则不再考虑。2003 年，江苏射阳县明确规定：村党支部书记或村主任个人资产必须在 10 万元以上②。与传统村干部产生机制不同，自 1990 年《村民委员会组织法》颁布实施以来，中国农村干部由民主选举制产生。作为选民的普通农民对富人治村的看法如何呢？一般情况下，村民对与己无关的村庄政治毫不关心，出现吴毅③所讲的“无政治农民”。而在村庄大众舆论中富人治村是存在合理性的，例如：你连自己家都管不好，怎么去当村干部；富人就是能人，他们当村干部能够为村里跑来项目资金；村庄政治都是富人的游戏，自己天天忙着挣钱，也没有工夫去参加村庄政治。在当下农村，农民获得了土地、拥有了保证生命维持的国家保障，不再依附于村落富人，普通村民对富人也不再存有期待，二者之间的交往也日益稀少。

由此可见，在中央政府提倡、地方政府鼓励和村民的默许（沉默）中富人治村获得了政策合法性，而富人治村的形式合法性却是来自村落竞选。

（二）干部产生机制

富人治村存在普遍的贿选现象，学界研究和笔者及所在的研究团队成员近年来在全国各地的调查充分支持这一观点。通过竞选获得干部职位成为富人实现身份转换的重要一步，然而在竞选中起决定作用的要素却是贿选金额的高低。

---

① 欧阳静：《富人治村与乡镇的治理逻辑》，《北京行政学院学报》2011 年第 3 期。

② 郑燕峰：《“射阳 10 万元村干部”：富干部带领村民致富》，《中国青年报》2003 年 10 月 8 日。

③ 吴毅：《无政治村庄》，《浙江学刊》2002 年第 1 期。

浙江金镇村两次换届选举的贿选之风在2011年似乎达到了顶点，一个村民的最高贿选金额竟达1200万元之巨，一般的村庄贿选金额也要在100万元之上，这笔钱只是一个人或一个竞选团队的花费，并非所有参选者的总和。土地增值空间巨大以及国家项目承包利润、工商税费减免、买地贷款优惠等利益成为富人角逐村干部的主要参政动机。正因为有着稳定的预期收入，富人才愿意投入巨额资金竞选村干部。双方或者多方竞选抬高了选民的选票市场要价，一个人能否胜出关键在于谁的出价更高。除了具有强大的经济实力以外，竞选者还需要一个得力的竞选团队，一般是竞选村主任或者村支书的人来“组阁”笼络村庄精英。竞选中，已经散落的家族力量被重新激活，个人的姻亲、三代以内的宗亲和朋友成为自己的“铁票”，铁票难以争取，因而双方竞争主要在于获得中间派的选票。除了日常的走访动员工作外，双方总是在选举的前一个晚上开始走家串户“发钱”，以保证金钱发挥最大的刺激效应，这就出现了袁松①博士所描述的“车响到天亮，人忙到天亮，灯点到天亮，狗叫到天亮”的现象。

富人竞选村干部抱着金钱投资的态度，在竞选团队内部也常常出现不讲信用的“投敌叛变”“抛弃”“倒戈”等现象，一个竞选团队的成员在下一次竞选中可以毫无道德压力地加入对手的团队，即使是落选的一方也不会去揭发对方贿选，这就是富人竞选村干部的务实精神和金钱逻辑。中下层村民对于贿选则持普遍赞成的态度，他们认为：富人有钱，给大家分点福利是应当的，给得越多越好；不用劳动就可以得到这么多钱当然是好事②；这也算是富人做好事等。上级政府对于贿选则是“睁一只眼闭一只眼”，不是因为村民选举属于自治范围内的事情、贿选行为隐蔽无法取证等因素，而是基层只要不出事，上级政府绝不会去自找麻烦。由此可见，富人村干部的产生机制是通过金钱运作进行的，同时得到参与分利的村民和上级政府的认可。

---

① 袁松：《富人治村——浙中吴镇的权力实践》，博士学位论文，华中科技大学，2012年。

② 夏柱智博士在浙江金镇某村调查时，农民报告说在支委选举中，一名竞争者一次性开出每票15万元的贿款，一位60多岁的老党员激动地说“这真的是给我的钱么?”据说这位年收入不过一万多元的老党员把15万元拿到手上时激动得说不出话来。《浙江J镇调查报告汇编（2013年）》，华中科技大学中国乡村治理研究中心档案。

（三）富人治村的治理行为

富人治村大都实行“代理式”治村即聘任专职人员或者委托副职干部代为管理村内事务。浙江农村实行村会计、文书、出纳聘任制度，当选的村干部成为“政务官”负责村内事务决策，而具体的事务和文案工作则交由聘任的“事务官”和副职干部实施。因而，富人治村常常是有治理主体无治理行为。

如果将村务决策、副职或者专职人员办事都算作治理行为的话，那么富人治村则是依靠强大的金钱逻辑支撑起来的。富人都是私营企业主，几乎没有时间、精力和耐心处理村民日常的琐碎事务，另外，用金钱包装起来的富人干部与大集体时代的老干部相比治理经验和技术显然相差甚远。富人从来不在乎村干部工资，况且可以用村落公共资金聘请事务员，因而聘任村落能人或者退休老干部协理村务显然是富人的明智之举。面对村民的养老纠纷、地界道路纠纷，迫于维护地方治安的村干部在调解一两次后，往往情愿自己出钱解决问题；在村庄公共品供给中，村干部利用关系资源争取项目，同时往往会将项目给自己人承包；在村中征地拆迁工作中，村干部可以个人许诺个别钉子户的额外要求化解钉子户，也可能会雇用黑灰势力协助做工作；在分配公共资源时，富人村干部为了回报竞选团队往往会向自己人倾斜，例如在日益稀缺的宅基地指标分配中，底层人越来越难以得到名额。

总之，在富人治村的行为中，越来越难以看到村干部的治理身影；在有限的治理行为中，村干部依靠金钱做支撑摆平一切公私问题。村干部认为自己的职位来自金钱投资，与普通村民无关，因而可以将公共资源侵吞为私有或划分给自己人，将为村民做好事视为个人的“慈善行为”，村庄公务（公共资源）成为少数几个富人的私务（私人资源），村治治理也成为私人性治理。

（四）治理效果与存在的问题

在文章开头笔者已经提出学界对当下富人治村的效果评价不一，下面从经济、社会和政治三个方面对当下的富人治村进行评价。

中央和地方政府鼓励富人治村正是从经济层面的“双强双带”期待出发的。除非占得市场先机获得“超级地租”在地利分配中获得了份额，富人治村的“双强双带”几乎都是破产的①。提倡带头致富忽视了农村的发展和农民的富裕是由中国目前的经济结构、发展战略及中央政策决定的国情，不是基层组织主观努力就可能改变的②。在市场份额有限、农业剩余价值有限、工商业创业成本巨大的情况下，农民怎么可能模仿富人发家致富呢？富人凭借金钱获得村干部地位，当村干部只是他的投资行为之一，与村民没有什么关系，他也没有责任或积极性要带领村民致富。从全国各地的实践效果看，富人治村能够“双强双带”的成功者寥寥无几。因而，政策层面所号召的富人带领致富的经济愿望落了空。

从社会层面看，富人治村与传统乡绅治村同样产生政治排斥，但机制和效果不同。乡绅治村的排斥机制是德望、文化和经济资本，而富人治村的排斥机制却是单一的经济资本。今天的富人除了钱没有什么值得村民羡慕的，也得不到村民的道义认可；而乡绅治理却是承载了村民的道德期待并获得了高度认可的。当下富人治村中出现的日益增多的底层人上访③就在一定程度上代表了阶层之间的冲突情绪。底层农民出于对村落公私事务的气愤、不公平情绪去上访，例如宅基地指标、征地赔偿款分配等问题，然而，在上访中底层人很快被富人利用为打击对手的工具，在富人精英的指使和资助下，上访者的上访理由于是添加了现任村干部贪污、账务不清等违规行为，然而诡异的是，只要上级政府调查，被告村干部的违规行为基本都存在。富人违法犯纪侵吞公共资源的行为进一步激发底层农民的反感和抗议，村民对富人治村没有道德期待，但对于富人的利益侵犯行为却无法忍受，因而在富人治村中常常可见底层人对富人的道德抱怨和情感排斥，阶层之间的对立情绪逐渐累积。

传统乡绅治村与国家分享共同的意识形态和治理目标，在文化权力中完成治理行为达到国家和村落社会的双重效果，具有逻辑和实践的自洽性。而今天的富人治村与共产党所坚持的工农政权意识形态和国家法治权威的治理目标却貌合神离，中央和地方政府鼓励私营企业主优先入党、富人贿选执政，但富人的治理目标却是获利而非巩固国家权威，富人执政与

① 袁松：《富人治村——浙中吴镇的权力实践》，博士学位论文，华中科技大学，2012 年。

② 贺雪峰：《富人治村与“双带工程”》，《中共天津市委党校学报》2011 年第 3 期。

③ 陈锋、袁松：《富人治村下的农民上访：维权还是出气？》，《战略与管理》2010 年第 3/4 期。

广大底层农民群众相脱离，破坏了基层民主政治、损害了国家治理权威，严重侵害了党的执政之基①。

在农村基本没有任何税费任务的今天，富人治村的动机大都是功利主义的考量，他们的贿选投资要么从国家项目、村庄公共资源中得到回报，要么从工商税收、银行贷款、企业项目优先条件中获得平衡。富人从参政竞选之初到治理过程再到治理后果的整个过程就是金钱的投资收益过程，其中没有富人的道德许诺/义务，也没有村民的道德期待，在金钱重新塑造的新政治规则下，所有村民都希望从富人的政治权力游戏中获得一份收益，所有村民都对贿选政治投以默许支持，结果发现受到损害的却是中下层人，我们将这种政治形态称为“金钱政治”。

当然不排除极个别富人抱有回报桑梓的道义动机并有效地提供村庄公共品供给、成功地带领群众致富，但广大农村的治理和发展既不可寄希望于微量富人的慈善行为，也不可浪漫地以为个别成功案例代表中国农村的未来，毕竟绝大多数情况下，富人治村的逻辑是经营投资的金钱逻辑。

四 去道义的基层政治

中国基层政治从传统儒家道义政治到集体化时期的马克思主义道义政治，再到改革开放以来的法律政治，以及在法律政治主导下出现的金钱政治、寡头政治，都呈现出中国基层政治去道义化的变迁逻辑。从国家政治、县乡政府的代理人以及农民这三个治理参与主体的角度来看②，这一变迁有以下三个主要原因：第一，改革开放以来中国与世界接轨中将政权合法性论证的任务交由法律政治，法律政治强调合法律性排斥地方性伦理准则；第二，与传统乡绅相比，现在的富人村干部在参政动机、产生机制、治理行为以及治理效果等方面实行的金钱投资逻辑排斥道义政治；第三，作为政府治理和服务对象的农民，他们的生命权利在后税费时代已经被国家政治满足，农民传统的现实道义政治期待已经消失，丧失了道义期

---

① 杨华：《农村阶层分化：线索、状况与社会整合》，《求实》2013 年第 8 期。

② 由于县乡政府与国家意识形态、治理任务、政权合法性论证方式是一致的，因而在这里我们将县乡政府与国家中央政府合为一体称为一方治理主体，村干部作为政府代理人形成治理的接点与农民打交道成为一方治理主体。

待的农民成为“无政治农民”①，他们的微弱诉求和微量行动无法支撑道义政治。当下的富人治村对道义政治的排斥在上文已有论述，不再赘述，下面主要讨论法律政治和“无政治农民”对道义政治的排斥。

（一）法律政治排斥道义规范

从整个中国古典的儒家政治哲学来看，中国人对皇权来源及其行使的正当性，更多地思考了道义论问题，而西方的政治哲学则主要发展出了不同形式的正义论问题。② 中国政权的正当性问题诉诸天道、人道等道义伦理，而西方政权的正义性问题则诉诸神学和法学，由此生发出两种不同的政治文明道路。

改革开放以来，中国逐步与世界接轨，在法律民主政治成为世界主流意识形态的情况下，中国必须做出政权合法性论证方式的调整以在世界政治中寻求合法性。自20世纪90年代以来，学界译介、传授西方政治法律书籍和学说成为主流，中国政府也更加注重民主政治建设，在农村实行的《村民委员会组织法》被学界称为实现中国民主的重要举措。法律作为人类理性的结晶具有普遍的适用性，一个国家的法律强调法律的统一性从而排斥作为异质性因素的地方道德规范。在法律主义浪潮的冲击下，村落人与人之间的关系也由熟人社会的血缘、地缘人情性关系转变为法律性关系；富人与穷人作为平等的主体，借贷、雇佣都是明确的契约关系；只要依法办事就可以免于追究，法律为村干部和国家行政机关人员消极行政提供了名正言顺的理由③。“秋菊的困惑”和“山杠爷的悲剧”④ 就是法律排斥地方道义规范的表现和结果。

曾经被政界和学界视为中国民主政治的演习和未来的村民自治制度，如上文所述，在中国农村却很容易演变为金钱政治和寡头政治。富人治村尽管贿选普遍却依据《村民委员会组织法》获得了执政的合法律性，他们的权力与其说来于选民不如说来于自己的金钱投资。在金钱逻辑下，富

---

① 吴毅：《无政治村庄》，《浙江学刊》2002年第1期。在过度政治化的大集体时期以后，农民回归到自己的种地、生养孩子、养老送终的生活中去，对于与己无关的村庄和国家政治毫不关心，“无政治的农民”并非不讲政治而是不关心，更谈不上参与当下的民主政治实践。

② 吴根友：《在道义论与正义论之间》，武汉大学出版社2009年版，第2页。

③ 魏程琳：《“逼助型”调解与自保社会的兴起》，《山东大学法律评论》2013年第10辑。

④ 朱苏力：《法治及其本土资源》，中国政法大学出版社1996年版，第23页。

人毫无道德伦理压力地做出以下行为：背信弃义地舍弃团队/成员、非法贿选、侵吞公共资源等。尽管富人贿选的金钱政治与台湾黑金政治[①]不同，但不可忽视的是：在广大利益密集型农村地区已经出现灰黑势力参与贿选拉票、村庄项目承包、征地拆迁动员以及村庄纠纷解决等基层治理工作的现象。富人的金钱权力与灰黑势力的暴力权力结合织成一张强大的资源汲取网络，他们上接国家下乡的政府资源，下吸农村的公共资源，逐渐形成一个顽固的食利阶层。富人的金钱政治在国家法律政治的斗篷下正在抽离基层政治的道义伦理，并严重削弱中央政府在基层民众中的权威性和合法性。

（二）“无政治农民”的弱道义期待

斯科特在《农民的道义经济学》里面论证了去道义化的小农经济是东南亚农民叛乱的主要诱因，与此类似，在中国20世纪末、21世纪初税费时期，过重的税费汲取危及农民的基本生活保障，引发了众多的抗争性农民群体事件，他们冲击地方县乡政府、殴打政府官员、焚烧政府汽车和办公楼等。这都是由于地方政府违反道义政治伦理引发的政治危机。正是为了缓解政治危机挽回在基层民众中丧失的道义合法性，中国政府启动税费改革不但取消农业税费而且不断地向农村输送公共资源，基层政府从“汲取型政权”转向“分配型政权”，国家和村庄公共资源分配成为当下中国农村基层政治的核心任务。农业税费免除、种粮补贴等各种惠农政策满足了农民传统的生命权利的道义期待，农民传统道义政治的基本诉求丧失，他们对于富人的新期待微弱，难以对富人产生约束力。

在国家分配型政权治理中，富人阶层敏锐地感知到其中的利益空间和政策优惠，因而富人精英重返政治舞台参政成为主流。在国家公共资源的争取与分配中，普通村民抱着无所谓的态度，“富人有本事争取到资源，贪污多少与我无关，工程质量如何是大家的事，只要不找我收钱就行了”。由于大部分农民是“无政治”的农民，学者由此寄希望于“中农阶

---

① 项继权：《台湾基层治理的结构与特征——对台湾坪林乡和大安成功社区的考察报告》，《社会主义研究》2010年第5期。另外可以参考欧阳旻《台湾黑金政治的起源与实质》，人文与社会网站：http：//wen. org. cn/modules/article/view. article. php？category = 10&article = 462&page = 0，最后访问日期：2013年11月29日。

层”[1] 承担起基层政治的使命，然而袁松[2]博士和笔者在浙江沿海农村调研的情况显示中农阶层要么被上层富人精英吸附，要么与底层农民一样对于基层政治毫不关心。几乎所有村民对富人贿选都持赞成态度的现象不就说明了这一点吗？然而，在富人主导的村庄事务和公共资源分配中“分利秩序”却相当难以形成，底层人的上访、败选者的攻击、普通村民的抱怨都在不断地累积阶层对立的怨恨情绪。在富人执政的村庄，底层村民对富人村干部虽然还未形成明确的道德期待，但是依照法律，公平分配公共资源、不侵害农民权益、不侵吞公共财产等消极道德期待还是存在的。然而，这种微弱的期待以及农民的冷漠政治态度，无法形成地方性舆论压力和规范性力量制约富人，松懈的农民同样在排斥道义政治。

五　结语:政治无须道义?

中国基层政治变迁从传统道义政治到改革开放时代以来的法律政治再到现实运作中的村民民主政治、金钱政治，展现了一个去道义化、去政治化的过程。中国社会是政府规划性变迁的社会，在国家主导的法律政治下，传统道义政治迅速衰落，然而，政治运作真的无须道义吗？

无政府主义代表人物之一西蒙斯运用分析哲学的方法论证了“法律义务”只是法律体系强加给我们一套规则要求而已，它本身不足以产生任何道德要求。[3] 即便如此，公民也没有理由不服从法律或者不支持国家因为我们对他人负有道义责任，权利与义务不能穷尽道德主题。[4] 将这种促使人们服从法律、认可政府合法性的道德责任上升为理论就是葛兰西[5]所指称的“文化霸权”：每个国家都是伦理国家，因为他们最重要的职能就是把广大国民的道德文化提高到一定的水平，与生产力的发展要求相适应；一个社会群体的霸权（统治权）来自它领导全体社会的知识和道德

---

① 杨华：《农村阶层分化：线索、状况与社会整合》，《求实》2013 年第 8 期。

② 袁松：《富人治村——浙中吴镇的权力实践》，博士学位论文，华中科技大学，2012 年。

③ ［美］约翰·西蒙斯：《道德原则与政治义务》，郭为桂等译，江苏人民出版社 2009 年版，第 20 页。

④ 同上书，第 173、178 页。

⑤ ［意］安东尼奥·葛兰西：《狱中札记》，曹雷雨等译，中国社会科学出版社 2000 年版，第 214 页。

的能力。即使是法治主义泛滥的今天，普罗大众哪一个是因为法律上的义务才内心认可、服从政府的？由缺失道义的法律政治来完成论证国家政权的合法性不过是法律主义者的浪漫理想。

中国今天的法治建设固然重要，但不可否认政治中的道德元素，任何一个法律人都清楚地知道法律的帝国里并不包括所有的领域，这个世界除了依赖冰冷理性的法律控制外，还需要人道、温情的道义伦理来调控维系。具有地方性特质的基层政治尤其离不开道义伦理的维护。如何结合国家法律政治，维护、巩固甚至是重塑基层道义政治的伦理规范，是国家与社会不得不高度重视并慎重考虑的一项重大而长期的工程。

城乡建设用地增减挂钩政策研究

——应将农村集体建设用地保护纳入国土治理战略

田 孟[①]

摘 要：通过增减挂钩政策开展统筹城乡发展的实践，不管是在学界还是政策界，都是一个热点问题。实际上，增减挂钩政策经历了一个从酝酿到提出并不断被规范化的过程。而当前关于增减挂钩的研究，却往往对于这个过程缺乏认识，且很多的研究成果缺乏与具体实践的关联。根本原因在于，这些研究对于增减挂钩的一些基础性问题缺少必要的研究和探讨。分析显示，增减挂钩政策在成都等地的实践及其效果，表现出了政府定点向农村输送财政资源的内在机制，因此更多地表现为一种政府的再分配行为，根本就不是什么市场机制的作用。结合这个认识，笔者提出了相应的政策建议及国土资源治理战略。

关键词：城乡建设用地增减挂钩　城乡统筹　基础研究　土地拜物教

---

① 田孟（1988— ），男，湖南麻阳人，苗族，华中科技大学中国乡村治理研究中心研究人员，博士研究生。主要研究方向：土地制度，城乡建设用地增减挂钩，农村社会学，乡村治理。

一　城乡建设用地增减挂钩的出台过程及其含义

（一）增减挂钩的出台

增减挂钩政策的出台，经历了一个从酝酿、到提出、再到不断规范的发展过程。

2000 年 6 月，中共中央、国务院《关于促进小城镇健康发展的若干意见》（中发［2000］11 号）提出要通过挖潜、旧城改造、迁村并点、土地整理、开发利用荒地和废弃地等方式，解决小城镇建设用地来源；2000 年 11 月，国土资源部《关于加强土地管理促进小城镇健康发展的通知》（国土资发［2000］337 号）提出小城镇建设要立足存量，内涵挖潜，促进集约用地；2000 年 12 月，国土资源部《关于加强耕地保护促进经济发展若干政策措施的通知》（国土资发［2000］408 号）提出要实行建设用地挂钩指标置换政策，积极稳妥地推进农村建设用地的相对集中。这是增减挂钩政策的酝酿阶段。

2004 年 10 月，国务院《关于深化改革严格土地管理的决定》（国发［2004］28 号）第十项“加强村镇建设用地的管理”，提出“鼓励农村建设用地整理，城镇建设用地增加要与农村建设用地减少相挂钩”；2005 年 10 月，国土资源部印发《关于规范城镇建设用地增加与农村建设用地减少相挂钩试点工作的意见》（国土资发［2005］207 号），明确城镇建设用地增加与农村建设用地减少相挂钩的试点的基本内涵；2008 年 6 月，国土资源部印发《城乡建设用地增减挂钩试点管理办法》（国土资发［2008］138 号），明确“城乡建设用地增减挂钩试点”。这是增减挂钩的正式提出阶段。

2010 年 11 月 10 日，时任国务院总理温家宝主持召开国务院常务会议，研究部署规范农村土地整治和城乡建设用地增减挂钩试点工作。2010 年 12 月，国务院出台的《关于严格规范城乡建设用地增减挂钩试点切实做好农村土地整治工作的通知》（国发［2010］47 号）和 2011 年 12 月，国土资源部出台的《关于严格规范城乡建设用地增减挂钩试点工作的通知》（国土资发［2011］224 号），皆是旨在对增减挂钩试点工作做更进一步的规范。而在此之前不久，即 2011 年 1 月，国土资源部制定了《城乡建设用地增减挂钩试点和农村土地整治清理检查工作方案》，该项工作方案于2011年2月获国务院批准。这是增减挂钩的规范阶段。

（二）“增减挂钩”的含义

按照国土资源部［2008］138号文件规定，所谓“城乡建设用地增减挂钩（以下简称挂钩）是指依据土地利用总体规划，将若干拟整理复垦为耕地的农村建设用地地块（即拆旧地块）和拟用于城镇建设的地块（即建新地块）等面积共同组成建新拆旧项目区（以下简称项目区），通过建新拆旧和土地整理复垦等措施，在保证项目区内各类土地面积平衡的基础上，最终实现增加耕地有效面积，提高耕地质量，节约集约利用建设用地，城乡用地布局更合理的目标”。

由于“农村建设用地”的主体是农民的宅基地，而农民的宅基地上往往建设有农民的房屋或其他建筑物，用以解决农民的居住需求问题，所以项目区内“拆旧地块”的整理往往就面临着需要对当地农民的房屋进行拆迁和还建安置工作。为了确保农民的居住权益，相关规范性政策明确规定：增减挂钩的实施，需要遵守“先还建、后拆旧、再复垦”的工作流程。理论上，农村现有的居住缺乏规划，且占地超标十分严重，若经过有效地规划和测算，农民搬迁后的“还建”用地比农民搬迁前的原居住地用地可以实现更集约、节约，因此就可以结余出一部分土地面积。这些结余出来的面积，经过土地整理后可以复垦为耕地，即成为了这个拆旧安置过程的新增耕地面积；与此同时，按照增减挂钩的含义，这个拆旧还建的过程还获得了相应的“建设用地指标”，这些指标可以拿到经规划的“建新地块”上落地，变当地的农村集体土地为建设用地。

从这个角度来看，增减挂钩实际上是一种特殊形式的土地整理工作。一般的土地整理获得的新增耕地面积，是通过比例折算的方式，获得相应的建设用地指标量；使用这些折抵指标，实际上是增加了区域内建设用地总量；当然，由于土地整理工作也新增了耕地面积，使得区域内的耕地总量也增加了；而且，由于是按照比例折抵建设用地指标，这个比例一般小于1，因此，总量上新增的建设用地面积要小于总量上新增的耕地面积，从而确保了使用这些折抵指标的“占补平衡”。

而由于增减挂钩整理复垦的土地本来就属于建设用地，即这些新增的耕地面积其实就是从原来的农村建设用地的复垦后得来的；若是按照既有的比例折抵的方式，那么区域内的建设用地总量其实是净下降了的；增减挂钩政策的出台，相当于把这个折抵的比例提高到1，使得新增的耕地面积等同于新增的建设用地指标量；使用这些新增的建设用地指标，之前新增的耕地则可以作为“占补平衡”，这就使得区域内的建设用地总量可以实现动态平衡，区域内的建设用地总量不增也不减。而且由于土地整理过程中，新增耕地面积往往多于统计的建设用地面积（小块变大块、中间模糊地带的复垦等），使得区域内的耕地面积总量不仅不会减少，反而有可能增加，至少是可以确保耕地总量保持不变。

二　对于增减挂钩政策的既有研究及其不足

虽然，增减挂钩政策本身仅仅是一个很小的制度设计，但是这个小政策却对于我国的土地制度尤其是土地管理制度、城乡统筹的方式，以及农民收入的增加和权益保护等方面具有十分重要的影响，因此也往往被寄予深切的期望或期待。比如，主流学界和政策界认为：首先，挂钩政策有利于保护耕地资源，守住18亿亩耕地红线，确保国家粮食安全，解决“保吃饭”的问题；其次，增减挂钩政策能够缓解地方经济发展对土地需求的紧张状况，破解经济发展中的土地瓶颈约束，解决“保发展”的问题；再次，通过农民土地资源的流动和变现，能够增加农民的财产性收入，保护农民权益，提高农民收入水平；最后，通过农民的搬迁、农村的撤并，有利于缩小城乡差距，创新城乡统筹方式方法，实现城乡一体化发展①。

笔者接下来简要梳理当前学术界和政策界关于增减挂钩的研究成果，并对其进行简要地评价。笔者以为，当前增减挂钩的研究主要可以分为以下几个方面：

① 参见田孟《一石三鸟？——城乡建设用地增减挂钩政策批判》，《战略与管理》（内部版）2013年第7/8期。

（一）是关于增减挂钩政策的制度演进研究

该方面的研究，主要是以国务院和国土资源部等出台的相关文件表述为依据，按照时间先后顺序进行归纳和总结①。这属于一般性的政策跟进研究，具有很强的时效性。但目前学界对于这方面的研究仅限于对于相关政策文件表述的直接搬移，缺乏创造性转化，没有能够比较深入地探究增减挂钩政策演变的深层逻辑和内在机理，因此对于增减挂钩政策为何会出现制度变迁或变革没有能够提供比较有说服力的解释。根本原因在于研究者对于“增减挂钩政策的性质是什么?”这样一个基础性的问题缺乏认识。因此，笔者以为，应着重加强对于增减挂钩政策本身性质的研究，从而才能够深入理解增减挂钩政策制度变迁的内在约束条件和变迁机制。

（二）是关于增减挂钩政策项目实施的技术体系构建

通过归纳综合，笔者以为这个体系构建主要可以分为以下几个研究子项目：农村居民点整理潜力研究②、增减挂钩规划研究③、增减挂钩项目

---

① 王振波、方创琳、王婧：《城乡建设用地增减挂钩政策观察与思考》，《中国·人口资源与环境》2012 年第 1 期；任平、周介铭：《城乡建设用地“增减挂钩”制度评价与研究展望》，《中国农学通报》2003 年第 5 期；刘建生、王志凤、孟展：《“增减挂钩”操作问题及改进建议》，《中国土地》2011 年第 6 期。

② 林坚、李尧：《北京市农村居民点用地整理潜力研究》，《中国土地科学》2007 年第 21 期；林坚、张沛、刘诗毅：《论建设用地节约集约利用评价的技术体系与思路》，《中国土地科学》2009 年第 4 期；石诗源、张小林：《江苏省农村居民点用地现状分析与整理潜力测算》，《中国土地科学》2009 年第 9 期；陈荣清、张凤荣、孟媛、郭力娜：《农村居民点整理的现实潜力估算》，《农业工程学报》2009 年第 4 期；贾玫：《内涵挖潜，退宅还田——浅析吉林省农村居民点土地整理潜力》，《中国土地》1999 年第 6 期；张晓平、朱道林：《城乡建设用地增减挂钩政策下的农村居民点斑块整理模式评价》，《中国土地科学》2012 年第 1 期；刘咏莲、曲福田、姜海：《江苏省农村居民点整理潜力的评价分级》，《南京农业大学学报》2004 年第 4 期。

③ 刘云升：《合村并居与农村土地产权制度的价值选择》，《学术月刊》2011 年第 4 期；周小平：《“挂钩”专项规划的几个问题》，《中国土地》2009 年第 12 期；程龙、董捷：《基于生态位适宜度模型的城乡建设用地增减挂钩规划方法研究》，《中国人口资源与环境》2012 年第 10 期；林国斌、蔡为民、吴云清、郝烁：《天津市城乡建设用地增减挂钩潜力测算》，《中国土地科学》2012 年第 6 期。

过程管理研究①，以及增减挂钩运作模式研究②等。这是当前增减挂钩研究的成果密集地带，尤其是在专业的学术刊物上，体现得十分明显（而在媒体上则又有不同）。这方面的大量研究，其目的是试图为增减挂钩工作的展开，不断提供精细、全面和具有可操作性的技术支持和智力支持，同时客观上也大大丰富了学术界和政策界对于增减挂钩的认识。

但是，该项研究也存在严重的缺点，即过于将增减挂钩作为一项技术性的工程项目，而对于增减挂钩所涉及的实际问题的复杂性缺乏必要的认识和思想准备，从而使得这方面很多的研究或过于主观化，或过于简单化，或过于理想化，甚至有的还过于幼稚化，因此其研究成果往往只能停留在纸面上，而不能转化为对于现实挂钩工作的真正指导作用；还有些研究成果则甚至根本对于现实就没有什么指导意义，理论与实践呈现出两张皮的现象。实际上，增减挂钩不仅仅涉及工程技术，而且涉及农民的生产生活和日常交往、村庄这个东亚社会特有的基本社会单元③、乡村治理（国家如何治理农村、治理农业、治理农民）等诸多方面。这就大大增加了增减挂钩在具体实施过程中的难度和复杂性。

因此，笔者以为，一方面，应着重于引入社会学、人类学、政治学、经济学、行为学等相关学科的研究视野和研究成果，尤其需要加强对于乡

---

① 黄金其：《增减挂钩需要关注三个问题》，《中国土地》2013 年第 2 期；边振兴、于森、王秋兵、张美玉：《城乡建设用地增减挂钩中补充耕地质量等别确定方法》，《农业工程学报》2011 年第 12 期。

② 程世勇：《“地票交易：模式演进和体制内要素组合的优化”》，《学术月刊》2010 年第 5 期；黄忠：《浅议“地票”风险》，《中国土地》2009 年第 9 期；黄忠：《地票交易呼唤顶层设计》，《中国土地》2011 年第 12 期；黄忠：《让市场发挥更大能量——地票制度再创新的思考》，《中国土地》2013 年第 2 期；杨飞：《反思与改良：地票制度疑与探——以重庆地票制度运行实践为例》，《中州学刊》2010 年第 6 期；杨继瑞、汪锐、马永坤：《统筹城乡实践的重庆“地票”交易创新探索》，《中国农村经济》2011 年第 11 期；王君、朱玉碧、郑财贵：《对城乡建设用地增减挂钩运作模式的探讨》，《农村经济》2007 年第 8 期；李海梅：《城乡建设用地增减挂钩政策实施的异化风险及预防》，《中州学刊》2013 年第 1 期；马宗国、田泽：《我国城乡建设用地增减挂钩试点的思考》，《理论探讨》2011 年第 4 期；王德钧、刘晓玲：《城乡建设用地增减挂钩项目资金来源模式利弊探讨》，《资源与人居环境》2010 年第 12 期；张海鹏：《我国城乡建设用地增减挂钩的实践探索与理论阐释》，《经济学家》2011 年第 11 期。

③ 参见贺雪峰《地权的逻辑——中国土地向何处去》，中国政法大学出版社 2010 年版；贺雪峰《地权的逻辑Ⅱ——地权变革的真相与谬误》，东方出版社 2013 年版；温铁军《中国农村基本经济制度研究》，中国经济出版社 2000 年版；陈锡文《农业和农村发展：形式与问题》，《南京农业大学学报》（社会科学版）2013 年第 1 期。

村社会基本性质的理解和认识；另一方面，而且是更加重要的，是应加强对于增减挂钩技术性研究工作的前提进行反思这一工作，即要对增减挂钩本身的性质进行深入研究。“增减挂钩是什么”，或者说“增减挂钩的本质是什么”，应该构成讨论“增减挂钩工作如何更好开展”等相关技术性问题的前提条件，否则，这样的技术性讨论及其成果再多，也是没有方向和未来的技术手段，因此也就必然不会产生比较好的回馈和绩效。

（三）是关于增减挂钩政策的评估

这方面主要包括挂钩政策评估标准研究①，和对增减挂钩政策的质疑或肯定以及进一步规范的建议②等。这是当前在媒体上比较热点的一个论题。当前，学界或政策界对于增减挂钩政策的态度和观点非常丰富，但差异也比较大，而且在某些关键领域里的声音甚至可以说是针锋相对的。尽管存在很大的张力，但笔者却也发现，上述对于增减挂钩政策本身的评价却没有能够比较清晰地揭示出这一政策的内在机制和根本性质。研究者在对增减挂钩试点进行评估时，对于“如何理解增减挂钩本身?”这个问题实际上都是被悬置了的。对于增减挂钩政策含义介绍，相当多的研究成果都是直接摘录政府部门文件的关于增减挂钩的标准定义，因此缺少对增减挂钩这个政策本身内在本质的深入理解。因此，很多对于增减挂钩试点的

---

① 陈美球、马文娜：《城乡建设用地增减挂钩中农民利益保障对策研究——基于江西省〈“增减挂钩”试点农民利益保障〉专题调研》，《中国土地科学》2012 年第 10 期；鲍家伟、陈霄：《城乡建设用地增减挂钩的三个平衡》，《经济体制改革》2012 年第 2 期。

② 田孟：《一石三鸟？——城乡建设用地增减挂钩政策批判》，《战略与管理》（内部版）2013 年第 7/8 期；刘建生、王志凤、孟展：《“增减挂钩”操作问题及改进建议》，《中国土地》2011 年第 6 期；涂重航：《多省撤村圈地意在财政失去宅基地农民被上楼》，《新京报》2010 年 11 月 2 日；陈锡文：《土地增减挂钩违规严重》，《新京报》2010 年 11 月 3 日；郑风田：《农民宅基地不是“唐僧肉”》，《新京报》2010 年 11 月 5 日；谭静：《城乡建设用地增减挂钩中的集体土地权益保护》，《中国土地科学》2012 年第 2 期；北京大学国家发展研究院综合课题组：《还权赋能——成都土地制度改革探索的调查研究》，《国际经济评论》2010 年第 2 期；赵继承：《“增减挂钩”政策错了吗?》，《新京报》2010 年 11 月 13 日；张宇、欧名豪、张全景：《钩，该怎么挂——对城镇建设用地增加与农村建设用地减少相挂钩政策的思考》，《中国土地》2006 年第 3 期；伍学林：《成都市城乡建设用地增减挂钩试点的经验与启示》，《软科学》2011 年第 5 期；周其仁：《“增减挂钩”怎么看?》，《财新网》记者常红晓据北京大学国家发展研究院“2011 朗润思辨圆桌”发言采写；晓叶：《增减挂钩与制度创新》，《中国土地》2011 年第 7 期；李孟然：《本质是优化利用空间——中国农业大学教授郝晋珉谈“增减挂钩”》，《中国土地》2010 年第 6 期。

评论分析，都是从文本到文本、从概念到概念，想象的成分居多，观点重复甚至遣词造句的重复率也极高。笔者以为，对于增减挂钩基本性质的把握，是对增减挂钩进行评价的前提，没有对这个前提有充分的认识和理解，评价就往往就不接地气，内容是空对空，或者就是人云亦云，到处跟风，或者就陷入各种各样的“现象”甚至是“表象”之中，不能看透、看准问题的实质，从而也就解决不了实际问题。

三　增减挂钩的基本性质探讨

因此，当前学界和政策界应着力加强对于增减挂钩基本性质的研究。这是增减挂钩的基础研究之一，具有十分重要的理论意义和现实意义。但是，需要注意的是，增减挂钩基本性质研究，由于不同的研究者有不同的兴趣点和关怀，并且所借助的研究视角可能也会有不同，从而使得这项研究可以构成一个研究的体系，因此其本身也是个十分复杂的问题。本文不可能把这个研究体系的各个方面都展示出来，而仅仅打算就增减挂钩的内在机制：即利用增减挂钩统筹城乡“是一个市场行为，还是一个政府行为”进行研究并讨论。笔者以为，这个问题是当前对于增减挂钩基本性质的一个十分关键性的问题，对于驱散掉那些附着在增减挂钩争议上面的重重迷雾有重要的作用，同时对于增减挂钩的具体工作的开展和规划，也具有十分重要的指导意义。但遗憾的是，当前学术界和政策界普遍对这个重大而又基础的问题缺乏必要的研究和充分的讨论。这种基础研究的缺失所导致的认识上和行动上的混乱，甚至已经有了逐渐向上弥漫的趋势，开始影响决策层的相关决策。

以下主要结合笔者及所在研究团队近两年在四川、湖北、江苏、福建等地的调查报告，及借鉴外界相关的报道和研究成果，对增减挂钩的内在机制进行探讨。

（一）政策基本情况介绍

增减挂钩项目区中的“拆旧地块”，其绝大部分是指农村的宅基地，而农村的宅基地，承担着满足农民的基本居住需求的功能。为了取得可用于复垦的农村集体建设用地地块，并最终获得建设用地指标，就必须对农村的房屋实施拆除、对农民进行搬迁。拆除农民的房屋，就需要设置还建安置区，给农民还建房屋，以保障这些农民的基本居住需要和权利。还建安置区的建设，由于是在集约、节约利用土地的指导原则按照一定的人均用地标准条件下进行规划和建设，就比原本农民分散且缺乏规划的状况下的居住方式更少地占用土地。将这些结余出来的土地复垦为耕地，就同时形成了相应规模的新增建设用地指标。

需要注意的是，从挂钩项目立项，到还建、拆迁、搬迁、安置、复垦等，整个过程都需要资金的投入，尤其是在还建安置点的建设上，往往需要进行大量的基础设施建设和公共服务配套[①]。由于项目的实施需要与农民直接进行互动，因此项目区农户意愿强度是影响挂钩项目实施的一个重要因素。为了项目实施和验收的方便，项目主体往往倾向于对土地进行连片拆迁和复垦；但由于不同的农民在居住条件和迁移意愿上有不同的需求层次和偏好，使得项目的连片实施往往会受到比较大的阻力，需要支付更高的成本。若要尊重农民意愿，但又想实施连片开发，那么就只能把当地农民中最不愿意参加项目的农户提出的补偿标准作为项目实施的标准。

同时，由于挂钩项目的各项工程建设标准还要受到政府或部门的管理和规定，因此政府对于挂钩项目的要求和期待，也会影响挂钩项目的成本。比如，成都市把农村还建安置点的建设当做是成都市统筹城乡发展的一个重要抓手，严格要求还建安置点要执行“四性”标准，配套水、电、气、视、网、光纤等各项基础设施；配套超市、卫生室、篮球场、运动场所、老年人活动中心、便民服务站等各项公共服务设施，高起点、高标准、高规格地建设新农村，这样就把拆旧还建这一块的支出抬得很高。而沙洋县采取“拔萝卜式”的项目实施方案，制定了单位宅基地面积的确定价格（每亩宅基地的价格是2.58万元），尊重农民意愿，成熟（同意）一户就拆迁一户，补足价钱后由农民自行解决安置问题，项目实施业主不负责解决还建安置。这样还建安置的成本就很低，因为沙洋县政府希望通过增减挂钩的方式，获得更多的建设用地指标，与此同时促进农民进城买房，缓解当地乡镇房地产资金紧张的局面。

在拆迁复垦和还建安置这个环节，不管是农民的主观要价，还是政府部门的客观要求，都使得增减挂钩项目的实施需要支付一定的成本。而且，这个成本的规模具有一定的弹性，在不同的地区有不同的标准。比

① 田孟：《城乡建设用地增减挂钩资金收支机制研究》，未刊稿。

如，成都市的就很高，可以达到 30 万元/亩；而沙洋的就很低，只需要 2. 58 万元。没有这些资源的输入，增减挂钩项目就没有可以实施的物质基础。因此，增减挂钩项目的资金来源就构成了项目实施的一个十分关键的约束条件。

表 1　　部分地区增减挂钩指标交易政府保底收购价格

地区	指标价格（万元/亩）	备注
湖北省沙洋县	2. 58	2013 年 3 月
湖北省鄂州市	16	2012 年 10 月
四川省成都市	30—35	2012 年 12 月
江苏省常熟市	100	2013 年 5 月
福建省	10—20	2010 年 3 月

说明：表 1 数据来源于《华中科技大学中国乡村治理研究中心调查报告汇编》。其中，福建省数据来自《福建探路农地流转增减挂钩，圈定 21 小城镇集中试点》。

那么，增减挂钩的资金从何而来？当前，一个最主要的也是最首要的方式，就是通过实施增减挂钩之后所获得的新增建设用地指标。除此之外，一般来说，地方政府还会将大量的国家支农惠农资金向这些地方集聚，以支持这些试点的建设，但这是不公平的，因此不能构成拆旧还建的稳定的资金来源。而新增建设用地指标的收益，则是一项比较稳定收入来源，从而用以解决拆旧还建过程中所支出的成本问题。问题是，指标的收益是如何变现的呢？

（二）政府主导的增减挂钩

我们首先来看政府主导的增减挂钩过程，指标的收益是如何实现的。

新增建设用地指标的用途，就是可用于城市规划区范围内的征地，将城市郊区的农村耕地变为国有土地。按照土地利用总体规划和土地利用年度计划，地方政府每年都会从上级政府手上获得相应规模的建设用地指标，我们称这个指标为“计划内指标”。这个指标最终的发出方，则是中央政府。中央通过土地计划的供应，对全国的经济发展状况进行宏观调控。

按照城乡建设用地增减挂钩政策的规定，通过增减挂钩得到的指标，也叫做“新增建设用地指标”，这项指标按规定也可以用于在城镇周边征收土地，将农村耕地变为国有土地。因此，这个指标是与国家供给的“计划内指标”没有差别的指标。由于这种方式产生指标不在《土地利用总体规划》和《土地利用年度计划》范围之内，因此称其为“计划外指标”。对于地方政府来说，两个指标唯一的差别是来源不同。“计划内指标”是上面直接下达的，因此在获得的时候不需要支付费用，在使用指标的时候需要缴纳新增建设用地有偿使用费和耕地开垦费（以下简称“两费”）；而“计划外指标”，则是最终通过开展增减挂钩项目的方式，才能够获得的，因此是有成本的，在使用指标的时候则可以冲抵上述“两费”①。但无论如何，增减挂钩政策的出台为地方政府在中央政府之外，获得新增建设用地指标提供了一个新的途径。

按照我国现有的征地制度，不管是计划内指标还是计划外指标，凡是征地行为，都必须是政府在符合规划的情况下发出的行为，其他单位或个人不具备这样的资格。这就意味着只有政府才有合法的权利使用这些指标用于征收土地。因此，不管是哪个项目业主实施增减挂钩取得土地指标，最终都需要交到政府手上才能够将指标落地，获得相应的国有土地，将“指标”变为“实地”。

因此，在现有的征地制度安排之下，计划外指标最终也是要汇入到政府手上的。一般来说，由于增减挂钩项目需要与成百上千家农民打交道，而且还涉及项目区相应土地的性质变化，投入周期比较长，风险也很大，投资回报没有保障，因此一般的企业都不愿意参与到这样的项目投资中去。增减挂钩项目早期的运作模式，一般都是政府或政府下辖的企业投资进行增减挂钩项目，政府以地方财政为担保向银行贷款，贷款所得用于开展挂钩项目；项目完成后，获得的指标自然就归地方政府使用；由地方政府通过使用这些指标去征地，再通过土地出让获得的收益来还贷。从这个角度来说，是地方政府的土地出让收入，提供了实施增减挂钩项目所需要的资金。

这就是说，在政府主导开展增减挂钩工作的过程中，是政府在拿城市里的土地增值收益来支付农村里开展的增减挂钩项目工作的成本；而按照

---

① 沙洋县的2.58万元就是冲抵两费的价格，因此，在沙洋县，实施增减挂钩项目获得的建设用地指标，地方政府是没有支付一分钱的成本的。

我国现有的征地制度，这些城市里的土地增值收益是纳入地方政府的土地财政收入之中的。这就是说，对于那些由政府直接参与的增减挂钩项目，其实是政府在拿自己的土地财政收入来支付增减挂钩项目，或者说增减挂钩是政府的一个财政再分配的行为，这个道理应该不难理解。即使是交易，我们注意到，这里面的指标的最终收购方，必然只能是政府。这就使得这种交易是一种垄断的形式。

（三）引入社会企业参与的增减挂钩

然而，当并非是政府亲自参与增减挂钩项目实施的时候，事情似乎就显得要复杂得多了。由于按我国法律规定，企业是不可能拿着指标直接去征地的，只有政府才有征地的资格，因此，这些指标在企业的手里没有意义，只能最终回到政府手上才能够实现其使用价值。然而，政府要想获得这些新增建设用地指标，就需要向这些实施项目的单位支付相应的费用。这其中的“费用”，既包括项目整个运行过程中的一切开支，也包括这些资金投入的投资回报。也就是说，引入企业或其他非政府组织进入增减挂钩项目的实施过程中，政府不仅需要支付增减挂钩项目实施的全部费用，而且还要保障这些引入的非政府单位的投资回报率，才能够确保这些非政府单位愿意进入这个领域里来投资。

政府为什么要放开让非政府单位也来做这个项目？一个原因是社会舆论，各地对于政府强迫农民上楼的行为很反感，同时，政府也感觉到跟农民打交道的成本很高；另一个更重要的原因则是：地方政府财政上没钱了。这里面最关键的结点，是新增建设用地指标的价格决定问题。对企业来说，增减挂钩投入的成本要实现回流并确保投资回报，需要通过指标价格这个渠道来实现。问题是，这个指标的价格是如何决定的。

我们的调查显示，指标价格其实都是政府决定的。因为，不管指标时由什么性质的业主“生产”出来，也不管指标的交易经过了多少个交易主体，最终指标一定要回到政府手上，否则指标就落不了地。也就是说，在指标交易的最后一个过程里，收购指标的主体必定是地方政府。这就是说，政府制定的保底收购价格，对指标市场交易过程进行上限控制。超出这个上限，最终政府不收购了，获得指标的范围拿着指标也没有意义。在成都市，这个保底收购价格的制定依据，即是实施增减挂钩拆旧建新的预算成本，并考虑企业投资回报率。在成都市某地，当地政府与相关公司签订合同，在精细核算每亩指标工程成本需 28 万元的基础上，确保公司每亩指标上有 2 万元的利润。在这里，尽管有社会企业参与了指标的“生产”过程（也是新增耕地的生产过程），存在一定的市场化竞争机制，但是这些社会企业参与项目在性质上，仅仅是帮助政府完成了与农户打交道，并完成一系列的工程技术工作。

政府本来是可以自己来做的，却把这些工作交由市场上的其他主体代为完成，并给其提供投资回报，这并不对增减挂钩的基本性质有任何的改变。因为最后为增减挂钩项目的成本买单的，其实还是政府的财政收入。因此，我们并不能认为，有社会企业的参与就表明增减挂钩是市场性质的了，而需要透过这些表象，看到其实质：其实质还是一个政府的财政再分配行为，或者说，是政府作为唯一的收购方与市场上的指标供给方的一个交易行为。

（四）地方政府制度创新下的增减挂钩：以成都市的“持证准用”为例

本来，上述关于增减挂钩基本性质是比较清晰的，体现出是政府将财政收入通过“新增建设用地指标”这个渠道，向农村转移财富的内在机制。而且，由于增减挂钩是立项控制了的，能够有机会被立项的毕竟是少数农村，从而使得这种“向农村转移财富的内在机制”其实是定点、定向转移的，加上地方政府对于立了项的村庄的新建设标准提得很高，就意味着向这些村庄输入大量的资源，因此这些村庄的村民对此都很满意，不满意的是没有被立项的村民，他们希望自己的村庄能够尽快被立项，被政府输入财富。问题是，地方政府没有那么大的资金能力，可以把辖区内所有的农村都立项。

然而，随着成都市和重庆市的试点探索，却把增减挂钩的基本性质给复杂化了。本节以成都市为例，分析成都市是探索如何通过引入所谓的“市场机制”，来实现土地的价值的。成都市制度创新的具体做法，简要说来就是：成都市最终制定“持证准用”制度，要求凡参与国有经营性建设用地招拍挂的房地产开发商，在进行土地开发之前，必须持有相应的新增建设用地指标，否则即使拿到了土地，也不允许进行开发。政策制定者的意图，是打算将增减挂钩项目所需要的成本，通过与城市里的房地产开发建立联系，让这些房地产开发商拿出一部分资金用来购买指标，从而承担农村里实施增减挂钩项目的成本。这就与前面说到的“指标最终收购方必然是地方政府”这个说法有了差异。成都市的探索，是试图把这个指标的“最终收购方”，扩大到房地产开发商这个群体，或者说扩大到城市商住型建设用地上面来。

问题是，房地产开发商不可能不知道政府的这个意图，而且政府的这个意图必然是失败的。因为对于一个房地产开发商来说，政府推出的一块土地，其价值几何、收益几何，开发商早就有了自己的评估和测算。因此，在进入土地的招拍挂过程中，开发商的竞价是有一个上限的，一旦超出了这个上限，开发商会选择退出竞拍过程——这是一个市场竞争过程，政府不可能对开发商进行强制交易。所以，当政府制定规则要求开发商在拿到土地以后，必须再拿出一笔开支用于在“指标交易市场”上购买相应面积的指标。这对于开发商来说，就相当于是增加了一笔土地的开发成本。这样，当开发商在进行评估的时候，自然是将这一笔成本也纳入对于土地竞价可接受区间的考虑之中，从而将其对于土地竞价的上限往下降了一定的距离。比如，假设在没有“持证准入”制度之前，开发商对于某一特定地块的单位竞价上限是 100 万元；而当“持证准入”制度要求每亩土地必须配套相同面积的新增建设用地指标时，假定这一指标在市场上的价格是 30 万元，那么开发商在参与竞价时的上限自然就降低为 70 万元，而不会是原来的 100 万元了。

在当前，由于土地出让金收入是地方政府的主要收入来源之一，这就意味着，政府在制定“持证准用”制度以后，在上述地块的竞价过程中，地方政府的土地出让收入将由原来的每单位 100 万元下降到 70 万元，“损失”的 30 万元恰恰支付了开发商购买单位指标的价格，同时也是实施增减挂钩项目所付出的单位成本及其投资单位回报的总和。经过这样一个错综复杂的过程，表面上看起来好像确实是开发商在出钱购买增减挂钩的指标，而不是政府直接花钱；但是，经分析却不难发现，开发商出钱只是表象，其背后还是政府在出钱；不同之处在于，这一次政府出的钱是从其未来的本应得到的土地财政收入中提前扣去了一部分。

世界上没有无缘无故的财富。土地本身没有价值，因此也就不存在什么价值的释放与不释放。成都市看似让开发商“多付出”的那一笔增减挂钩指标的费用，最终还是以地方政府的土地财政收入相应的减少为代价的。因此，实际上，是政府的土地财政收入在为增减挂钩项目提供资金，成都市的增减挂钩本质上还是一种政府的再分配行为。只是，成都市通过这一系列看起来“很市场”的制度创新，又是搭建交易平台、又是搞市场竞拍，十分具有迷惑性和诱导性，让人感觉确实是市场在起作用。但是，这只不过是一些修饰罢了，根本上还是“以市场之名，行分配之实”。成都市搞这么一系列的制度创新，仍然还是摆脱不了再分配的本质，尽管这次再分配的不是政府现有的财政收入，而是再分配政府未来的财政收入。

（五）增减挂钩进行城乡统筹是政府的一项再分配行为

增减挂钩的基本性质是政府的再分配行为，再分配的是城市经济发展的剩余，是地方政府的土地财政收入。增减挂钩指标价格的下限，是按照当地农民的要价和政府对于建设安置区的标准所需要支付的腾出建设用地指标的成本，包括投入的资金及其回报率，政府的收购价若低于这个成本，就没有业主会去参与指标的“生产”。不同的地方政府对于建设的要求有差异，因此指标价格的下限也随之出现差异。成都市试图进行城乡统筹，所以要求就很高，于是指标成本也就很高，因此指标价格的下限也被抬高。而增减挂钩指标价格的上限，是地方政府对于城市建设用地的稀缺程度，这个稀缺程度由上级政府分配的计划内指标量的多少来决定，最终是由中央政府下达的指标量来决定。当前，为贯彻落实保护耕地的基本国策，中央政府偏紧地向地方政府供给建设用地（指标），使得地方政府普遍具有建设用地的稀缺感。但在不同的城市这种稀缺感有很大的差异。稀缺感越高，增减挂钩指标价格的上限，往往就越高。

成都市是试图通过增减挂钩来实现城乡统筹，所以其分配的力度和规模都是很大的，新农村建设得很好，体现出来的再分配的特点也特别明显。而沙洋县没有试图用增减挂钩政策来建设农村，而是仅仅试图以此获得征地的指标，所以再分配的力度和规模都不大，其制定的指标价款额，就是使用新增建设用地指标所需要上缴的新增建设用地有偿使用费和耕地开垦费。这两项费用本来应该交给中央财政，但是对于那些通过复垦宅基地（建设用地）的方式取得的指标，中央免除了上述“两费”的上缴。因此，在沙洋县，增减挂钩对于地方政府来说，是为其免费提供了“计划外指标”，而中央财政则为当地实施增减挂钩提供了资金上的投入。

四　小结及建议

需要注意的是，这种政府财政分配方式不管是成都式的，还是沙洋式的，都有一个非常明显的特点，即要进行立项。也就是说，地方政府的这种再分配行为，是定点输送利益的。由于增减挂钩是需要立项的，因此，这种再分配其实是将政府财政资源定点输送的，其他没有立项的农村就不可能获得政府财政的转移和输送，因此这是很不公平的政府行为。但是，在指标价格政府规定了的情况下，如果不采取立项的方式，地方政府的财政往往又消化不了那么多的指标。这里面本身是具有矛盾的，需要对增减挂钩本身的内在机制有认识，才能够解释这个矛盾。然而，遗憾的是，这个矛盾往往没有得到足够的注意，使得学界和政策界往往过于浪漫地想象土地里所可能蕴含着的“财富”。

“土地里面自然有财富”的认识，是一种新的“拜物教”①。如“农民自用的建设用地权一旦经由市场竞价，可能表现为惊人数目的货币财富”②，或农民是“端着金饭碗讨饭吃”③。这些论断的问题都在于没有认识土地的基本属性，没有注意到短期经济运动的规律，也没有能够看清增减挂钩试点政策在成都市所取得的城乡统筹效果，内在的是一种政府再分配行为。这种土地上的拜物教，本质上是对市场的绝对迷信，从而忘记了市场的界限。

结合以上分析，笔者就增减挂钩政策提出以下建议：

（一）增减挂钩政策不宜常规化

笔者以为，增减挂钩政策不应该全面推开。因为一旦全国推开的话，假定还是以一个县域为界限，则如果当地政府想要确保指标价格不下降，由于再分配机制将起作用，那么地方政府的财政必将受不了，尤其对于广

① 贺雪峰、夏柱智、王海娟、刘锐、冯川：《农村建设用地的价值笔谈》，《古今农业》2013 年第 1 期。

② 周其仁：《试办“土地交易所”的构想——对成都重庆城乡综合配套改革试验区的建议》，《中国科技投资》2008 年第 8 期。

③ 参见《统筹城乡是改变二元结构的有效途径——专访成都市委常委、常务副市长孙平》，《南风窗》2010 年第 6 期。

大的中西部一般农业型乡镇，指标价格的上限和下限往往是在低水平的状态下比较接近；而一旦价格允许浮动，则由于目前农村中沉淀了巨量的农村集体建设用地，价格稍微一抬，指标的供给就将巨额地增加，从而使得指标价格必然大跌，成都市的30万元可能将跌到沙洋县的2.58万元，甚至将跌到毫无价格的程度（因为现在在农村有很多宅基地是自发复垦了的，复垦成本可以看成是零），从而增加农民收入、改善农村生产生活条件的城乡统筹目标就没有可能实现了。这样来看，只有那些城市经济比较发达的少数地区（珠三角、长三角、京津唐、成渝等地区），才具备通过增减挂钩政策向农村输入大量资源的条件，而对于大多数一般农业型地区，缺乏实施该政策的物质基础。

笔者以为，增减挂钩之所以能够起到比较好的统筹城乡的作用，一个基础前提即在于立项控制（另一个是国家偏紧的建设用地供给控制）。通过立项控制，排斥了潜在的其他指标供应，控制了指标供给的规模（这显然不符合市场的要求），才使得有资源的地方政府可以向这些特定的农村输入资源，消化掉这些指标。而且，这也是这些钱可以起到作用的原因。

（二）增减挂钩不宜允许跨区域交易

也正是在这个角度上，笔者也不认为应当放开指标交易范围、允许指标全国统一交易的观点。允许指标跨区域交易，看似扩大了指标交易的范围，实际上增加大量的交易费用，因为不同层级的地方政府，具有很大的差异性。但这还在其次。

关键的问题是，指标被允许跨区域交易以后，成都市这样的城市若还是制定30万元/亩的保底收购价，那么大量的类似于沙洋县这样的一般农业型地区的建设用地指标会向成都市这类的城市涌流，使得成都市这类城市不得不大量地向沙洋县这类一般农业型地区转移成都市这类地方政府的财富。这样，成都市还怎么进行自己范围内的城乡统筹发展呢？

若是政府不再制定保底收购价格，而是采取在允许跨区域交易的同时，通过全国性的交易平台采取市场竞价的方式决定指标价格的话，那么，指标最终的价格将会以农村中最愿意拿出指标的农民的腾出指标的成本为价格依据。目前，农村中大量的宅基地复垦的成本是零，这就意味着，指标一旦在全国范围内可交易、同时要求市场竞价的话，指标的交易价格将长期维持在零的水平。这显然与当前所谓土地“资源变资产”“资产变资本”的炼金术士式的许诺和预言相差甚远。

（三）应将保护农村集体建设用地纳入国家战略

增减挂钩的一个启示是：既然增减挂钩拆旧地块的土地可以复垦为耕地，那么也就意味着这些农村集体土地具有潜在的生产粮食的能力和价值。这就意味着农村集体建设用地与城市里的建设用地有很大的差别。当前国家粮食安全往往盯住现有耕地的保有量不放，通过开辟增减挂钩这样的政策，搞所谓的存量建设用地的“动态平衡”。然而，这种看似动态的平衡，实际上还原到粮食生产能力方面看，根本就不平衡。因为存量的建设用地中，宅基地是可以具有粮食生产能力的土地，而城市建设用地根本没有这样的功能和作用。存量地类是平衡了，但是粮食潜力却净流失了，潜在的粮食供给能力根本就没有平衡。

因此，增减挂钩看似多赢，实际上却是以国家潜在的粮食生产能力的削弱为代价的，也就增加了未来的粮食安全的风险。在当前我国农村中现有的耕地上，便已经普遍出现了季节性抛荒的情况下，我们有必要再把那些具有潜在粮食生产能力的农村集体建设用地（宅基地）也开掘出来生产粮食吗？在当前粮食市场稳定的情况下，国家粮食安全问题的关键点，不在于现有的粮食产量有多少，因为现有的粮食供求已经是明显的供大于求了；粮食安全的关键点在于国家潜在的粮食生产能力，这才是具有战略意义的问题。既然增减挂钩告诉我们农村中有一部分土地具有潜在的生产粮食的能力，那么为了确保国家粮食安全，我们应该做的是把这些土地保存起来，以备不时之需，或者调控粮食市场；而不是现在就把它们开掘出来，“谷贱伤农”。

因此，笔者以为，尽管增减挂钩在加强乡村规划，改善农民生产生活条件方面提供了一定的有意义的启发，但是，增减挂钩政策没有能够兼顾长远利益和国家发展大局，故而是一个比较短视的政策安排①。中央政府应该从更加长远的角度，通过规划的手段，实现建设新型城乡关系的目标。就国家粮食安全方面，笔者认为，中央政府不应停留在“耕地”“建

① 参见田孟《城乡建设用地增减挂钩资金收支机制研究》，未刊稿；田孟《一石三鸟？——城乡建设用地增减挂钩政策批判》，《战略与管理》（内部版）2013 年第 7/8 期。

设用地”“未利用地”这些抽象的概念上面思考，因为这些概念仅仅是为了土地管理的方便进行的界定，是服务于土地管理的需要人为制定的知识体系。这套知识体系运用到国家粮食安全领域可能就不适用。笔者以为，政府应该以“是否具有粮食生产潜力”为标准对农村所有土地进行重新分类，以确定那些具有变为耕地能力的农村非农用地类型，然后通过规划及相关政策予以切实保护。对于粮食安全来说，“具有粮食生产潜力”的土地才具有战略价值，因此，这部分土地也应该纳入严格保护耕地资源的基本国策范围之内。

探索一套可复制的扶贫模式

——赴恩施市龙马乡考察报告

夏柱智①

摘　要： 小康不小康，关键看老乡。实现2020年全面建成小康社会的重点在连片贫困山区脱贫。本文考察了湖北省恩施市龙马乡的扶贫政策和实施状况，试图探索一套可复制的扶贫模式。从产业结构调整方面，提出要尊重农民主体性，因地制宜，长期规划的建议；从扶贫搬迁方面，提出“大集中”和“小集中”，着重充实基层集镇的公共服务职能的建议。最后，从扶贫政策落实方面，提出发挥基层党组织的领导和基层群众民主决策监督功能，让农民广泛参与到扶贫政策制订和实施过程中去。

关键词： 扶贫模式　小康社会　产业结构调整　扶贫搬迁　基层组织建设

李克强总理于2007年和2012年两次实地考察湖北省恩施市龙马乡，要求恩施市在“扶贫搬迁、移民建镇、退耕还林、产业结构调整”等方面先行先试。2013年3月27日，湖北省确立龙凤镇龙马乡为省“综合扶贫改革示范点”，为连片特困地区以及少数民族地区综合扶贫探索路径、积累经验。为了深入理解农村贫困性质，及探索一套可复制的扶贫模式，华中科技大学中国乡村治理中心组织人员前往龙马驻村调查25天，获得

① 夏柱智，1987年生于湖北阳新，华中科技大学中国乡村治理研究中心博士生，研究方向为乡村治理、农村社会学。

大量一手资料。本报告从“退耕还林，产业结构调整”开始分析，其次探讨“扶贫搬迁，移民建镇”，最后讨论扶贫过程的基层组织建设问题。

一　“退耕还林，产业结构调整”

（一）现存问题与政策目标

传统农业目前遭遇诸种问题：一是青壮年劳力外流，留下妇女和老年人务农，在山区缺乏良好道路等基础设施的状况下，偏远土地无法耕；二是传统农业成本上升，表现在生产资料价格的上升；三是自然灾害（如风灾）和猖獗的野猪雀鸟损害产量，农户报告说这些灾害损害作物产量达到1/3以上。在这些地区有必要实施退耕还林和调整农业产业结构，发展能够充分利用妇女和老年人劳动力、有利于降低农业成本和降低灾害损害的作物。

目前当地政府计划借退耕还林政策来大规模推广茶叶种植，只有青堡村例外，由于该村海拔过高，因此引入烟草公司种植烟草。无论发展何种产业，“退耕还林、农业结构调整”政策的基本目标是改善生产条件、提高农民收入。

（二）农民的所盼与所忧

当前多数鄂西农民维持着“务农保生存、务工增收入”的“两条腿走路”式经济生活方式。龙马地区山大人稀，高山地区的农户普遍平均拥有10亩以上土地，一些偏远地区的农民家庭拥有土地20亩甚至更多。农民种植水稻、玉米、红苕和洋芋，他们以粮食为主要原料配饲料喂猪，一般留1—2头“年猪”自食，再出卖几头商品猪换取货币收入。这样家庭的粮食、肉和油（猪油）基本上自给自足。

日益增加的消费促使农民外出务工，自20世纪90年代末开始形成目前家庭中主要由中年老人务农、青壮年子女外出务工的，“代际分工”基础上的“半工半耕”家计模式。当前农业收入占一个中等农户家庭收入3万元的1/3，满足基本日常生活费用，建房、结婚、教育、就医等大宗开支由务工收入支撑。

农业产业结构调整要改变农业收入模式，国家发放退耕还林补贴，农户自然是积极响应。农民忧虑的是这次农业产业结构是否给农民带来真正的益处，农民的困惑有以下三个方面：

第一，这次农业产业结构调整是不是如以前一样，只调整产业结构而无后续的销售渠道和公共服务。农民从过去历年推广核桃、柚子和药材等失败历史中得出“换一届政府换一个品种”的教训。当地农民总结说：“山还是那块山，田还是那块田，农民未得到利，政府折了不少钱（政府为农户担保农户贷款，农户基本不偿还）。”20世纪80年代以来，除猫子山村和佐家坝村的茶叶种植较为成功，其余村庄的农业结构调整皆失败了，最后农民不得不把自己栽上的果木砍掉，恢复传统作物种植。

当地农民十分盼望与种植结构调整相配套的公共服务建设。所谓公共服务是农技服务、交通便利和市场信息等一家一户农户无法解决的事务。产业结构调整后，如果农技服务不跟上去，农产品质量和数量就上不去；如果交通不便利，农民就不能把农产品运出大山或者就卖不出好价格；如果没有市场信息，农民就不知道谁需求农产品。以往屡屡失败的经历让农民心有余悸。

第二，如果采取公司下乡流动农地推动集约经营，公司付出的租金是否能够维持原来的生活水平。2013年给烟草公司流入青堡村的1600亩土地再分配14个烟农，平均规模达到100亩以上，公司支付租金少得无法养活一家老小，烟草公司提供的就业机会远远不足以消化当地妇女和老年劳力，农民强烈意识到一家一户经营优越于集约经营。

一个老农算账认为，租金350元/亩/年完全不能保证温饱：家里老小一共8口人，假如8亩土地流转出去获得2800元的总租金，则每人每天只有0.85元生活费。这样的费用连买一元一包的快餐面也买不起，即使把价格提高到500元一亩，每天一个人的伙食费用也不过是1.23元，也不够买一斤玉米的（玉米价格为1.3元/斤）。如果自己经营则8亩土地可以生产：4500斤苞谷，350斤黄豆，12000斤洋芋，10000斤红苕，1700斤稻谷，这些粮食部分自食，其他则用于喂5头猪，留2头年猪。

农民担心公司下乡推动的产业结构调整是“只要土地，不要工人”，担心公司支付的租金不足以维持家庭生活，农民期盼产业结构调整真正能够让农民受惠。

第三，正在积极推广的茶叶种植是否能够成功。茶叶市场的区域竞争性优势的长期积累决定茶叶种植的收益，却并不一定是在任何区域普遍存在的，这对于任何依赖市场的经济作物都是如此。目前猫子山村农民种茶一亩至少收获2000元以上，投资成本极低，因此茶叶能够给龙马农民带来利益。但是茶叶给龙马农民带来收益源于过去30年形成的地区性产业配套体系：有一个成规模的茶园提供原材料，有一个逐渐发展起来的就近加工茶叶的产业配套体系，有一个成熟的区域市场连接全国的茶叶市场。这些条件决定当前恩施茶叶占据市场优势。如果恩施市肆意扩大茶叶种植规模，那么恩施茶叶市场是否能够消化便无法保证。

从传统粮食种植转向经济作物种植，农民担心市场风险。因此，在产业结构调整过程中，有农民问："政府是否保障茶叶收购?"政府引导农民进行产业结构调整，需要有长期规划，既要解决种植环节问题，也要解决配套服务环节问题。

（三）结论与建议

综上所述，从农业收入的保护和发展来看，退耕还林后的农业产业结构调整有两个基本问题需要注意：

第一，产业结构调整要尊重农民主体性和积极性，要真正保障农民基本利益，不可丢掉农民、排斥农民分享农业利润，综合考虑公司下乡的大规模土地流转形成的集约模式。

第二，因地制宜，长期规划，要切忌地方行政短期利益，避免"一届政府一个品种"。科学地根据生态、经济发展水平、地方市场配套体系状况选择产业发展项目，同时地方政府要重视对农业生产提供农技、交通基础设施和市场开拓的支持。

二 "扶贫搬迁，移民建镇"

（一）现存问题与政策目标

龙马地区的贫困，不仅是农户经济收入的贫困，还在于无法低成本地获得现代公共服务造成的"公共品供给贫困"，这甚至较农户经济贫困更严重。有两个基本原因：一是传统居住模式过于分散，这虽然适应传统的一家一户的生产生活方式，却不再适宜现代市场经济和日益增长的公共服务需求；二是区域中心龙马集镇的基础设施建设大大落后于城市，无法为区域内农民提供高水平的公共服务，这加剧了区域内农民相对贫困的程度。

目前龙马地区正在制定政策“引导群众向城镇、社区及居民点聚集”，并大力建设基础设施。我们认为“扶贫搬迁，移民建镇”政策的基本目标是，解决农民过于分散的传统居住模式问题和集镇公共基础设施落后的问题。

（二）农民的搬迁动力与需求

为了改变偏远高山地区的交通不便，农民普遍有搬迁到更便利位置的积极性，在过去十多年中，至少有一半的农民已经自主搬迁，其中一部分农户迁入城镇，大部分农民则迁入集镇和各村庄交通便利的位置。还有至少一半不具有自主迁移能力的农民，他们目前仍然生活在交通不便的高山偏远之处，他们最强烈希望国家扶贫搬迁政策支持。

农民基于不同的经济能力实现不同层级的搬迁，可称之为“层级化搬迁模式”，表现为“非农化搬迁”和“农村内部搬迁”两种并存的形式。“非农化的搬迁”——农民通过获得公职、长期经营或者务工经商的成功，从而积累足够的资金买房进入城市和集镇，彻底脱离农村，这部分占少数；“农村内部搬迁”的这部分农户，尚无能力完全离开农业收入，他们或者季节性地上山耕种土地，或者通过“购房搭地”，在集镇周围获得了新的承包地（这在当地是普遍的），这部分占多数。

农民自主搬迁是在没有扶贫政策干预下发生的，体现农民改变自身不利处境的努力，也凸显出两个客观存在的问题，即贫弱阶层难以自主迁移问题和集镇基础设施建设滞后问题。

第一，农民搬迁能力分化，一部分农民能“非农化搬迁”，一部分农民只能“农村内部搬迁”，还有占多数的农户虽有强烈的搬迁意愿却无力搬迁。农民自主搬迁需要较多的初始资本，迁移到集镇目前需要 10 万—20 万元，迁移到集镇附近村庄需要 5 万—10 万元。经过十几年外出务工，只有小部分农户成功积累资金实现搬迁，而大部分中下层农户暂时还未积累足够的资金。

取消农业税费后是农村经济最为繁荣的 8 年，能迁出的均已迁出，剩下的是较为贫困、依靠自身努力难以迁出的：他们务工挣钱不多，上有老、下有小，家庭负担沉重。值得注意的是这类农民中有大量长期租住在城里，常年不回家，因为家里住房垮塌，成为真正的“无房户”；另外一个值得注意的是这部分农民家庭有大量“光棍”，没有能力搬迁在当地意味着下一代很难结婚成家，当地一个村庄有数十个“光棍”，也是一个十分严重的社会问题。

第二，农民即使迁出到集镇和沿交通线，生活条件相对改善，实际上仍然感受到生产生活相当不便。原因在于区域内基础设施建设严重不足：龙马集镇是区域中心，不仅是贸易中心而且是交通、教育、医疗和行政等中心，而这一中心目前发挥的公共服务功能却远远不能满足农民的要求。自从龙马乡合并入龙凤镇后，当地的公共服务并不是改善了而是大大退步了。

农民经常说的一个例子是集镇邮政所撤销之后，农民无法便利获得基本金融服务，这对于市场经济条件下的农民是难以忍受的。国家发给农民的养老保险款和种地补贴款项，农民需要到几十公里外的龙凤集镇办理，来回 20—40 元的车费，还误一天工。直接减少了农户收入，并造成极大不便。

（三）结论与建议

综上所述，从龙马地区的农村经济条件和集镇建设的现实来看，“扶贫搬迁，移民建镇”需要重视两个基本问题。

第一，扶贫要瞄准最需要的群体，移民要适应农民层级化的搬迁需求。按照当地干部群众自己所总结的，“扶贫搬迁”宜实行“大集中”与“小集中”结合，政府宜做好规划和基础设施建设。“扶贫搬迁”要重点帮助只能选择“农村内部迁移”的相对贫弱农民迁出高山。要警惕重视“大集中”而忽视“小集中”的片面性，照顾到偏远高山农民的利益。

第二，集镇建设的主要目标是公共服务功能的充实，增强交通、行政、金融、医疗、教育和贸易等公共服务功能，使得农民从高山偏远地区搬迁后，能够享受到与城市接近的公共服务水平。集镇建设是国家均衡配置财政资源为全体龙马人民提供的，要警惕集镇建设成为外来开发商开发集镇土地的单一过程。

三　扶贫工作方式与基层组织建设

（一）基层组织是扶贫政策落实的关键

当前一切扶贫政策取得成功的基本原因是党的基层组织有效落实党的

各项路线、方针和政策。建设强有力的基层组织在扶贫攻坚工作中具有决定意义。

目前党的扶贫政策的一个重要特征是，国家自上而下地输入资源。无论是退耕还林、农业产业结构，还是扶贫搬迁、移民建镇均有一个大规模输入资源的过程。但政策目标不是一个用资源堆积起来、在个别地区看起来鲜亮的扶贫点，而是要探索一整套可以被推广、精准有效的扶贫模式。这有赖于基层组织体系建设的水平。

扶贫过程的基层组织建设的基本目标是，接应国家自上而下的扶贫资源，尽可能精准地分配资源，防止扶贫资源分配过程中的过多损耗，高效率地扶贫。

（二）扶贫工作方法存在的问题

目前扶贫资源主要通过政府“条条”部门主导的、以项目制方式输入到基层、绕过基层组织，导致基层组织无法积极主动回应群众的诉求，只是被动地接受自上而下的行政意志，无法回应农民群众真实的公共品需求偏好。

在项目“进村”落实过程中，扶贫工作尚没有实施“从群众中来，到群众中去”的群众路线式决策过程。基层的党支部会议、村民代表大会和群众大会等民主决策和民主监督制度只被动地充当了宣传工具，而不是主动充当群众与上级政府之间的沟通中介。比如高山地区人民群众迫切要求修通公路，却一直没有扶贫资金的大量注入，不得不依靠农民自发组织。偶尔农村“能人”把农民群众组织起来自发修建公路，人民群众非常积极，例如乡退休干部刘奇高组织猫子山村300多农户、花40万元修建13公里公路，农民表现了极大的筹资筹劳的热情。

自上而下不动员农民群众充分表达他们的扶贫需求的一个可能的结果是：扶贫过程没有广泛的群众参与充分表达他们想要什么样的扶贫项目、如何实施扶贫项目，扶贫项目的意愿再好也难以得到群众的呼应，扶贫就容易陷入盲目性，导致扶贫资源无法精准化地使用。

（三）结论与建议

扶贫不仅是一个经济过程，而且是一项国家治理过程，这依赖执行扶贫政策的基层组织。扶贫工作既要发挥基层党组织的领导作用，也要发挥基层民主能力，凸显农民的主体性，调动农民的积极性，让农民广泛参与到扶贫政策制定和实施过程中去。

具体操作上，可以调整块块主导的项目制的资源输入模式，给予基层组织一定的资源支配空间。在所有扶贫政策的具体实施方式上充分发扬党的群众路线的传统，在扶贫政策制定过程中广泛调动群众表达自身最强烈的扶贫需求，将扶贫资源用到实处。

资源输入背景下的农村公共品供给

——类型、绩效及其影响因素

王海娟[①]

摘　要：基于广泛的经验调研，本文根据税费改革以后农村公共品资源来源主体的不同，将农村公共品供给实践划分为三种类型：国家主导型、国家与社区合作型和社区主导型，从而将资源输入背景下的农村公共品供给纳入一个统一的分析框架中，并系统阐释每种类型的实践效果与存在的问题。研究发现决定农村公共品供给绩效的影响因素是资源输入量与村社组织能力，在资源下乡的背景下，应当设计一种强化和充分利用村社组织能力的资源输入方式，把农村公共品供给机制创新建立在社区建设基础上，从而提高农村公共品供给绩效。

关键词：农村公共品供给　组织建设　类型　绩效

一　问题的提出

税费改革改变了国家和农村之间的资源分配方式，国家不再向农村提取资源，反而向农村输入大量资源，与税费改革同步的乡镇综合配套改革使得农村公共品供给模式发生了重大的变化。在城乡一体化的背景下以及国家资源大量输入农村的形势下，研究农村公共品供给现状与绩效不仅具

① 王海娟，1987年生于湖北阳新，华中科技大学中国乡村治理研究中心博士生，研究方向为乡村治理、农村社会学。

有必要性，而且具有紧迫性。税费改革以后农村公共品供给具体制度主要有项目制供给和“一事一议”。但是中国地方性的创新层出不穷，为学术界提供了灵感来源。从学术界现有研究主要有成都公共服务与社会管理创新①，枫林镇组团式公共服务创新机制②，湖北“以钱养事”改革③，湖北大冶市的“理事会”④；湖北荆门市的“划片承包”⑤ 等。

一些研究发现税费改革后国家向农村输入了大量资源，改变了公共品供给资源主要来自乡村内部的传统制度，由此公共品从“体制外供给”向“体制内供给”转型，但是存在农村公共品供给依然严重缺乏的悖论。贺雪峰认识这是由于社区自组织能力缺乏，难以有效反映公共品供给偏好⑥。对具体制度实践的分析表明，“一事一议”的制度安排存在的问题是交易成本过高，也不能满足公共品供给需要。⑦ 更多的研究集中在项目制供给公共品制度存在的诸多问题：无法有效表达农民的公共物品需求偏好、不均衡分配、资源大量流失。其他学者发现项目制公共品供给存在供给与需求之间错位、国家资源下乡并没有带来基层治理组织合法性的相应提升等系列严重后果⑧。

---

① 王健、徐睿：《基层社会管理创新中的民生与自治互促共赢策略——成都村级公共服务和社会管理政策的实践与启示》，《社会科学研究》2011 年第 1 期。

② 卢芳霞：《组团式服务农村社区公共服务供给机制创新——基于枫桥镇的实证研究》，《浙江社会科学》2011 年第 6 期。

③ 宋亚平：《政府化与市场化：农村公共服务供给机制变革——湖北省“以钱养事”改革的回顾与评价》，《华中师范大学学报》（人文社会科学版）2011 年第 3 期；贺雪峰、刘勤：《为什么“以钱养事”的改革不可行》，《调研世界》2008 年第 1 期；张立荣、方堃、肖微：《农村公共服务新模式：“以钱养事” + “无缝隙服务”——基于湖北省咸宁市咸安区的调查与研究》，《中国行政管理》2009 年第 7 期。

④ 桂华：《村庄公共品供给中的“理事会”》，《中国老区建设》2010 年第 9 期；王德福：《公共品供给的社会基础研究——基于鄂东南沼村的考察》，硕士学位论文，华中科技大学，2009 年。

⑤ 贺雪峰、罗兴佐等：《乡村水利与农地制度创新——以荆门市“划片承包”调查为例》，《管理世界》2003 年第 9 期。

⑥ 同上。

⑦ 杨卫军、王永莲：《农村公共产品提供的“一事一议”制度》，《财经科学》2005 年第 1 期。

⑧ 罗兴佐：《农村公共物品供给：模式与效率》，学林出版社 2013 年版；韩鹏云、刘祖云：《农村公共品供给制度变迁：基于制度嵌入性的分析范式》，《甘肃理论学刊》2012 年第 2 期；李祖佩：《论农村项目化公共品供给的组织困境及其逻辑——基于某新农村建设示范村的实证分析》，《南京农业大学学报》（社会科学版）2012 年第 3 期。

既有研究对税费改革以后农村公共品供给制度和实践进行了深入研究，给予笔者很大的启发，但是依然存在不足，第一，税费改革以后随着国家资源的不断增多，很多地区创新公共品供给制度，但是总体上讲学术界的理论概括落后于实践；第二，学术界对农村公共品供给制度进行比较多的研究，但较少在村庄内部考察公共品供给实践机制与绩效，从而忽视了社区组织状况在公共品供给中的重要性。本文基于在全国各地农村公共品供给的经验调研，以村庄为立足点，依照公共品资源供给主体将当前中国现存的、具体的农村公共品供给方式进行类型划分，从而将农村公共品供给纳入统一的分析框架中，并分析每种公共品供给类型的运作机制和实践绩效。

二　三种农村公共品供给类型及其绩效分析

本文所分析的公共品供给类型不仅包括国家层面的制度类型，还存在大量非制度化的类型。既有的公共品供给的类型比较研究有一个共同特征，是从资源供给主体上划分，本文沿用这一办法，并试图把实践存在的类型更加细化，建构理解中国多样化公共品供给类型的谱系。本文把当前实践上广泛运行的公共品供给模式分为三种类型，分别是国家主导型、国家—社区合作型和社区主导型。以下分别分析每一个类型的运作机制、绩效和约束条件。

（一）国家主导型

国家全部供给公共品供给资源①，不需要社区进行资源配套，这是当前农村公共品供给的主导类型。国家主导型的公共品供给类型在项目制②

① 中央与地方政府输入的农村公共品资源在实践中往往没有做区分，在本文中将国家与地方政府输入的公共品资源同等看待，国家资源或者政府资源时同时包括中央和各级政府输入的公共品资源。

② 项目制有广义和狭义之分，狭义上的项目制公共品供给是指依靠国家各级部门自上而下的“条条”提供公共品供给的全部项目资金、决策，以县市为主体，科层化地解决农村公共品问题。广义上的项目制是由国家各级相关部门向农村划拨专项资金进行公共品供给，从某种程度上来说，只要由国家出资的农村公共品供给都可以称作是项目制，本文在狭义上使用项目制一词。

中表现得最为突出，即依靠国家各级政府部门自上而下的“条条”输入所有项目资金，以县市为主体，科层化地提供农村公共品[①]。可以细分出两种项目运作方式，一是在全国广泛存在的项目下乡，项目绕开基层组织或者基层组织只是一个协调者的角色；二是在国家统筹城乡改革试验区成都市正在推行村级公共服务和社会管理创新制度，由政府供给全部的公共品资源，由村社组织决定用于什么项目并由村社组织充分发挥决策、监督作用。

1. 项目下乡

项目下乡的运行机制的特征是：从自上而下看，需要乡村基层组织向上级政府申请项目，这在一些财政实力不雄厚的地区尤其如此，甚至很多基层乡村组织必须依赖项目资源才能维持其运转；自上而下来看，各级政府通过“条条”的方式专项化、科层化地向农村输入所有的资金、决策、监督等。

项目制公共品供给由国家和各级政府投入资源，不需要向农民筹资筹劳，在一定程度上克服了后税费时期基层组织因财力弱化导致的农村公共品供给不足问题；资金的专项化使用防止了地方政府和基层组织挪用资金，有利于项目资金的专项使用，提高了公共品资源的使用效率；以县市为主体的、规范化、程序化的决策、监督和管理体系有利于跨地区的、大型的公共工程建设，能够解决大规模的、一致性的公共需求。

其弊端是县市缺乏公共品需求的甄别机制以及项目运作中的关系等导致项目资源分配不平衡，出现了项目资源分配的马太效应与不均衡；以县市为主体的决策体系没有激发村社组织与农民的积极性，使得农民公共品供给偏好难以表达，造成了公共品供给错位，难以提供村庄内具有乡土性的、细微琐碎的公共品供给，出现了国家供给过剩与农民需求不足的悖论。

2. 成都公共品供给制度创新

成都市在城乡公共资源配置均等化的思路指导下走出一条创新路径，农村公共品供给制度创新是指国家和各级地方政府每年向每村投入 20 万—30 万的资金，由村庄议事会来决定公共品资金使用和进行监督。其运作机制包括两个方面，一是资金输入方式的改革（简称“村公”），成

① 周飞舟：《财政资金的专项化及其问题——兼论“项目治国”》，《社会》2012 年第 1 期。

都建立了稳定而持续的公共财政体系和金融体系，改变资源“条条”输入方式，实现均等化、持续性、公共性、规范化、以村庄为本位的资源输入方式；二是村级公共服务和社会管理改革（简称“村改”），通过积极完善农民自治组织和建设公共服务平台等组织建设，形成了群众广泛参与的基层民主管理机制，提高村级公共服务和社会管理水平，从而激发了农民参与的积极性和组织性。

成都公共品供给制度创新之处在于将国家自上而下的资源输入与农民自下而上的需求有机结合起来，实现资源使用效率与村庄民主制度互强，村庄“有钱议事”和“民主议事”的有机结合。其优势表现为以下几个方面：一是资源公共投入增加了资源的透明性，限制资金使用中的个人意志，激发了农民参与的积极性和责任感。二是资源输入以村庄为本位使得村庄主体性得到体现，使得民主表达需求、民主决策、民主监督等民主制度有了资源基础和实质性的内容，民主化决策的内容不是向农民汲取资源而是向农民分配资源，民主化决策解决了搭便车和钉子户问题以及限制了强势群体对决策的影响。同时按照差异性偏好分配资源使之回应公共服务对象的需求的方式，形成农民个人对公共品的私人需求转化为公共的或集体需求的公共品需求偏好表达机制，能够把农民动员和组织起来解决乡村中琐碎的、不易被发现的、需要持续维护的公共品需求。

该项制度唯一的限制是地方政府需要为普遍向村庄输入资源，因此需要地方政府强大的财政能力。成都市是大城市带大农村，市级财政有能力每年拿出几十亿元资金来支持农村以实现城乡一体化，但是大多数的中西部地方政府难以有这样庞大的财政资源，更多依赖国家自上而下的资源输入满足农民的公共品需求。

（二）国家—社区合作型

国家—社区合作型的公共品供给类型是指由国家输入部分资源，由村级组织把农民组织起来筹资筹劳和使用资源。其运作机制是先由基层组织组织农民进行议事以决定需要提供什么公共品，然后由基层组织或者农民个体先期垫付提供公共品后，国家财政以一定的比例进行补助和奖励，也称为“财政奖补制度”。其目标是减轻国家的财政压力，提高基层组织和农民参与的积极性，以民主化方式解决农村公共品供给的问题，试图以国家财政＋社区自治的形式达成“两条腿走路”的均衡运作。国家—社区合作型的公共品供给类型的典型代表是“一事一议”的财政奖补制度。

“一事一议”是对农业税费时期以“三提五统”、劳动义务工和积累工等形式提供农村公共品供给政策的一种替代选择。由农民以村为单位，在农村修建农田水利设施、修建和维护道路等集体公益性事业时，通过农民大会或者农民代表大会集中讨论、研究，实行专事专议的办法筹资筹劳，国家以一定的资金进行补助或者奖励。虽然制度上规定通过农民大会或者农民代表大会集中讨论、研究，实行专事专议的办法筹资筹劳，但是在具体实践过程中，由于“一事一议”制度是汲取型民主，村民自治组织缺乏带有公权力性质的法律或行政强制力难以进行资源动员和达成一致行动能力，个别农民可以以不出钱、不出工甚至不愿意占用土地等抵制决策，从而无法实现少数服从多数的决策方式，并且很快还会发展为多数人的抵制，出现了“事难议、议难决、决难行”的“三难”困境[①]，因此，“一事一议”在大部分地区形同虚设。

在地方实践中“一事一议”制度的变通方式由乡镇政府、村庄集体或者社会资本等代替农民筹资筹劳，然而即便如此“一事一议”制度陷入了两个困境：一是在中国的大部分农村乡镇政府财政和村庄集体资源只能维持自身的运行，根本没有大量的财力出资或者先期垫付成本提供公共品供给，“一事一议”制度在大部分农村都无法实施。二是在少部分具有区位优势的地区，社会资本投资能够获得收益，基层组织积极引入社会资本投资农村公共品供给，出现了“项目绕着社会资本转”的现象。即地方政府将“一事一议”项目和社会资本在当地的投资捆绑起来，以期降低政府在公共品供给中的财政压力和进行筹资筹劳的交易成本。而这种方式存在的问题是项目资源的积聚以及项目与农民需求的脱节。因为项目主管部门会根据社会资本的收益和带动效应决定是否审批项目，各种“一事一议”项目都会积聚到大资本的投资中，社会资本也会选择资源丰富、区位条件好的村庄进行投资，这样就使得各种“一事一议”项目资金都被社会资本带入到了区位条件较好的村庄或者重点项目中，这些村庄的公共品供给相对比较充足，而一般的农村难以获得项目资金，导致资金的积聚和农村公共品供给的不均衡。

---

① 罗兴佐：《第三种力量》，《浙江学刊》2002 年第 1 期。

（三）社区主导型

国家自上而下的资源输入在前两种类型的公共品供给中都起着重要的作用，在实践中因为国家资源供给错位或者供给不足，有部分的农村公共品供给无法借助国家的资源，而是完全由村社组织农民筹资筹劳或者仅借助少部分国家资源。村社组织方式既包括以村两委会为正式组织也包括各类非正式组织。具体有三种类型：

第一种是村集体经济发达的村庄，可以自主分配集体资源供给公共品。这种类型的公共品供给比较普遍的存在于城郊村、资源较丰富的村庄、沿海比较发达的村庄等，如在很多城郊村，征地拆迁带来了巨大的集体收益，可以用于村庄道路和水利设施等公共品供给；集体土地较多的村庄也可以将来自土地租赁的资金用于公共品供给。第二种是仍然能够发挥作用的传统组织，它不仅可以对接国家自上而下的资源还可以自主地向农民筹资筹劳完成公共品供给。这种类型的公共品供给存在于较强宗族意识，甚至宗族活动较为频繁的江西、福建农村及一些较为封闭的地区，或一些传统依然保存较为完好的少数民族地区。这是传统中国的由宗族或者首事会自主提供安全、水利、道路和文化等公共品模式的延续①。第三种是在一些有价值生产能力的村庄中，有大量的积极分子存在于村庄中，以积极分子为核心的村庄非正式组织可以有效地供给公共品。在皖南农村发现宗族碎片化之后，村庄还存在价值生产能力，表现为大量积极分子组织群众或者村庄中的第三种力量②，筹资筹劳自主性进行新农村建设、农田水利建设和文化建设等。

社区主导型公共品供给的优势在于能够充分发挥社区资源，如宗族组织、积极分子等，将农民组织起来参与到公共品供给中去，有效激发农民参与的积极性和表达他们的需求。这是一种低成本高效率的自主农村公共品供给方式，作为农村公共服务领域政府失灵、市场失灵的重要补充，能够有效满足农民细微、琐碎的公共品需求。社区自主供给的公共品供给方式存在两个限制性条件：一是由于没有国家资源的补贴，其能够筹集到的

---

① 贺雪峰、罗兴佐：《论农村公共物品供给中的均衡》，《经济学家》2006 年第 1 期。

② 李祖佩：《“资源消解自治”——项目下乡背景下的村治困境及其逻辑》，《学习与实践》2012 年第 11 期。

资金和组织规模有限，只能提供一些资金投入不多的小规模公共品。二是公共品自主供给对社会条件的依赖比较大，市场经济背景下村庄的社会关联越来越低，人们的生活预期越来越短，宗族性地区的理事会或者农民自主组织以及积极分子越来越难以动员和筹集资金，农村公共品供给将逐渐陷入困境，即使“国权退”也难以“民权进”①。

三 影响农村公共品供给绩效的两大基本因素

（一）当前农村公共品供给现状

根据以上对三种类型的公共品供给的分析可以归纳如下：

类型	国家资源量	组织	绩效
国家主导	大	被抛开	有利于资金的规范化使用和大型工程的修建，能够解决大规模的、一致性的公共需求。但供求不均衡、资源浪费、效益低下，难以满足细微琐碎的公共品需求。
	大	被充分利用	实现了民主化的公共品供给，但对国家财政有很高的要求，难以在不发达地区推广。
国家—社区合作	中	组织能力约束	有效表达农民需求，但无法解决钉子户和搭便车的问题，部分地区出现了“项目绕着社会资本转”的现象。
社区主导	小	有效	有效自主供给公共品，但规模、范围较小，且对社会条件的依赖很大，无推广性。

项目制公共品供给很大程度上解决了公共品供给资金不足的问题，科层化、规范化的公共品供给体系能够提供一些大型的公共工程，满足农民大规模、一致性的公共需求。虽然制度文本中规定项目制通过农民自治利用和分配公共品资源，但实践中项目制科层化的运作方式使得基层组织和农民在公共品供给中处于缺位状态。其资源输入并没有激活农民自治制

① 卢芳霞：《组团式服务：农村社区公共服务供给机制创新》，《浙江社会科学》2011 年第 6 期，第 141—147 页。

度，农民的积极性和村庄组织性不足，民主化形式和农民自治在农村公共品供给实践中难以发挥实质性作用。出现了公共品供给与农民需求脱节、资源浪费、供给不均衡等问题，农村公共物品供给状况并没有得到实质性改善，某些方面的公共物品供给甚至要差于税费改革以前①。

成都通过对国家资源输入方式和组织方式进行了改革，把国家资源输入与组织建设有机结合起来，村民组织建设建立起了民主表达需求、民主决策、民主监督的机制，基层组织被充分利用起来有效使用和分配资源，从而实现了有效的民主化的公共品供给。其限制性条件是对国家财政提出了较高的要求，难以在广大中西部地区推广。成都市农村的公共品供给体制创新的绩效启发国家自上而下输入资源应该充分激发村社组织的功能才能有效地提供公共品。其政策含义是改进项目制公共品供给实施方式。

在国家—社区合作型中，虽然国家也向农村输入大量资源，并通过财政奖补的方式试图激发地方的积极性和农民的参与度，但因为受到基层组织能力约束无法解决搭便车和钉子户的问题，使得基层组织无法把农民动员起来提供公共品。部分区位优势比较好的地区只能引入社会资本来解决农民动员不足的问题，但是出现了与农民需求脱节以及资源分配不均衡的问题。

社区能够借助传统资源把农民组织起来，进行筹资筹劳有效自主供给公共品，但由于没有国家资源的大力支持，只有一些发达地区和城郊村能够实现大规模的公共品供给，在一般的地区只能解决一些规模较小、范围较小的农村的公共品供给，且因为对社会条件如社会舆论、价值生产能力等传统资源等的依赖很大，难以进行推广。随着社会的不断变迁，其对农民的组织能力也越来越弱。

综上所述，当前国家向农村输入了大量的资源很好地解决了后税费时代农村公共品资金不足问题，极大程度上满足了农民大型的、一致性的公共需求，部分农村能够充分利用各种村社组织，将农民有力组织起来提供充足的公共品，但大部分农村地区的内部公共品供给状况并没有得到显著改善，公共品供给依然严重不足，表现为大量的资源输入并没有转换为农民所需求的公共品，自上而下的资源输入没有加强基层的组织能力，或没

---

① 耿羽：《“输入式供给”：当前农村公共物品的运作模式》，《经济与管理研究》2011 年第 12 期，第 40 页。

有与自下而上的基层组织或者社区自组织结合起来，难以从根本上缓解农村公共品供给困境，甚至在某些农村还带来了一些政治社会后果，如政府合法性的降低，“资源消解自治”的村治困境①。

（二）影响农村公共品供给的两大基本因素

三种公共品供给类型形成了“资源量—组织程度”的连续谱系，其中项目制公共品供给在这一谱系的“资源充足—组织建设不足”这一端，社区自主供给在谱系的“资源不足—组织建设有效”这一端，“一事一议”制度和成都公共品供给创新制度处于这两端之间。它们的绩效与谱系上的“资源充足—组织有效”这一点的距离远近呈正相关，也就是说农村公共品供给绩效由资源量和组织建设的有机结合程度决定的：

“一事一议”制度试图通过财政奖补的资源输入方式激发基层组织的积极性，但是由于基层组织进行组织建设的能力弱化使得“一事一议”制度陷入困境；国家加大资源输入力度，试图通过项目制由国家进行决策和监督，降低把农民组织起来的交易成本，但是由于把村社组织抛开陷入了组织能力无法发挥作用的另一个极端，公共品供给难以与农民的需求结合起来；成都公共品供给制度改革比较有效的关键在于充分利用资源输入激活了基层村社组织的能力，从而实现了项目资源的有效使用；社区主导型的公共品供给的成效在于公共品供给中农村自组织能够发挥有效的作用，但是其限制在于国家资源输入没有与农村自组织结合起来导致资源量不足。

也就是说，影响农村公共品供给的两大基本因素是国家资源输入量与组织能力或者组织是否被充分利用，当前农村公共品供给困境主要是由于这二者难以有效结合导致的。国家资源输入量是农村公共品供给的重要影响因素，没有资源输入难以激活农民的组织性和积极性，农村依靠本身的资源能力也不足以提供充足的公共品。但资源输入量只是农村公共品供给的影响因素之一，虽然国家向农村输入了大量的资源，但是有些村庄即使获得了充足的资金，也无法有效地组织农村公共品供给。资源输入不仅是总量问题，还是如何输入以与农村组织建设和组织能力结合起来的问题。

---

① 李祖佩：《“资源消解自治”——项目下乡背景下的村治困境及其逻辑》，《学习与实践》2012年第11期，第82页。

成都民主化公共品供给创新表明增加国家对农村社会的转移支付并不会自动激活农村内部的组织力量，也不会动员农民参与民主决策的积极性，必须同时创新资源输入方式和完善农民自治制度进行组织建设，使二者相互适应实现资源输入与组织建设的有机结合和一体化才能从根本上解决农村公共品问题。

农村公共品供给绩效与资源输入量和组织建设紧密相关是由当前基层政府财政、村级集体经济、基层组织建设弱化以及农村公共品性质决定的。税费改革以后基层政府与村级集体经济普遍不足对国家输入资源提供公共品供给提出了比较高的要求，农村公共品供给所面对的分散特征的乡土社会导致国家在公共品供给中的作用难以发挥。

税费取消以后大部分农业型地区的财政普遍大为削弱，物质性资源（如三提五统、对土地及其收益的调整）、人力资源（“两工”的调用）、制度资源（国家政策、“七站八所”）也大为减弱了，同时政府财政转移支付给乡镇财政的资金十分有限，村集体更是无源之水的“空壳”①，自身无力为农民提供相对充足的公共品。并且国家通过乡镇综合配套体制改革削弱了乡村两级组织的权威性资源和权力资源，乡村治理能力极大弱化，使得乡村两级难以将农民组织起来进行筹资筹劳提供公共品，甚至当国家输入资源时也因为基层组织难以制约钉子户使得决策难以执行，陷入了治理困境。这就不仅要求国家输入大量资源解决农村公共品供给不足的问题，还需要加强基层组织建设以民主化分配资源。

民主化分配资源的必要性还在于其尊重各地区公共品供给需求的差异性。我国广大农村由于自然地理条件、经济发展条件以及社会文化结构不同而对公共品需求偏好不尽相同，村庄公共品具有乡土性、地方性和多样性。农村公共品琐碎细小，有些公共品具有季节性，还有些公共设施需要随时维护。不同的村庄对同一种公共品需求不同，村庄内部的公共品需求

① 参见孙连珠《高度重视农村集体经济发展》，《农村工作通讯》2007 年第 9 期。2006 年根据初步调查，山西全省 28393 个行政村中，有集体经营收入的只有 6284 个，仅占 22.1%；无集体经营收入的空壳村 22109 个，占 77.9%。从发展趋势看，有收入的村还在逐年减少，无收入的空壳村还在逐年增加，2006 年，全省村集体无经营收入的村占总村数的比重比 2002 年上升了 7.4 个百分点。集体经济薄弱又直接导致农村债务逐年增加。据初步统计，到 2005 年年底，全省 85% 的行政村，村均负债 69.1 万元，村均债数 35.2 万元（多为死账），从 2002 年到 2005 年年底，每年负债增加 20 亿元，3 年发生的债务占到了历年总债务的 36%。

也具有较强的“地方性”。乡村的公共品需求不仅种类多而且牵扯面广，村级农村公共品供给不仅涉及农村公共品供给时的成本分担、利益分配等，而且也牵扯农民之间的互动与关系协调。农村的公共资金以县区为主体专项使用，由此造成供给主体与需求主体之间“距离”过远，供求信息不对称，也使得公共服务供给机制过于单一，而且规范化、科层化、标准化、同质性的项目制供给方式，难以解决村庄内细小琐碎具有地方性特点的公共品需求。虽然国家能够提供制度化的、同质性的大项目做成“大事”，但是深入到村庄内部统一完成村级农村公共品供给，满足千千万万个村庄的公共品需求这样“小事”的成本极高。农村公共品的乡土性与公共品性质要求村庄必须根据地方的情况，自主承担起大部分村级日常化的具有地方特色的农村公共品供给。组织建设是否有效，即是否能够有效地表达农民的需求、是否有效地决策、是否有效地监督直接影响到是否有效、民主地使用公共品资金。

基层组织在表达农民的需求、降低交易成本方面有极大优势。因为乡村两级组织尤其是村一级组织由于离农民很近，在具体的工作和生活中与农民接触很多，很多基层组织干部本身是农民，或者他们的亲戚、朋友、同事中有很多是农民，因此基层组织对农民的需求最了解，是有效表达农民具有乡土性、地方性、多样性的公共品需求的最佳平台。村级组织作为一个规模较小的社区组织，方圆几公里，农民常常在一起生活、生产、休闲和礼尚往来，是一个熟人社会或者半熟人社会，他们有自身的民主经验来决定村庄需要什么，且村级公共品提供是与每位农民的切身利益密切相关的，因此农民具有直接参与公共品决策的信息基础与动力，农民与村级组织之间信息不对称程度低。另外农村公共品供给中矛盾纠纷很细碎，涉及的利益很小，也没有违反法律，无法通过法律的渠道来解决，通过行政手段解决成本高效率低，村级组织在解决农村公共品纠纷方面也具有天然优势，极大降低了农村公共品供给的交易成本。

四 结论

通过对当前农村公共品供给类型的作用机制、绩效和限制条件等的系统性考察，本文发现决定农村公共品供给绩效共同由国家资源输入量以及村社组织能否有效共同决定。农村公共品供给的理想模式是将国家资源输入与农民组织建设有机结合起来，强化和充分利用村社组织资源，一方面通过村社组织进行筹资筹劳，降低国家在公共品供给中的资金压力，另一方面能够将自上而下的资源输入与自下而上的农民需求结合起来，降低国家直接提供农村公共品的交易成本，从而提高国家资源的使用效率。

农村公共品供给可以归结为两个问题，一是资源从哪里来的问题，二是如何使用资源的问题。随着国家“城市支持乡村，工业反哺农业”战略的启动和对城乡一体化的强调，国家向农村输入大量资源，很大程度上解决了资金供给不足的问题，农村公共品供给的主要问题是如何民主化有效使用和分配国家资源的问题。其有效途径将农村公共品供给机制创新建立在社区组织建设的基础上，发挥基层组织在公共品供给中表达、监督、决策的功能，并在这个过程中协调各方的利益，以此为契机进行新农村建设，将实现城乡一体化落到实处。

法家的治理:国家管理哲学与实用主义政治哲学[①]

吕 力[②] 陆文瑜[③]

摘 要:“治理”这一概念同时具有政治哲学与管理哲学两方面的含义:它既强调权力的合法性,又强调结果的有效性。法家是以实用主义政治哲学为基础的国家管理学说。法家的目的是“富国强兵”,其基础是“利益人”的现实主义人性认识和实用主义政治哲学。

关键词:法家 新法家 新新法家 政治哲学 管理哲学

一 国家治理的政治哲学与管理哲学

1989年世界银行首次使用了“治理危机”一词,此后“治理”便被广泛应用于国家政治、经济、社会发展研究之中。自此之后,有关治理的概念与治理的研究日益增加,关于治理的定义多达数十种。斯托克[④]对这数十种定义进行了梳理,提出了有关治理的5种观点。事实上,治理的定义还远不止这5种观点。这5种观点的出发点都是一种政治哲学,即现实生活中权力的分配与权力的依赖关系。

---

① 基金项目:国家社会科学基金资助项目(11BGL003)。

② 吕力(1971—),男,湖北建始人,副院长、副教授、博士,从事社会转型、公共治理研究。

③ 陆文瑜(1983—),女,湖北武汉人,硕士研究生,从事马克思主义研究。

④ 格里·斯托克:《作为理论的治理》,《国际社会科学》(中文版)1999年第2期。

然而治理的定义还包括一种管理哲学的思想。治理理论的主要创始人之一罗西瑙①在其代表作《没有政府统治的治理》和《21 世纪的治理》等文章中将治理定义为一系列活动中的管理机制，它们虽未得到正式授权，却能有效发挥作用。其中，明确指出，“治理”的目的是要“发挥作用”。库依曼、弗利埃特②也强调了“作用”的重要性：“治理，它之发挥作用，是要依靠多种进行统治的以及相互发生影响的行为者的互动。”

由此可以看出“治理”定义的两种不同的视角，即政治哲学视角和管理哲学视角。按照学界的通论，政治哲学的核心概念是公民权利与国家权力，是公民国家社会治理的正当合法性依据或基本政治原则。而管理的标准定义是：通过与其他人的共同努力，既有效率又有效果地把工作做好的过程③。管理哲学的着眼点在于效果和效率，因此，管理哲学与政治哲学从根本上是不同的。虽然政治哲学与管理哲学存在根本性区别，但“治理”这一概念却同时具有政治哲学与管理哲学两方面的含义：既强调权力的合法性，又强调结果的有效性。在以往的治理定义中，大多只强调了权力的合法性而忽视了结果的有效性。

二 法家:作为一种国家管理哲学

先秦诸子中，法家一开始就是以一种国家管理哲学的面目出现的。晚周之封建天下，本为不完全之统一，而儒、墨、道、法四家中，墨、道、法三家皆以“天下”为其主旨，只有法家学说服务于诸侯列国，以诸侯列国“富国强兵”为其宗旨，因此在其学术基础上迥然区分于其他三家。

萧公权④指出，由封建天下转为专制天下之过渡时期，政治思想之可能态度，不外三种：一是对将逝之旧制度表示留恋，而图有以维持或恢复之；二是承认现状，或有意无意中迎合未来之新趋势而为之张目；三是对于一切新旧之制度均感厌恶，而偏重于个人之自足与自适。就大体而言

① 罗西瑙：《没有政府统治的治理》，剑桥大学出版社 1995 年版；罗西瑙：《21 世纪的治理》，《全球治理》1995 年第 1 期。

② 库依曼、弗利埃特：《治理与公共治理》，载《管理公共组织》，萨吉出版公司 1993 年版。

③ 罗宾斯：《管理学原理》，东北财经大学出版社 2005 年版。

④ 萧公权：《中国政治思想史》，辽宁教育出版社 1998 年版。

之，儒墨二家同属第一类，法家诸子属第二类，道家及老庄属第三类。

战国时期的最大特点为君权扩张，七国之君以地广势强，多僭称王号，其尤能振作发奋者则国愈盛而君愈威。法家旗帜鲜明地以“富国强兵”为其唯一目的而成为当时的显学。在先秦儒、墨、道、法四家中，儒、墨、道强调权力的合法性，是典型的政治哲学，而法家则强调结果的有效性，属于典型的国家管理哲学。在群雄并起的战国时代，作为国家管理哲学代表的法家学说发挥了重要的作用，在当时的政治经济状况下，儒、墨、道根本无法与法家相提并论。

三　法家的实用主义政治哲学

法家学说是典型的国家管理哲学，但并不意味着法家没有政治哲学的内容。相反，为支撑起其国家治理的基本理论，法家建立了一套完整的实用主义政治哲学。

西方的先验主义政治哲学以人的自由、人的自主性为其出发点，或者以抽象的“人类理性”为其基础，构建了一套权利与权力相互制约的国家治理规范。在中国的古代思想中，儒家是以抽象的“仁”的概念，道家以抽象的“道”，墨家以先验的“兼爱”为原则。基于上述理念，儒家勉强形成了礼乐道统的国家治理原则，然而这一套原则是否有效，则不是儒家所着重考虑的内容。举例而言，在西方先验主义政治哲学看来，当政府剥夺民众的应得权利时，民众可以推翻政府，而相似的内容在儒家则不了了之。与儒家相比，道家与墨家则根本无法拿出一个基本可行的国家治理框架。

反观法家学说，在其现实主义政治哲学的基础上构建了一套完备的国家治理框架。法家政治哲学的出发点是其现实主义的人性认识，法家反对抽象的所谓“仁”以及无谓的“善恶之辨”。韩非子说：“人莫不欲富贵全寿，而未有能免于贫贱死夭之祸也，心欲富贵全寿，而今贫贱死夭，是不能至于其所欲至也。”① “富贵全寿”是所有人都想要得到而害怕失去的，而现实生活中又经常失去，这是人们生存与发展的基本矛盾。在物质资料比较缺乏的年代，如果没有恰当的管理措施满足大多数人的基本需

① 《韩非子·解老》。

要，社会的基本矛盾就得不到妥善解决。

在春秋战国时代，诸侯列国纷争，生产力发展有限的情况下，法家的这种人性认识显然是非常合理的。从这一认识出发，韩非进一步指出了人们行动的利益导向①：“夫卖庸而播耕者，主人费家而美食，调布而求易钱者，非爱庸客也，曰：如是耕者且深，耨者熟耘也。庸客致力而疾耘耕者，尽巧而正畦陌畴者，非爱主人也。曰：如是羹且美，钱布且易云也。”② 简言之，法家的实用主义政治哲学是以利益为基础的。

四 法家的“势”“术”“法”

如上所述，法家提出了以现实主义人性认识为基础的实用主义政治哲学。需要注意的是，法家虽然提出了上述完整的政治哲学体系，但其目的并不在于此。法家的根本目的是以上述实用主义政治哲学为基础提出一整套完整的国家管理原则，这就是作为法家思想核心的“势”“术”“法”。

由于在法家看来，所有权利和权力的分配都是以利益为基础的，因此，国家必须要调和各种利益分歧并使得有关各方采取能够使国家和社会发展的联合行动，它要求国家在行政管理过程中必须树立权威，这就是国家治理中的“势”。在相同的意义上，现代国家治理涉及多个利益主体，而“法”就成为“使相互冲突的或不同的利益得以调和并且采取联合行动的准则”。法家深刻地认识到统治国家不能只依靠君主个人，国家治理还必须依靠一个廉洁、高效的官吏阶层，这个官吏阶层由于自身握有巨大的权力，君臣之间存在着复杂的利益关系，因此对于官吏的考察、任用便成为一个复杂的问题，而在法家看来，解决这个问题的方法便是“术”③。

---

① 吕力：《中国管理思想史上的“法家”与“新法家”》，《商业经济》2009 年第 11 期。

② 《韩非子·外储说左上》。

③ 吕力：《新新法家：国家治理哲学的本土理念与实践》，《经济研究导刊》2013 年第 18 期。

五　新法家:法家思想在当代的治理实践

法家思想是以实用主义政治哲学为基础的国家管理思想，或者说，法家的国家治理是一套以效果和效率为目的的实用主义政治哲学。法家的目的是“富国强兵”，而其基础是“利益人”的现实主义人性认识和实用主义政治哲学。

在先秦诸子中，只有法家开创了管理哲学与政治哲学并重的国家治理实践，因此，无论是理论还是实践，法家在晚周、先秦时代都获得巨大成功。自秦速亡后，后世对法家思想讳莫如深，但不可否认的是，在治理国家的目的性与系统性方面，先秦诸子无出其右者①。秦后汉初，董仲舒作《天人三策》，对战国以来的古今治乱之道和天人关系问题，作了系统阐述，杂糅法家及阴阳五行的观点。这种经过董仲舒改造的儒学其“外儒内法”的实质在此后的两千年间，为历代王朝所重视。从世界历史的视角来看，最早一批资本主义国家如英、法、美等国的国家治理是以自由民主的政治哲学为先导，而后发展的资本主义国家如德、日、俄一概以“富国强兵”的实用主义政治哲学为其国家治理的根本。

无独有偶，在德、日、俄等国崛起的同时，中国也出现了“新法家”思想，新法家思想的代表人物是章太炎、陈启天、常燕生等人。常燕生②说，“中国固有的文化中，过去对整个民族和国家贡献最大，现正切于中国的需要，将来可以给国家发展以具体方向的，只有法家主义思想。”但是，陈启天心目中的国家，就是国家具有至高无上的权力，制定法律来统治人民③，在这一点上，陈启天没有继承法家政治哲学的精髓，陈启天忽略了“利益”才是法家思想的枢纽。

在先秦时代的生产力条件下，君主制相对于封建制具有合理性，国家与君主占有至高无上的地位是合理的，然而，进入20世纪之后，国家的至高无上的地位应该受到民权的制约。因此，法家的“势”不再来源于君权神授，而来自民主基础上的统治合法性；法家的“法”并非一种绝

① 吕力:《中国管理思想史上的“法家”与“新法家”》,《商业经济》2009年第11期。

② 常燕生:《国人对于中国共产党运动应有的认识》,《国论》1935年第4期。

③ 陈启天:《中国法家概论》,中华书局1936年版。

对强制，而是调整利益关系的手段；法家的“术”不是一种尔虞我诈的权力游戏，而应理解为一种灵活的政府管理手段[①]。上述对法家思想的批判性继承，正是“新新法家”的主要思想，经过批判性继承和创造性发展之后的新新法家是我国现阶段国家治理哲学最宝贵的本土理念，它对于当代我国国家治理实践有着强烈的启示。

① 吕力：《新新法家：国家治理哲学的本土理念与实践》，《经济研究导刊》2013 年第 18 期。

附　录

附录 I

汇聚各方智慧　共议国家治理

——“国家治理体系和治理能力建设高峰论坛”综述

石德华[①]

国家治理，是当前中国全面深化改革的重要任务，推进国家治理体系和治理能力现代化是当前中国全面深化改革的总目标。2014 年 3 月 21—23 日，我国首个以国家治理为研究对象的高校新型智库——华中科技大学国家治理研究院在武汉揭牌，并同期举办“国家治理体系和治理能力建设高峰论坛”。该研究院由著名学者欧阳康教授担任院长，致力研究国家治理和中国未来发展的重大理论和实践问题，为完善中国特色社会主义制度，推进国家治理体系和治理能力现代化提供理论参考和决策咨询。

此次论坛汇聚了各方智慧，来自教育部社科司、中央编译局、中国社会科学院、中央党校、国务院发展研究中心、国家发展和改革委员会、中国军事科学院、新华社等单位的领导和研究人员，中国政策科学研究会国家安全政策委员会、中国国际交流促进会、中国太平洋经济合作全国委员会工商委员会、中国可持续发展研究会、中国郑和研究会、和谐战略研究联盟、世界华商联合会、未来趋势集团等代表，与清华大学、中国人民大学、香港中文大学、外交学院、上海师范大学、武汉大学、华中科技大学等高校的 60 余位专家学者出席了此次论坛，共议国家治理的“道”与“术”。

华中科技大学党委常务副书记丁汉初主持开幕式，校党委书记路钢、

---

① 石德华，男，汉族，陕西安康人，华中科技大学马克思主义学院博士生。

校长李培根与嘉宾代表为研究院揭牌。华中科技大学党委书记路钢、教育部社科司司长张东刚、中共湖北省省委政策研究室主任吕东升、中国军事科学院原副院长糜振玉、中国太平洋经济合作全国委员会工商委员会副主席王利文、国家治理研究院院长欧阳康分别代表各单位致辞。论坛举办了主题报告会和多场专题发言，与会学者围绕“国家治理体系和治理能力建设”展开了深入的研讨与交流。

一　国家治理基本概念的学理辨析

概念辨析是分析全部问题的基础，学术研究既要从事实出发，也要有对于基本概念的清晰界定。与会学者对“国家治理体系和治理能力现代化”相关概念进行了学理辨析。

（一）治理

与会学者提出，“治理”这个词，不管是在中文还是在英文里都是个很新的词汇，它在20世纪90年代初被引入中国，但我们现在所理解的“治理”包含着新的内涵，需要结合时代发展和中国国情不断赋予其新的内涵。国务院发展研究中心资源与环境政策研究所副所长李佐军提出，“治理”与“领导”和“管理”相比，是更加科学、含义更加广泛的一个概念。第一，治理主体不同。治理主要意味着各种不同主体的共同认可，且具有平等性；第二，治理对象不同。其对象更加广泛，既包括有行为的主体，也包括无行为的主体；第三，治理手段不同。法治和规制是治理的主要手段，而且是各种主体所共同认可的。

（二）国家治理体系

与会学者从不同维度探讨了国家治理体系的构成要素。李佐军从“主—客”维度分析，认为一个完整的国家治理体系，包括治理主体、治理客体和治理手段三个主要方面。（1）治理主体，包括党、政府、人大、政协、军队，还有各种社会组织、公民等各方面；（2）治理客体，包括经济、政治、文化、社会、生态、党建等各方面；（3）治理手段，总体可以概括为制度，包括有形制度和无形制度。

武汉大学政治与公共管理学院唐皇凤教授从“政府—市场—社会—

公民”维度分析，提出构建成熟的现代治理体系，核心是理顺国家与社会、政府与市场、中央与地方、政治权力与公民权利四大关系。现代国家治理体系包括四大核心构成要素：（1）具有民主品格、公共精神、权利与义务对等的现代公民；（2）一个能够有效抗衡和制约专断性的国家权力和资本权力、高度组织化与制度化的现代社会；（3）一个充满生机与活力、在竞争性的资源配置中发挥决定性作用的现代市场经济体系；（4）一个廉洁高效、兼具可问责性和回应性的法治型、服务型的现代政府。

（三）国家治理能力

国家治理能力和国家治理体系相辅相成，与会学者从不同角度对国家治理能力进行了阐释。李佐军提出应该从两个层面来理解国家治理能力，一是国家主体层面，即国家的整体治理能力，包括创新能力、整合能力及其他各方面的能力；二是具体主体层面，如党、政府、人大等作为治理主体所表现出来的各方面能力。和谐战略研究联盟理事长景学成也提出，国家治理的必然要求在于要从思想上、行动上革除传统的“管理”套路，由政府一元单向的管理，向政府、市场、社会和民众多元交互共治转变。现代国家治理能力包含四个基本点：依法治理，坚持用法律来处理治理问题；协调治理，全局性、系统性、多部门协同治理；政府、市场充分参与，划分好政府与市场的边界；科学治理，遵守治理的客观规律。

（四）国家治理体系和治理能力现代化

唐皇凤教授指出，国家治理现代化就是一个从传统治理体系逐步转型为现代治理体系，渐进成长为现代国家治理体系的核心要素，稳步推进现代国家建设的历史过程。衡量国家治理现代化的基本标准有三个：国家治理的基本制度符合时代潮流；国家治理的组织架构符合现代理念，且能够及时解决特定社会经济发展历史阶段所面临的诸种治理难题；国家治理的成本相对较低，而效能相对较高。国家治理现代化的主要内涵包含六个方面：治理主体的多层化和多元化；治理结构的分权化和网络化；治理制度的理性化；治理方式的民主化与法治化；治理手段的文明化；治理技术的现代化。李佐军指出，国家治理体系和治理能力现代化的关键是要解决国家治理体系和治理能力的标准问题，如果国家治理体系各主体间的责权利关系达到了合理、对称和公平的标准和状态，那就实现了现代化，即“善治”。中国太平洋经济合作全国委员会工商委员会副主席王利文也指出，现代治理的根本是“道”和“德”的问题，要实现国家治理的现代化，必须在国家治理的结构、制度设计上尊重客观规律，弘扬人类美德，解决好“道”和“德”的现代化问题。

二 十八届三中全会中国家治理的深度内涵

党的十八届三中全会决议明确提出国家治理体系和治理能力的现代化，并将其作为全面深化改革的总目标，具有深刻的内涵。与会学者对此进行了深度的理论思考和现实解读。

（一）从“社会管理”到“社会治理”，是重大的理念和现实变革

清华大学政治学系景跃进教授从“文件政治”谈起，认为党的十八届三中全会通过的《决定》用“社会治理”一词取代“社会管理”，既是一个重大的理念变化，也是政府行政过程以及国家与社会关系的重大变革。“社会管理”一词被“社会治理”所取代，并不意味着“社会管理”一词不再使用，它依然存在，只不过复归到其本来的含义——作为政府的一种基本职能。从“社会管理”到“社会治理”的措辞变化，从一个特定的角度折射出了中国政治过程的一些新特点，也预示着中国社会将要发生的新变化。

（二）规划不同主体间的责权利关系，建构完整的国家治理体系

李佐军指出，不同主体间的责权利关系安排，是国家治理体系和治理能力最核心的内涵。十八届三中全会中关于国家治理和治理能力体系，可概括为八组不同主体间的责权利关系：（1）中国共产党与政府、人大、政协及其他各主体之间的关系；（2）政府与市场的关系；（3）公有制经济与非公有制经济的关系；（4）中央政府与地方政府的关系；（5）农村与城市之间的关系；（6）当代人与后代人在资源环境权益方面的关系；（7）特权与民权的关系；（8）国内与国际的关系。

（三）建设现代化经济制度，政府与市场不可偏废

中国政策科学研究会国家安全委员会副秘书长彭光谦少将指出，十八届三中全会《决定》中的“市场在资源配置中起决定性作用，同时更好地发挥政府的作用”这句话，是一个不可分割的完整理论架构。目前我国既有市场放得不够需要继续放的问题，同时也存在政府管得不好需要继续管的问题。《决定》没有否定或忽视政府作用，而是要求更好地发挥政府作用。在现代化经济中，政府和市场这两只手同时具备，才能更好地实现资源的优化配置，保证社会主义市场经济既充满活力又协调稳定地发展。

（四）推进国家治理体系和治理能力现代化，是中国共产党治国理政的全新境界

国家治理研究院院长欧阳康指出，改革开放30多年来成就辉煌，但也面临新的挑战，时至今日，各行业相互支撑，各领域相互协调，各环节相互衔接，各群体和谐相处，已经成为中国发展的全局性、战略性、根本性的问题，需要科学合理的国家治理体系，要求极强的国家治理能力。为此，必须从全局上加以谋划，从制度上加以建设，从整体上加以推进。党的十八届三中全会回应了这样一种紧迫的需求，从全面深化改革和加强整体制度性建设谋篇布局，努力推进国家治理体系和治理能力现代化，是中国共产党治国理政的全新境界。

三　国家治理的重大理论和实践问题

探讨国家治理的重大理论和实践问题，是此次论坛的目的，也是学者的使命。与会学者对以下国家治理相关的重大理论和实践问题进行了研讨。

（一）国家治理能力

香港中文大学政治与公共行政学系王绍光教授指出，基础性国家能力是国家治理的基础，并概括出八项基础性国家能力：强制能力；汲取能力；濡化能力；认证能力；规管能力；统领能力；再分配能力；吸纳与整合能力。前三项是近代国家的基本能力，中间四项是现代国家的基本能力，最后一项是民主国家的基本能力。基础性国家能力是国家治理的基础，缺乏认证、规管、统领、再分配能力，会导致乱象环生；缺乏强制、汲取、濡化能力，可能导致国将不国；缺乏吸纳整合能力，就不可能有真正意义上的民主。所以，国家的基础能力非常重要，当然国家也不能滥用其基础能力，能力应该培养，但是权力应该限制。

（二）国家治理的评估体系

中央编译局副局长俞可平认为，我国需建立科学合理的国家治理评估指标体系。这是正确、客观认识国家治理状况的前提，能引导国家治理改革的方向，发现治理的现实状态与理想状态的差距，发现不同国家之间在治理结构和治理体制方面的异同，推动政治学研究并使我国掌握政治话语和政治评价的主动权。由于各民族国家在历史文化、政治制度和经济发展水平等方面存在着巨大的差异，很难用一个普遍的标准加以测量，且作为评估标准的“普世价值”难免受西方中心主义价值观的影响。我国确立治理评估框架须立足中国特色社会主义现代化建设的实践，借鉴国外和国际组织治理评估的经验；围绕国家的大政方针，突出重点，兼及治理的基本内容；重在评估治理现状，充分注意中国民主治理的未来发展；主客观评估相结合，全面检测中国现行政府治理的现状，并具有简便性、实用性和可行性。

（三）国家治理的国际参照

与会学者普遍认为，中国的国家治理需要充分吸取西方国家治理的经验，在国际参照中提升我国的治理水平。中国政策科学研究会国家安全政策委员会学术部副主任、高级研究员徐长银介绍了美国国家治理的几点做法，认为美国社会治理的理念是“小政府大社会”，政府尽量减少权力干预，让民众更多地管理自己。美国社会治理有三个层面和一条主线：第一层面是政府层面，起主导作用；第二层面是民间机构，即非营利性组织、行业协会、慈善机构和志愿者等，起桥梁作用；第三层面是社区的自治管理组织，而法治是贯穿这三个层面的一条主线。

（四）国家治理的中国特色

由于我国深厚的历史文化传统，使得国家治理具有鲜明的中国特色。中国人民大学公共政策研究院执行院长毛寿龙指出，在分析和探讨当今的治理之道时，需要考察中国传统的治国理念，一般来讲，一个国家历史越长，那么其治理理念的影响力也就越大。对中国而言，这种理念主要表现在两个方面，一是道德至上；二是严格的等级制和单宗性的集权。但这二者实际上都不利于经济发展和治理的现代化。治理实际上是一种多宗性治理，不是等级制的，也不是道德至上。所以，我国治理体系和治理能力的发展取决于中国未来议会政治的成长。中国可持续发展研究会名誉理事长甘师俊也指出，就治理而言，要根据中国的特点和国情来对待。中国的国情使得国家治理具有鲜明的中国特色，一是党的领导；二是社会主义制度；三是传统文化。

（五）国家治理的价值取向

欧阳康教授提出，国家治理其实就是价值取向的现实展现。真正的国家治理就是人的治理，人是国家的主人，在这个意义上，国家治理的价值取向应该说就是人性的健康发展所需要的社会环境和国家体系变成一种现实的活化形态，能够让每一个人生活于其中，感觉到国家、民族、社会和自我内在融为一体，即我们通常所讲的“善治”，这是国家治理的最高价值取向。国家治理研究院研究员饶传平从人民与国家治理的关系出发亦指出，人民不仅是国家治理的对象，也应该是国家治理能力建设的出发点和目的以及行动者，如何造就具有理性能力的中国人，就成为国家治理能力建设这一问题的应有之义。保证每一个人过有尊严的生活应是国家治理能力建设的一个最初目的，一方面，要加强国家的能力建设；另一方面，国家和政府也要受到人权和法治的限制。

（六）国家治理的现实目标

国家治理研究院研究员吴毅指出，鉴于当下中国的特殊国情，国家治理现代化的目标应该分阶段设定，当下阶段的国家治理现代化的核心目标应该主要围绕实现社会的公平正义而展开。作为比较可行的下一步改革的目标，就是要通过建构尽可能体现公平正义价值的治理制度及其运作机制来适当地舒缓资源配置非均衡的问题，并以此来缓解最为紧迫的社会矛盾。国家治理研究院研究员贺雪峰认为，十八届三中全会提出国家治理的现代化，这将“四化”变成了“五化”。中国的现代化是完全不同于世界上其他国家的现代化，未来 30 年，中国应该走“三轮驱动”的现代化道路，第一，小农经济继续是主力；第二，加工制造业继续发展；第三，科技进步和产业升级。中国过去的成功，有赖于传统农业与加工制造业的良性共存与互动，未来 30 年，中华民族能否实现伟大复兴，关键在于三者的共存与良性互动能否实现。

（七）国家治理的路径选择

上海师范大学历史学系萧功秦教授认为，发展社会组织是国家治理现代化的关键。当今社会趋向多元化，社会多元主体的出现，以及社会包容度、一致化的增加，与之相适应的统治方式就是治理。从这个意义上来说，国家治理具有相当程度上的现实可操作性。中国目前走出了一条新的道路，形成了“开放性的集权”，用常识理性代替意识形态思维，用经验试错代替理想主义蓝图，尊重倒逼机制，以问题倒逼改革，从而使改革在解决问题中深化，摸着石头过河，一步一步走出中国的试错模式。吴毅教授认为，当下阶段的国家治理现代化建设应该主要围绕实现社会的公平正义展开。要实现社会的公平正义，其现实路径包括通过持续的反腐败动摇盘根错节的既得利益格局；通过司法改革和法治建设确保公民的社会经济权利；通过进一步健全市场经济让社会资源配置逐渐趋向合理化；进一步完善人民的经济社会权利等。

（八）国家治理面临的挑战

欧阳康教授提出，当前中国国家治理最大的挑战是价值多元化的挑战。改革开放 30 多年来，我们学习借鉴了世界现代化的几乎所有模式，将其某些要素引进中国，并获得了红利。但是这些要素原来在不同的社会体系里面，刚刚引进的时候比较弱小，可以各自发展、和平相处并发挥出积极的作用，现在各自都长大了，要求与之相适应的思想观念、价值体系和社会制度，这就造成了体制的内部冲突，呈现为尖锐而又紧迫的矛盾和思想冲突，甚至造成社会阶层与群体的分裂，对国家治理体系提出了要求，也对国家治理能力提出了挑战。国家治理研究院研究员王国华阐述了互联网背景下国家治理的新挑战，认为中国独特的国情加上独特的网情，使我们国家治理的对象、治理的主体都发生了深刻的变化。互联网催生出一支过去所没有的非常强大的社会力量——网民大军，网民大军重组的社会结构改变了社会力量的对比，改变了我们过去舆论导向的格局，使主流文化、核心价值备受挑战。

四　国家治理各个领域的具体问题

与会学者对国家治理各个领域的具体问题也进行了研讨，分别从各自不同的学科和视域为国家治理建言献策。

（一）经济治理

国家发展和改革委员会学术委员会秘书长张燕生阐述了国家经济治理的重点领域和关键环节，认为在全球规则变局的背景下，我国如不能解决治理问题，将逐渐被边缘化。要规范政府和市场的行为，政府部门“法无授权不可为”，市场主体“法无禁止即可为”。治理体系实际上是整个国家从转轨经济到一个规范、有序、法制、公平、透明的一个新经济模式的转型，争取到2020年能够在重要领域和关键环节改革取得决定性成果，2030年建立适宜的制度和治理结构，2050年初步实现国家治理体系和治理能力现代化。

（二）政治治理

中国社会科学院政治学所所长房宁从政治学视域探讨了国家治理的现代化问题，认为中国经过对改革开放和中国特色社会主义建设的30多年探索，已经形成了一条中国特色社会主义道路，在此背景下，政治领域治理制度的建设和发展也经历了一个不断完善和落实的过程。对我国而言，国家治理体系以及治理能力的现代化，总目标是要实现精细化，基础在于科学化和技术化。现代社会建立在信息的基础之上，国家有必要对全民个人信息和财产活动进行全程监管，建立一个面向全民的监管系统，在此基础上建立一个完整的国家治理体系。

（三）治理与党的建设

中央党校党建研究部蔡霞教授阐述了治理与中共执政方式的转型问题，认为治理内在地包含着中国共产党执政方式的转型。改革开放以来，中国由原来的总体性社会结构，从国家完全覆盖社会、政治统治经济的一元结构，到国家与市场经济分离的二元结构，再到国家、市场经济与民间社会分化的三元结构，这基本构成了中国现代社会的基础。从 1949 年执政到改革开放以后的 60 多年以来，党与国家的关系、国家政权与社会的关系、党与社会的关系从整体看，经历了一个历史性演化的过程，即由“统治”转向“管制”、由“管制”转向“管理”、再由“管理”转向“治理”。在这转变过程中，中共可以打开未来新的政治空间。

（四）国际关系治理

外交学院欧洲研究中心主任周尊南阐述了国际关系领域的治理问题，认为我国要坚持新的调整过的独立自主的和平外交政策，为社会主义现代化建设和中华民族的伟大复兴创造一个有利的国际环境。首先，要处理好大国关系；其次，要处理好周边国家关系；最后，发展中国家是我们外交政策的基石。另外，新时期的外交有了新的内涵，除了我们政治外交之外，还有经济外交，即发展同其他国家与地区的经济关系，以及公共外交，亦可称为“民间外交”。

（五）新媒体治理

国家治理研究院研究员钟瑛阐述了新媒体的治理问题，认为新媒体的迅猛发展，对国家治理产生了一系列冲击，主要体现在三个层面：第一，国家层面，引发国与国之间的信息安全危机、国家内部社会权力结构改变。第二，社会层面，引爆一系列群体性事件，涉及腐败问题、民生问题等。第三，价值层面，加剧社会整体价值观的分裂，传统社会主流价值观被消解，非主流社会价值观成为主导。以微博、微信为代表的社交新媒体，其基本特性让传统管理方式失去了威力，它要求政府在做好管理的同时也要做好引导，在管理手段上从传统权威管理模式转向“引导为主、提倡自律”的共同治理模式。

（六）能源治理

中国工程院潘垣院士阐述了国家治理与中国西部可再生能源大开发问题，提出为了保护我国西部的生态系统和大江、大河的水源，“西部大开发”不可大规模地开发煤电，必须站在可持续发展、低碳经济、生态文明、民族共同繁荣的高度，为西部大开发战略寻找新的支撑。大规模开发西部风、光可再生能源，是最绿色、最有效的西部大开发战略。建议国家将“西部风、光可再生电力能源大开发及外送”列为国家重大专项，并作为西部大开发战略的重点，开展相关科技攻关和工程建设。

五 国家治理的研究方法与拓展方向

深入推进国家治理研究，需要正确的研究方法。与会学者对国家治理的研究方法以及未来的拓展方向，也进行了探讨和交流。

（一）国家治理的研究方法

关于国家治理的研究方法，很多学者都提出了自己的观点。张燕生研究员提出，研究国家治理的方法主要有：（1）案例研究；（2）研究国外治理经验；（3）多学科协同；（4）全球视野。教育部社科司司长张东刚也提出，研究国家治理需要注意以下几个方面：（1）强化问题意识；（2）提高创新能力；（3）提升转化能力；（4）凝聚核心人才；（5）完善体制机制；（6）扩大国际影响；（7）改进评价方法。

欧阳康教授指出，研究国家治理要做到三种视界的融合：治理主导者的视界、利益相关者的视界和研究者的视界，这三种主体的角色与身份各有其价值与要求。研究国家治理最为重要的是打破他们之间的隔离，把治理变成自我管理，揭示天下大势，顺应人心所向，促进视界融合，形成最大限度的共识，争取最大限度的公共利益。另有学者也提出，针对各个具体领域的治理问题，既要从学科出发，又要超越学科，要以问题带动综合协同研究；需要学会一套研究治理问题的思维方式和话语方式；要坚持学术严谨、规范，正确处理好学术研究和学术民主、宣传普及等之间的关系问题。

（二）国家治理研究的拓展方向

1. 构建适合中国国情的国家治理指标体系

与会学者普遍认为，国家治理研究的一个重要方面就是治理标准问题。我国的治理标准是采取西方发达国家提出来的“普世价值”标准，还是从中国国情出发、围绕发展主线来制定适宜的确定未来20年我们能够达到的治理标准？治理标准及其核心价值判断尤为重要。因此，我们要构建一整套公正的治理评估体系，这是国家治理研究需要努力拓展的一个方向。

2. 建立以国家治理评价为目标的数据分析决策系统

国家治理研究院研究员杨治和陈刚提出，在当今大数据时代，科学合理地评价一个国家以及不同地区的治理水平，不仅需要有科学合理的评价指标，还需要有足够的数据信息支持，逐步建立以国家治理评价为目标的数据分析决策系统。应该利用计算机、数据库、数据挖掘、人工智能、智能控制、决策理论等手段，抓住当代大数据社会的发展趋势，试验社会系统的建模与仿真，尝试建设政府决策辅助系统，政策预演和评价的仿真系统，真正发挥智库的作用，为科学决策提供参考依据。

此次论坛是华中科技大学国家治理研究院成立后举办的首次大型高峰论坛。与会学者各抒己见，就国家治理体系和治理能力建设的相关问题进行了热烈、深入的探讨与交流，形成了丰硕的成果，既有理论的学术思考，又有现实的决策建议，对于国家治理具有重要的指导意义。此次论坛不仅收获了学术硕果，而且加强了学界交流，为未来的合作协同研究国家治理奠定了坚实的基础。国家治理研究院今后将持续围绕中国国家治理的重大理论问题和实践问题进行研究，着力于国家治理体系的构建、创新与国家治理能力现代化的推进。

附 录 Ⅱ

华中科技大学国家治理研究院简介

华中科技大学国家治理研究院，是致力于“中国国家治理”和“全球共治”领域重大问题研究的新型智库，成立于2014年2月，由中国著名学者欧阳康教授担任院长。

研究院的成立，是响应中国共产党十八届三中全会“推进国家治理体系和治理能力现代化”的号召，贯彻习近平总书记关于“加强中国特色新型智库建设”的重要批示，落实教育部“中国特色新型高校智库建设推进计划”的具体行动。

研究院将立足中国现实，借鉴国际经验，按照“国家急需、世界一流、制度先进、贡献重大”的要求，致力于中国国家治理和中国未来发展的重大问题研究，探索中国和平崛起的科学发展道路，为完善中国特色社会主义制度，推进国家治理体系和治理能力现代化提供理论参考和决策咨询。研究院还将积极向世界宣传中国和平发展战略，积极参与全球问题探索和全球治理，以更加宽广的视野观察世界、思考中国，在深度参与国际对话中提升话语权，让世界更加全面、客观地了解中国，为世界和平发展和人类文明进步贡献中国智慧。

研究院下设机构有：国家治理理论与比较研究中心、国家治理体系与政策研究中心、国家治理调控与评价体系研究中心、治理信息采集与大数据处理中心、决策支持系统研究中心、湖北区域治理与中部发展研究中心等研究机构。现有研究人员31人，其中教授16人、副教授12人、讲师3人，还包括一大批硕士、博士研究生。

研究院将参照“国家2011协同创新中心”来建设，积极谋求中央和地方党和政府的支持，与国际国内相关机构密切合作，在中国国家治理和全球共治领域重大问题上协同攻关。2014年3月22日，教育部社会科学司张东刚司长亲临研究院成立的揭牌仪式，并发表重要讲话；2014 年 5 月 4 日，中共湖北省省委书记李鸿忠同志到国家治理研究院召开专题办公会，并印发了《关于支持华中科技大学国家治理研究院建设的会议纪要》，在多方面大力支持研究院的建设和发展。目前已与中国社会科学院法学研究所、国家发展和改革委员会社会发展研究所、中共湖北省省委政策研究室（改革办）、湖北省人民政府研究室、湖北省社会科学院、湖北省社会科学界联合会等机构签署了合作研究的框架协议。

研究院全体同仁将紧紧围绕“聚焦重大问题，服务国家战略”的宗旨，积极开拓，勇于创新。力求用 5—10 年的时间将研究院建成中国一流、世界知名的具有广阔世界视野和鲜明中国特色的高水平新型智库。